王发明 著

创意产业集群化导论

An Introduction to Creativity Industry Clustering

经济管理出版社
ECONOMY & MANAGEMENT PUBLISHING HOUSE

图书在版编目（CIP）数据

创意产业集群化导论/王发明著．—北京：经济管理出版社，2011.8

ISBN 978-7-5096-1594-2

Ⅰ.①创… Ⅱ.①王… Ⅲ.①文化产业—产业经济学—研究 Ⅳ①G114

中国版本图书馆 CIP 数据核字（2011）第 180927 号

出版发行：经济管理出版社

北京市海淀区北蜂窝8号中雅大厦11层

电话：(010)51915602　邮编：100038

印刷：北京银祥印刷厂　经销：新华书店

组稿编辑：申桂萍　责任编辑：申桂萍　杨佛尘

技术编辑：黄　铄　责任校对：蒋　方

720mm×1000mm/16　13.75 印张　210 千字

2011 年 9 月第 1 版　2011 年 9 月第 1 次印刷

定价：39.00 元

书号：ISBN 978-7-5096-1594-2

前 言

近几年来，产业集群化的趋势已引起我国政府和业界的关注，各地涌现出一批产业集群，有政府规划扶持的各种产业园区，也有民间自发形成的产业集群。作为新兴产业的创意产业，其集群化趋势已非常明显。目前，我国北京、上海、广州等大城市已出现了一些文化创意产业集聚区，为文化创意产业的发展创造了良好的外部条件，形成了一定的规模效应。这些创意产业基地以其灵活的运作机制、强大的集聚和辐射功能、多样化的经营业态等特色成为我国文化创意产业发展的亮点。

创意产业的发展需要高度的空间集聚，从而带来信息交流、人才会聚和创意的激发（Charles 和 Landry，2002）。从产业联系角度而言，受扶持的艺术产业（Subsidized Arts）与创意商业组织（Co-nunereial Creative Scetor）由于产业互补在空间上以集群的形式相互啮合。就整个创意产业体系而言，需要创意产业集群、创意阶级和创意社区这三者在一定场所的融合，相互之间通过复杂的关联产生影响（厉无畏，2006）。同样以创意为源泉的产业价值链，可以增加产品的多样性和竞争力，给地区经济的发展带来新的转机，抵消集聚带来的不经济。所以，创意产业这种高附加值新兴产业的集群化发展，已经成为各国城市新一轮产业结构调整中规划、培育的首要战略目标。近 20 年来，各种类型的创意产业在世界各大城市已呈现高度集群化发展的迹象。纽约、东京、伦敦等发达国家的大城市早已成为世界公认的创意产业集群发展中心。而以上海为代表的发展中国家的一些城市也在创意产业领域取得了很大的成就。根据上海创意产业中心最近对创意产业集聚区进行的抽样调查显示，上海创意产业集群发展已初具规模，在空间结构上呈现出日益明显的集聚发展趋势。

无论是在伦敦、纽约，还是在波士顿、上海、北京，在创意产业发展过程中，创意产业因为对知识（包括技术）、人才、环境的高度依赖，都表现出了在城市中心区的空间集聚现象，特别是在城市的旧城区和大学周边地区，由于人才、知识的富集更容易，形成城市中的创意产业集群。同时，集群也被认为是发展城市创意产业的有效措施。目前，我国许多城市正在通过开发各种创意产业园并辅之以优惠政策来吸引创意产业的入驻，致力于推动创意产业的发展。这一过程取得了一定成效，也在形象上显示了城市创意产业的发展。但是，简单地将产业集聚在一个空间中，只是将分散的创意产业集中在一起，并没有实现区域的经济增量的提高。积聚在一起的企业之间也很难建立起有效的联系与互动，集聚带给企业共同的外部效应以及共同利益也较微小，难以产生持续的创新与发展能力。这就提出了城市如何推动创意产业集群形成与发展的问题。另外，在城市中心区形成的创意产业园区推动着城市空间的更新改造，为城市中心区域注入时尚、创意的元素与活力，同时它们也受到城市更新改造的影响，不适当的城市更新往往会破坏创意产业集群的生存基础。创意产业园区作为创意产业集群化发展载体，是一项复杂的系统工程，在我国还刚刚起步，尤其是在只追求数量增加思维模式的影响下，园区规划建设者对园区企业持续竞争力和区域特色产业优势的培育并没有给予应有的关注，这已经影响了创意产业园区的持续发展。北京“798”创意产业园区是一个典型的案例。当初，陈文波、黄锐等一批艺术家灵感一现，计上心来，寻找到了相对偏远、租金便宜、适合艺术创作的“798”废弃厂房，很适合开设画廊、设计室、艺术展示空间、工作室等，也非常适合发挥艺术灵感、创作艺术作品。后来，越来越多的艺术家被“798”的艺术创作氛围所吸引，使得“798”逐步壮大，同时，“798”又得到了政府的大力支持，从而造就了“798创意产业园区”的辉煌和地位。然而，今天的“798”在功能上却发生了很大变化，它不再是原先的艺术创作圣地，而是演变成了一个艺术品交易市场。如今“798”的景象是一间又一间的艺术品销售店面，“798”已经成为一个庞大的艺术品超市，正在进行疯狂的商业性开发。艺术家们再也找不到当初的艺术创作环境和创意氛围去激发他们的创作灵感，也再没有当初只有六毛钱一平方米的租房价格。高昂的房租使艺术家们从形而上的艺术创作重新回到形而下的经济盘算中，艺术创意的灵感被扼杀了。“798”已经不再是一个艺术创作的天堂，而是演变成了一个纯粹的艺术品集贸市场。

创意产业集群化发展已经引起学术界和政府有关部门的关注，创意产业集群化发展问题已经成为当前文化产业和区域经济研究亟待深入探讨的课题，目前我国学者尚未有成熟的研究，仍然处于探索阶段：对创意产业的理论研究才刚起步，且普遍延承传统文化产业的理论基础和思想，主要研究成果大多集中在文化创意产业的范畴，远没有形成系统的理论体系。同时，由于现有研究大多是为政府的决策咨询服务的，所以往往停留在实证描述与现状分析阶段，缺乏对创意产业集群化发展机制、创新模式等方面的深层探索。学界最近的研究表明，从产业发展阶段的角度看，创意产业实际是文化产业发展到一定阶段的产物。而我国的现状实际上是，在文化产业发展尚不充分的背景下又面临着世界范围新兴的创意产业浪潮的冲击。创意产业集群化发展必须遵循经济规律。总体而言，目前对于创意产业集群化理论的研究还未成熟，相关学科之间的借鉴和融合还不够充分，对当前创意产业集群化、网络化等最新发展趋势欠缺合适的理论分析和解释。

创意产业集群化发展是创意产业扩展的必由之路。创意产业集群化不是简单的空间集聚，地理上的靠近只是打造了一个外壳，培育了一种形式，并不必然带来创意产业集群化的建立和规模效应的发挥。集群内的企业只有通过互动的合作与交流，才能发挥规模经济和范围经济的效益。本书基于发达国家创意产业地理集中的规律和产业集聚发展的内在机理，探讨如何把创意产业集群化发展建设成为一个有序的、自组织的松散结构，以推动地区经济持续健康发展乃至整个国家经济的发展。

本书是作者关于创意产业研究成果的一个集结，部分内容已在《中国软科学》、《经济学家》、《财贸研究》等刊物公开发表，还有部分内容也将陆续在其他刊物刊出。本书在写作过程中参考和引用了国内外许多理论文献，对参考和引用部分书中都作了标注，但仍恐有遗漏之处，恳请谅解并向引文作者一并致以深切的谢意。

受作者研究水平、时间及资料所限，书中可能有论证不足之处，在此，作者恳请广大读者、同行和专家批评、指正。

感谢山东工商学院产业经济学重点学科对本书的出版给予资助，也感谢经济管理出版社特别是申桂萍编辑为本书的顺利出版所付出的努力。

最后谨以此书献给所有关心、支持和帮助过我的人！

王发明

2011 年 6 月于山东烟台

目　录

第一章 绪 论

近20年来，各种类型的创意产业在世界各大城市都已呈现出高度集群化发展的迹象。纽约、东京、伦敦等众多发达国家的大城市早已成为世界公认的创意产业集群发展中心，而一批以上海为代表的发展中国家的城市也在创意产业领域取得了很大的成就。根据上海创意产业中心最近对城市创意产业集聚区进行的抽样调查显示，上海创意产业在空间结构上呈现出日益明显的集聚发展现象。

第一节 创意产业集群化发展态势

发达国家创意产业的发展实践表明，创意产业往往是在集聚区内才得以发展，在创意产业的快速发展过程中，表现出明显的集群化趋势。美国纽约、英国伦敦、法国巴黎和日本东京等国际大城市已成为全球创意产业最集中、最发达的城市，“好莱坞”、“苏荷”（SoHo）等都是国际知名的创意产业集聚地。国内北京、上海的创意产业也已呈现出日益明显的集聚效应，北京形成了“798”、宋庄、潘家园等10个文化创意产业聚集区，上海已建立了75个创意产业集聚区，此外，杭州、长沙、西安、南京、成都等历史文化名城的创意产业集群化发展趋势越来越明显。国内已初步形成六大创意产业聚集区。一是以北京为核心的首都创意产业集群。北京作为全国的文化中心，其在创意产业中的地位是其他城市无法替代的，北京拥有全国最多的高等院校、艺术团体以及创意人群，已经形成文艺演出、广播影视、古玩艺术品交易等优势行业，并已规划打造多个文化创意产业中心。二是以上海为龙头的长三角创意产业集群，带动杭州、苏州、南京的工业设计、室内装饰设计、广告策划等行业迅速发展。上海已启动10多个创意产业集聚区，目标是要成为“国际创意产业中心”。苏州已成为长三角的创意产业生产基地，是上海创意产业链的延伸。杭州LOFT49会聚了17家艺术机构，涉及工业设计、室内装饰设计、广告策划等多个创意领域。三是以广州、深圳为核心的珠三角创意产业集群。该聚集区广告、影视、印刷、动漫等行业走在国内前列，其中广州背靠“亚洲创意中心”——香港，天河区是广告、影视、媒体、IT等创意工作集聚区。深圳的创意产业主要包括印刷、动漫、建筑、服装等，目标是打造“创意设计之都”。四是以昆明、丽江、三亚为代表的滇海创意产业集群，在影视、服装等行业比较有特色。其中，昆明的绘画、音乐、雕塑是这里的文化经济亮点，“云归派”在这里成型；丽江目前已经成为影视、演出、服装、时尚活动的背景板和全国创意产业展台的提供者；三亚世界小姐总决赛、南方新丝路中国模特大赛等诸多选美比赛都在三亚举办。五是川陕创意产业集群的重庆、成都、西安，创意产业主要是网络动漫游戏产业等。重庆先后举办了中国创意产业高峰论坛和中国创意经济与城市商业开发高峰论坛；成都作为全国三大数字娱乐城市之一，全国首家网络动漫游戏产业基地已正式投入营运；西安拥有全国数量第四的高校，西安高新区同时也是全国四大高新区之一。六是以湖南长沙为代表的中部创意产业集群，其电视广播产业已形成独特的创意产业链，以湖南卫视、湖南经视为首的电视广播方阵使长沙的创意城市特色有独特的地位。

创意产业有时也被称做创意工业、创造性产业、创意经济等。在全球化趋势不断加强、国际间竞争日趋激烈的今天，创意产业的发展规模和程度已经成为衡量一个国家或城市综合竞争力高低的重要标志。因此，不少国家和地区开始把创意产业作为战略产业和支柱产业，把发展创意产业提到政府政策的日程上来，并采取相应的政策措施和手段积极推动和扶持创意产业的发展，最大限度地挖掘知识经济的潜力，发展创意产业。发达国家的发展经验证明：当人均GDP在1000~5000美元时，拉动城市经济增长的主要动力是制造、加工和传统服务业；当人均GDP达到5000~10000美元时，拉动城市经济增长的主要动力在于科技创新、创意产业、高科技产业和服务产业的发展。当今，大多数发达国家和一些发展中国家的城市经济都基本进入后工业或工业化后期阶段，拉动城市经济增长的主要动力在于创新。因此，创意产业的发展符合这一阶段的时代需求，日益显现出知识、文化和技术在经济发展中的重要地位，取得了前所未有的经济成就。对此，Florida 用创意部门工作增加趋势说明创意经济的迅猛发展和取得的成就。他（2004）认为，创意经济在过去 20 年左右经历了最快速的增长。最近 20 年，创造力已成为经济的驱动力，引起了创意部门的爆发。如发达国家有超过 30% 的劳动力在创意经济部门从事科技、研发、技术、艺术、音乐、文化、审美、设计、咨询、财政和法律等职业，尤其是在美国，创意部门的工资和收入约占所有工资和收入的 1/2，是制造业和服务部门的总和。与此同时，联合国教科文组织统计了创意产品的经济产出，用以说明创意经济的勃兴。如全球有关文化创意产品方面的国际贸易额从 1980 年的 953. 4 亿美元一跃升到 1998 年的 3879. 27 亿美元，占当年全球总商品贸易量的 7. 16%（上海市经济委员会，2005）。

在“经济决定基础，文化决定未来”的时代，文化成为未来经济发展的重要投入因素。因而，美国新经济的发展的本质就是以知识和创意为主的文化经济。哈佛大学教授约瑟夫·奈（2004）曾指出:“在信息时代，资本、自然原料甚至土地不见得是财富。今天，投资驱动型经济已经走到尽头，需走向创新驱动型（Innovation Drive）经济与知识驱动型经济的领域，需新思维、新知识来推动”（厉无畏和王如忠，2004）。创意产业的发展顺应了信息时代创新和知识驱动型经济的发展势头并体现了文化经济的发展趋势。因此，可以预见，创意产业的未来将会有更大的经济空间，并对国民经济做出更大的贡献。如新加坡政府指出，近十多年来，创意产业产值和就业人数的增长率均高于同期 GDP 和总就业人数的增长率，预计到 2012 年产业增加值有望提高到 6%（鲁育宗，2005）。Nesta（2003）预计英国的创意产业在未来五年内将增长 1/5 ~ 1/3。

在我国，世界制造业正从沿海向内地加速转移，但转移的大多是低附加值、劳动密集型的传统制造业，处在产业价值链的末端，对提升我国总体竞争力和发展区域创新系统的贡献很小。与此同时，具有典型自主创新特征的创意产业概念自西方引入后便得到了很好的发展。在短短几年的发展时间里，创意产业增长十分迅速，发展势头良好，许多城市如北京、上海、杭州、广州和深圳等地，纷纷制定创意产业发展战略和优惠措施。这对我国创意产业的快速发展起到了一定的助推作用。

第二节 创意产业集群化的表现与特征

一、创意产业发展特征

目前，关于创意产业的特性由尚未形成比较统一的观点。研究者出于不同的研究目的和所选的产业门类，强调创意产业的某些特性。在这方面的研究中，Caves 的研究颇具代表性，从创意产品的艺术商业化的角度，对该产业的八个特征做了细致且系统的分析。综合现有的研究来看，创意产业大体上具有以下五个方面的特征：

第一，智力密集和持续创新。在创意产业领域，从业人员从事智力劳力，需要持续的创新而不是重复的技术和体力劳动。其他产业把科学技术创新看做是创造力（Creativity），但创意产业除了需要多种混合的技术之外，还需要以艺术和文化的创造思想为根本。艺术和文化是创意的摇篮，但它们不是创意产业的印钞机，艺术文化与产业消费品之间还有一定的距离。

第二，高附加价值。传统产业依靠生产规模作为增加价值的途径，而创意产业不需要太多的土地用于生产设施，其繁荣主要依靠文化创意的投资使产品实现高价值。

第三，柔性雇员密集。在创意产业，许多工作都有柔性较大的特点，频繁使用合同工，出现一些独立创业的专业人士，从而使该产业成为年轻人、妇女、兼职人员、自由工人等人群比较密集的领域，而且不同职业之间也频繁出现劳动力相互流动的现象。这将是新世纪劳动力市场的就业趋势。但是，这并不等于该产业对专业人员的需求降低，相反，它更强调劳动力的质量，比其他服务产业雇用了更高比例的专业人员，而且还需要复合型、技能密集型的劳动力。

第四，渗透性强。虽然许多创意公司属于艺术和媒体领域，但是创意产业越来越以本产业的产品作为投入品进入其他产业（服务业、制造业甚至是第一产业）为特征。尤其是在那些依靠设计和内容才能在全球经济市场中形成竞争优势的基础部门，创意是重要性日益增长的核心投入。

第五，知识产权的重要性。创意产业的兴起与发展处于全球化背景之下，然而全球化并不会对所有国家都同样有利。研究发现，知识产权的获得（和资本化的能力）正在成为长期利润的重要成分，创意产业逐渐集中在具有先进技术能力以生产和分配创意产品的少数参与者手里。因此，可以说，在创意产业领域，知识产权正在拉大发达国家与发展中国家的差距。

二、创意产业集群化的表现与特征

产业集群化发展是当今产业发展的趋势之一，在世界经济全球化、信息化、市场化的背景下，众多企业聚集在一起，共享多种要素，降低企业生产成本；产业集群内的企业一般具有一定的产业关联性，便于开展企业合作，从而产生互补效应；同类产业集群有利于形成激励企业持续创新的发展环境，促进区域产业整体创新能力的提升。作为新兴产业的创意产业，其较强的产业融合性决定了其发展过程中需要整合资源，由于创意产业的发展不仅是个人和单个企业的行为，而且是集体的互动和企业的地理集聚，因此，集群化发展是创意产业发展的趋势。创意产业的集群化主要表现为以下几点：

1. 地理位置集中

在比较发达的国家和地区，不同程度地出现了创意产业的空间集聚现象，例如洛杉矶、纽约、伦敦、巴黎、柏林、罗马、东京、北京、上海、香港、汉城、孟买、墨西哥等城市。这些城市的创意产业集聚现象是在历史文化的基础上形成的互动关系，在生产组织的变化和制度安排背景下形成。因此，很多专家认为创意产业是一种具有高度地理集聚特征的产业。

创意产业的国际空间布局总体上体现出了明显的区位特征，即创意产业集聚区与大城市中心区不即不离，表现为既在中心城市，又不在城市中心。大型公司依据自身的战略定位不断将非核心业务外发出去，形成以其为中心的产业价值链的纵向或横向的中小企业集聚群。创意产业中的中小企业占企业的绝大多数。例如，在英国，文化创意部门里56%的主要工作人员受雇于25人以下的公司；好莱坞也是依靠着集聚在那里的无数小型企业，实现不同项目之间的承接，从而形成特有的产业链。

2. 产业结构多样化

对于高技术活动来说，城市中复杂多样的产业结构会带来很多好处。高技术制造业和生产服务活动的混合比单纯以制造业或服务业为中心的城市在增长稳定性和创新能力方面具有明显的优势。例如，在纽约，高度集中的知识技术人才和生产服务业的深厚基础造就了“硅街”这个世界上最出色的创意产业集群。“硅街”囊括媒体、互联网和通信等行业，2000年就业人数就达到25万人，成为多元产业结构都市创意产业集群化的范例。对于大城市地带，建立多样化的产业结构可以从相互联系及相互强化的生产和服务活动中获得多方面的益处。第一，通过多产业的集聚经济可以为各类企业特别是高技术企业直接创造价值；第二，多元的产业活动发展了相关企业的跨行业技能，提高了技术创新和产品商业化的水平；第三，新企业需要多种多样的生产服务和实体产品在高度竞争的国际市场上发展；第四，许多创意产业和相关服务活动本身就需要大量制造业产品，如印刷、摄影和办公通信器材。

3. 产业间联系紧密

创意产业是一个巨大的产业群，它的发展与制造业、现代服务业等产业的发展息息相关。相关产业的发展，特别是信息技术产业的发展，成为推动创意产品和创意产品贸易发展的手段和载体，促进创意新理念、新运作方式、新经营方式和服务方式的出现，在很大程度上成为创意产业集群的催化剂。因此，创意产业周围都建有完善的相关性产业和支持性产业，以构成强大的产业创新支撑体系，加快创新进程，促进集群取得竞争优势。

4. 信息、基础设施、市场共享

从美国、英国以及北欧一些国家的情况来看，创意产业高度依赖于风险投资、法律、营销、广告等方面的服务以及猎头和咨询公司的协助。创意产业中各种类型业务的开展都需要以良好的城市社会环境为前提，特别是高质量的住房、教育条件和个人生活服务，同时，对电力、供水、交通、通信和卫生保健等基础设施的要求也比较高。随着人们收入水平和生活质量的提高，创意产业对于这些基本生活服务设施的舒适度的要求也在不断提高，因此，在追求信息共享以及良好基础设施的条件下，创意产业表现出集群化形态。

第三节　创意产业集群化模式

根据产业演进的历史逻辑，创意产业集群化的形成一般有两种形式：一种是以本地创意产业特定要素在特定地理区域内发育、集聚，并随着市场规模的扩大而形成的“原发型”创意产业集群。另一种是由于外部资源进入而形成的一定区域内产业集聚的“嵌入型”创意产业集群。因此，创意产业集群化表现为以下两种形式：

一、自下而上的原发型

自下而上自发形成的创意产业集群是指，先由某些艺术家选中，进而带来众多艺术家和艺术机构的自发集聚。集群内企业和个人的地理临近性和企业间合作网络为创意阶层提供良好的信息交流平台，集群内创意阶层共同营造的文化氛围是集群的自强化机制。一旦创意产业在某个地方集聚，循环累积的因果关系可以导致其在一定时期锁定某一地区。创意产业集群是艺术人士或创意企业的自发行为，在企业、个人之间相互合作交流的关系的基础上，同时形成创意产业链和价值链。但是这种关系容易形成创新的路径依赖，合作与交流依靠企业和人际关系渠道，市场拓展的动力不够充分。

二、自上而下的园区型

政府自上而下引导推动的园区型创意产业集群是指，地方政府在区域产业总体发展战略和规划的指导下，综合评估区域经济、社会、文化等发展状况和环境条件，制定区域创意产业集群发展规划。通过设立和发展产业园区形成的集聚效应可以为企业发展提供良好的外部环境，使之在基础设施建设、信息交换、经营管理等方面节约大量成本。同时，政府通过促进资源更有效的流转、调动、协调，形成的创意园区具有整体的风格和统一的管理，对创意产业集群发展的导向很大。目前，大部分创意产业集群依托园区发展，为资金、土地、人才、信息、技术等多种生产要素在一定地域范围内的有效聚集提供了良好的空间载体和基地。比如，北京、上海、南京、济南等地都已经或者正在准备建立一批创意产业发展园区，这些园区很多都是依托现有的企业集聚区建立起来的。但是，创意产业园区的产业集聚动力需要从共享基础设施等静态的聚集经济效益转向有利于技术、知识的创新和扩散等动态的聚集经济效益上来。

产业区位是指资源在地理空间上的配置、构成及其关联性。一定的产业区位的形成不仅是一个简单的经济现象，而且是经济、人文、社会、政治、地理、历史等复杂因素综合作用的结果。传统区位论主要涉及六个区位因子：自然、运输、劳动力、市场、集聚、社会。而在信息化、全球化以及科技革命共同交织的背景下，出现了新的重要影响因子，如知识、技术、信息、人才、制度、生态环境等。在区位选择和空间结构上，根据创意产业的区位选择的尺度不同，从宏观、中观和微观三个方面来阐述创意产业的区位选择。

宏观区位选择表现在全球范围内的选择。创意产业发展的区位选择同时呈现出集中在大城市和全球化分散趋势。因此，创意产业区在全球范围内组织生产，构成开放的创意产业生产系统。例如，大多数创意产业企业会定位在美国、英国、德国、中国、新加坡、日本等经济发达国家。

中观区位选择表现在对城市或地区的选择。大多数研究表明，创意产业趋向于开放、多样性、公共服务完善、容忍性高、低进入障碍和具有休闲中心作用的城市地区特别是大城市，并具有特定大城市吸引特定创意产业的特征。例如，在美国的洛杉矶、纽约，英国的伦敦，法国的巴黎，德国的柏林，日本的东京，中国的北京、上海、香港，韩国的汉城等大城市，创意产业的区位会优先选择这些地方。

微观区位选择表现在集聚于城市的某些地区。大多数研究表明，创意产业的发展偏好于大城市的旧仓库、旧工厂和内城贫民区。例如，美国曼哈顿的“苏荷”区，“二战”前，这里是纽约的老工业区，“二战”后这里闲置了许多厂房和仓库，现在是闻名于世的创意产业集聚地。英国伦敦著名的泰德现代艺术馆也是由原来即将被拆除的火力发电厂改建而成的。现在，这里成为全世界吸引游客最多的美术馆，成为英国创意产业发展的典范，带动着泰晤士河南岸地区从贫困衰退的旧工业区发展为文化繁荣地区。

第四节 创意产业集群化的研究意义

创意是21世纪世界社会和经济变革的主要推动力。佛罗里达（2002）认为，“创意……已经成为决定竞争优势的关键”。在当前的社会经济条件下，创意产业已经成为出口和就业的重要组成部分。2001年，美国的“核心版权业”产值约为7912亿美元，占GDP的7.75%，就业人员约800万。版权业出口总额达889.7亿美元，超过化工、汽车、飞机制造、农业、电子元件和电脑行业的出口总额。同年，英国的创意产业收入达1125亿英镑，提供了130万个就业岗位，出口额达103亿英镑，占GDP比例超过5%。同年，澳大利亚创意产业产值高达250亿澳元，其最具活力的一些领域，如数字媒体内容产业的增长幅度是整体经济增长幅度的2倍。可见，创意产业对推动国民经济增长、增加就业机会、提高普通民众生活质量等，发挥着越来越重要的作用。可以预见，在现代产业体系中，创意产业将成为核心产业部门，成为经济发展的引擎。在这样的背景下，研究创意产业及其发展规律具有深远的意义。

创意产业作为城市产业发展中一种新的产业形态，它的出现为促进经济增长方式转变、带动和提升传统产业、实现产业结构战略性调整提供了新的机遇。对创意产业进行科学界定、对其特征进行科学分析、对创意产业集群化现象进行理论分析具有重要意义。

（1）作为一个新兴产业，对创意产业规范和理论研究还处于一个认识和探索阶段，如对创意产业的准确界定、相关统计指标体系的建构、产业发展促进政策等，可以为产业发展促进政策研究提供参考。

（2）集群化是创意产业发展的主要模式。研究创意产业集群化特征、机理与模式：一方面可以帮助决策者更好地了解集群生成的条件、影响因素和过程，从而在不同地区针对不同类别的创意产业，采用相应的发展模式，促进创意产业的发展；另一方面，可为我国正在进行的创意产业发展建设提供科学依据。未来发展中需要掌握创意产业集群化的发展规律，坚持创意产业集聚发展和特色发展并重，加强对特色创意集群的培育，建设一批特色鲜明、优势突出的创意产业基地和园区，以产业链的方式认识产业集群、经营产业集群，打造较为完整的创意产业链条，使创意产业集群发展和规模效应得以充分释放，从而提升我国创意产业竞争力。

第二章　创意产业集群化理论研究脉络

创意产业是21世纪社会和经济发展的朝阳产业，在现代产业体系中，创意产业必将成为核心产业部门和经济发展的引擎。研究创意产业及其发展规律具有深远的意义。分析探讨国内外学者对创意产业的内涵和特质、创意阶层、创意城市、创意产业集群等方面的研究现状，梳理国内外研究者对创意产业研究的脉络。

国内外对创意产业的研究，目前主要集中在对创意产业概念的界定和内涵、创意产业集群和创意产业区的研究。近两年对创意产业的个案研究、比较研究开始增多。下面从三个方面对相关文献进行综述，为进一步研究奠定理论基础。

第一节　创意产业概念的界定

目前，创意产业的概念普遍为世界所接受，但不同国家或地区对创意产业的内延和外涵等问题却看法不一。

一、创意的内涵界定

创意（Creative）是一个从西方引入的外来词，也可译为创造性的，对应的名词是创造力或创新力（Creativity）。因《现代汉语词典》中未有创意一词的解释，因此，对创意和创造力的理解都是对英文定义的理解。百度词条对创意的解释："名词，有创造性的想法、构思等；动词，提出有创造性的想法、构思等。概括为'把任何想法转化成效益'就叫创意。"简而言之，创意就是具有新颖性和创造性的想法，一般而言，"创意"就是平常所说的"点子"、"主意"或"想法"，主要来源于个人创造力、技能和才华。

创意是"人类经历（概念和直觉的混合物）的整合，它可能是简单的或者是复杂的；伟大的创意不管是源自发达国家还是发展中国家都能够产生巨大的新价值和财富"。可见，在知识经济前提下，创意是新的"流通货币"。随着创意经济的出现，创意的本质深化为科学技术和艺术创造的结合，此结合力使人们重新认识到科学技术包含感性认识、艺术气质和美学内涵的方面，更强调个人的天赋。对于天赋的理解，威廉·杜夫（William Duff，1767）认为，必须具备三要素：想象力、判断力和品位，在一定基础上是先天的，但更多的是后天的开发和培育。因此，对"创意"的内涵可理解为是源于个人自身文化和经验积累而获得的个人天赋，并能在经济、社会和技术高度发达的社会中迅速转化为财富的新思想和新观念。

Webster 词条对创造力的定义是"创造有意义的新组织的能力"，更具体地讲，是"带来新的或原创性事物的能力"。但在应用实践中，创造力的定义更加宽泛，是"思想产生、联想和转化为有价值的物质的过程"，包含了创新、企业家精神和新思想的表达，带来的是价值的获得。对此，霍金斯（Howkins，2003）在《创意经济》中更是将创造力视为一种资产，从而形成了继人力资本、结构资本和智慧资本之后的第四项资本——创意资本。他（2005）认为："把创造力视为资产是十分合理的，因为其具有实际价值的特质，是投资而产生的获利结果，也是人力资本的一个重要的元素。"因此，我们把智力资本称为"闲置的点子"，而创意资本则可以称为"闲置的创造力"。从狭义上理解，创意资本等同于文化资本。但创造力不能仅被理解为艺术和文化的思想能力，也包括科学和技术的创造力。从这一范畴理解，文化不仅是美学上（Aesthethies）的意义，更是人类学（Anthropology）上的意义，包括了艺术、文化、科学和技术等方面的内容。总而言之，创造力是创意作为生产的能力，所强调的本质和内涵与创意内涵是一致的。需要指出的是，创意一经出现，便经常与创新（Innovation）概念混淆起来。熊彼特（1912）定义创新概念为“建立在一种新的生产函数”和“一项发明的首次应用”。事实上，创意是创新的基础，即创新是创意人群和创意过程作用的结果。对此，文化经济学家索比（Throsby，2005）认为，“创意进入经济学的论述，只有在它是创新的起因，并因而成为技术进步的先兆之时”。即只有当创意转换为生产时，才被视为创新，创意是创新的前提。对于创新的具体定义，艾米顿（2005）在研究40种以上定义的基础上，把创新过程简化为“3C”，即知识创造、知识转化和知识商业化。她认为，创新可定义为“从新创意的产生到全面获利这一整个商业化过程”。因此，创新是创意到商业化生产的过程；而创意是创新的基础，更多地强调一种“思想”。当创意“思想”转化为“生产结果”时就是创新。一般而言，与新产品直接有关的技术变动才是创新，注重技术和发明创造，更多地强调功能上的改变，并由此带来创意与创新内涵上的区别。如Howkins（2005）认为，创意是个人的、主观的（Subjective），而创新是团队领导的、竞争性的、客观的（Objective）。创意能导致创新，但创新很少引起创造力，因此，创意比创新更为重要。厉无畏（2006）沿用熊彼特的“创新”定义，认为创新强调的是功能上的改变，而创意则强调文化上的应用。胡晓鹏（2006）进一步指出，狭义上理解，创新与创意对应的主体是不同的，随着对文化创意产业的研究兴起，人们习惯将创意与文化连接，将创新与技术连接在一起，但二者之间具有联动关系。即技术创新是文化创意大规模发展的推动力，文化创意是决定技术创新能力的重要因素。

如上所述，创意的本质是个人创造力，包括技术、文化和艺术上的创造力。一些学者把“创意”和“创新”的内涵割裂开来，认为“创意强调文化应用而创新强调技术创造”，这种严格的概念割裂是值得商榷的。如果把创意限定在文化范畴，就不能很好地解释一些高科技创意群落（Creative Cluster）（如软件、动漫等创意产业区）也属于创意产业区范畴。各国发展的经验表明，创意和创新概念的割裂归根结底是由于各国（或地区）对创意产业行业界定不同，如英国“创意产业”等同于“文化产业”，相应的创意即是文化创新；而美国“创意产业”称为“版权产业”，包括文化、高新技术和

R&D 产业等，相应的创意包括科技创新和文化创新，涵盖的行业范畴也比较广（详见创意产业内涵）。对创意产业的内涵理解的差异不应影响对创意的理解。创意即创造力的思想，理应包括一切可能的创造思想。也就是说，包括科学、技术、文化和艺术等人类学意义上的文化创新。

二、创意产业的内涵界定

"创意产业"（Creative Industry）或称"创意经济"（Creative Economy），也被理解为"文化产业"（Cultural Industry，如英国采用）、"内容产业"（Content Industry，如澳大利亚采用）和"版权产业"（Copyright Industry，如美国采用）。简单而言，创意产业是将"点子"、"主意"或"想法"产业化形成价值并带来就业的产业，已成为各国经济中炙手可热的新概念，它是文化产业发展到一定阶段后"裂变"出来的新兴产业。

创意产业的概念最早可以追溯到来自英国创意产业特别工作组（Creative Industries Task Force）的筹划文件（CITF，1998、2001）："所谓'创意产业'是指那些源自个人的创造力、技能和天分，通过知识产权的开发和运用，具有创造财富和就业潜力的行业。"这一定义方式后来被许多国家和地区沿用。其实，创意产业发展思想的先驱是熊彼特。他（1912）在创新观点中明确指出，现代经济发展的根本动力不是资本和劳动力，而是知识和信息生产、传播和使用等形成的创新。接着，罗默（Romer，1986）提道，"新创意（Idea）会衍生出无穷的新产品、新市场和财富创造的新机会，所以新创意才是推动一国经济成长的原动力"。上述两位学者明确了创意的重要性，但明确提出"创意产业"并对其进行定义与英国创意产业特别工作组的工作是分不开的。由此，创意产业发展理念逐渐被世界各国（地区）接受。但由于各国（地区）的经济、社会发展阶段和文化背景的不同，其在概念理解上存在一定的差异，主要有三种类型：

（1）以英国和美国为代表的欧美型，其创意产业以文化产业为主体，较多涵盖精神产品层面。例如，霍金斯（Howkins，2003）从专利授权角度出发，认为创意产业主要包括著作权（Copyright）、专利（Patent）、商标

(Trademark)、设计(Design)四项产业，并由此形成了智慧财产。因此，创意产业可界定为“产品都在知识产权法保护范围内的经济部门，本质是用创意资本投入把所有产业联系在一起”。凯夫斯(Caves，2004)从文化经济学角度定义创意产业，并力图构建新的创意产业的文化经济学。他认为，创意产业是“提供给我们宽泛地与文化、艺术或仅仅是娱乐价值相联系的产业和服务”。武畏宁(2005)结合英国和霍金斯二者的定义，认为创意产业是“一系列知识密集型产业依赖于个人创造力和天分而不断推动产品和工艺的发展和创新，并经常以专利授予的数目来衡量的产业”。联合国教科文组织(2006)定义创意产业为“结合创意生产和商品化等方式，运用无形的文化内涵，创造出内容密集型的产业活动。且这些内容基本受著作权保护，形式是物质的商品或非物质的服务”。

(2)以日本和韩国为代表的亚太型，其创意产业以文化产业和产业服务为主体，兼顾了精神产品和物质产品两个层面。例如，新加坡的创意产业工作组(2002)提出了第一份发展创意产业的文件《创意产业发展战略：推动新加坡的创意经济》，基本上采用了英国的定义，但提出了“创意聚群”的新概念，丰富了创意产业的思维。中国台湾对创意产业的概念具体解释为文化创意产业，“经济部文化创意产业推动小组”根据各国对文化产业或创意产业的定义，并参考台湾地区创意产业发展的特殊性，将台湾地区的文化创意产业定义为：文化创意产业系指源自创意或文化积累，透过智慧财产的形成与运用，具有创造财富与就业机会的潜力，并促进整体生活环境提升的行业。具体而言，“文化”是一种生活形态，“产业”是一种生产行销模式，而两者的连接点就是“创意”。香港大学(2003)把创意产业直译为“创意工业”，从创意生产系统研究角度出发，把创意工业定义为“一个经济活动群组，开拓和利用创意、技术及知识产权以生产并分配具有社会及文化意义的产品与服务，更可望成为一个创造财富和就业的生产系统”。

(3)以我国内地为代表的本土型，其创意产业以产业服务为主体，更突出地强调物质产品层面。概括起来主要有以下几种：王缉慈(2005)从创意产业的主要来源出发，认为创意产业是那些“具有自主知识产权的创意性内容密集型产业”。一般具有三个含义：①来自创造力和智力财产，又称智力财产产业（IP 产业，Intellectual Property Industry）。②来自技术、经济和文化的交融，又称内容密集型产业（Content Intensive Industry）。③来自创意人群发展创造力的文化环境，往往与文化产业概念交叉使用。厉无畏（2006）从经济学角度出发，认为凡是由创意推动的产业均属于创意产业，并把以创意为核心增长要素的产业或缺少创意就无法生存的相关产业称为创意产业；提出集群化是创意产业发展的新特征及趋势，认为创意产业的出现是知识、文化在经济发展中地位日益增强的结果。张京成（2006）从创意产业特征出发，认为其应具有四个特征，即人的创造力、可以产业化或具备产业化潜力、体现文化的外在性和具有科学技术的支撑。金元浦（2007）则认为，创意产业是全球化条件下，以消费时代人们的精神文化娱乐需求为基础，以高科技技术手段为支撑，以网络等新传播方式为主导，以文化艺术与经济的全面结合为自身特征的跨国、跨行业、跨部门跨领域重组或创建的新型产业集群。上海市（2005）从物质生产功能角度出发，认为创意产业是"以创新思想、技巧和先进技术等知识和智力密集型要素为核心，通过一系列创造活动，引起生产和消费环节的价值增值，为社会创造财富和提供广泛就业机会的产业"。2006 年 12 月，北京市统计局、国家统计局、北京调查总队联合制定发布《北京市文化创意产业分类标准》，将文化创意产业定义为："是以创作、创造、创新为根本手段，以文化内容和创意成果为核心价值，以知识产权实现或消费为交易特征，为社会公众提供文化体验的具有内在联系的行业集群。"因此，可将创意产业定义为"那些具有一定文化内涵，来源于人的创造力和聪明智慧，并通过科技的支撑作用和市场化运作可以被产业化的活动的总和"。

如上所述，国外及亚太地区对创意产业的概念之争主要集中在行业和部门界定范围。概括而言，大致可分为两种类型的定义。首先，是较为宽泛的定义，以霍金斯、武畏宁、香港地区和上海市等的定义较为典型。即只要涵盖"个人创造力"和"知识产权"的活动就可以称为创意产业，因而部门界定也比较宽泛，涉及国民经济的所有行业。如霍金斯（2003）认为，大多数国家都同意创意和其相关产业包括了所有形式的创造性想象力，可有极少数国家（如英国和澳洲）把"创意产业"一词限制在艺术和文化产业而排除科学和技术产业。他认为这种排除是欠妥的。其实英国国家科学技术及艺术基金（NESTA，2003）早就阐明“创意是在科学、技术、工程以及‘所有新奇和创新性产品及服务’上，只是一般英国人所使用的‘创意’一词仍是‘艺术上’和‘文化上’的东西”。因此，这种宽泛定义也可称为创意工业且与“文化产业”内涵相差较大；其次，是较为狭隘的定义，以凯夫斯和英国等的定义为代表。创意产业内涵比较集中在文化艺术方面，强调文化对经济的贡献，某种程度上可等同于“文化产业”的内涵。如凯夫斯把创意产业限制在艺术和文化与经济的结合。同时，这两种定义也引起了其他学者的质疑和批评。如斯图亚特·坎宁安（Sgtuart Cumingham，2004）提出“是凯夫斯太狭隘，还是霍金斯太包容”的疑问；姜奇平（2006）则直接对凯夫斯的“创意经济”提出批判，认为其没有把信息革命内生到创意经济中，从而提出“新创意经济”（网络革命内生于创意经济中）代替凯夫斯的“旧创意经济”。在此，“新创意经济”更接近原始意义，即活的精神创造，可以包容文化创意产业之外的许多经济形态，其本质是互联网的出现对经济的巨大作用。

从以上分析可知，国内外研究部门或学者对创意产业的认识在内涵和外延上较为接近，但也存在一定程度的分歧。尽管如此，他们在创意产业的核心认识上是一致的：皆认为创意产业应着眼于整个产业链，产业存在和发展由创意驱动。这一共识为认识创意产业、促进创意产业的发展奠定了坚实的理论基础。综上所述，各国（地区）学者对创意产业内涵理解是非常接近的，即“强调创造力对经济的贡献能力”。定义着眼于整个产业链，主要由三个要素构成：产业源头、产业化路径和产业的社会效果，特别强调核心源头，即创意。但在创造力范畴理解上有分歧，因而造成创意产业的行业界定有分歧。发达国家处于后工业化阶段，更多地强调文化和艺术创造力等非物质服务功能；而发展中国家处于工业化阶段，更多地强调创造力的物质生产功能，因而创意渗透的行业较宽泛，创意产业更多地表现为一种发展理念，而非具体行业。由于发展阶段和水平的不同，这种行业界定上的差异是合理的，更贴近本国（地区）发展的实际情况和重点行业方向。进而言之，创意产业的原始定义是“个人创造力”、“技能”和“天赋”，其更多地强调了一种发展理念，而不是具体的某些产业。因此，对创意产业的行业界定或人为统一是不必要的。在发展实践中，各国（地区）可以在各自发展的具体国情下界定各自创意产业的行业范畴，且这些界定并不是一成不变的，理应随着一国经济发展水平的趋势改变而改变。

三、各国创意产业发展研究

对创意产业的理解在各国学者之间有很大的分歧，由此也造成了在创意产业外延的行业界定上的不一致。概括起来，主要包括以下几种观点：

美国是创意产业比较发达的国家，一般将其称做“版权产业”，并且将其纳入已经制定的北美标准产业分类系统。这种分类方法以概念为核心，根据美国的经济概念确定版权产业包括核心版权产业、交叉产业、部分版权产业、边缘制成产业四种。

英国政府把就业人数多或参与人数多、产值大或成长潜力大、原创性高或创新性高三个原则作为标准，主要选定了 13 项创意产业，包括软件开发、出版、广告、电影、电视、广播、设计、视觉艺术、工艺制造、博物馆、音乐、流行行业和表演艺术等产业。随后，许多国家纷纷仿效，其中，澳大利亚、新西兰和新加坡等国沿袭了英国对创意产业的定义与分类。

近年来，日本政府强调国策，立法发展文化创意产业，保护和开发文化产品。以影像、游戏、音乐等为主体的文化创意产业发展迅速，不仅扩大国内外市场的份额，还带动国内相关产业的发展。其中，日本各种创意产业，以动漫产业为核心。日本动漫有整套的产业模式，其基础是漫画。整个动漫产业的运转如同一个有序的链条，众多单元组合成了一个合理、完整的产业链。

香港（2003）把创意产业依其属性分为三大类，即文化艺术类（如艺术品和古董及工艺品、音乐、表演艺术）、电子媒体类（如数字娱乐、电影与录像带、软件与计算机、电视与电台）和设计类（如广告、建筑、设计、出版）。

新加坡创意产业分成三大类：文化艺术、设计和媒体。1998 年，新加坡将文化创意产业定为21世纪的战略产业，并出台了“创意新加坡”计划。在2000年新加坡政府推出跨世纪文化发展战略，开始加大对文化领域的投入，2002年为了运用国家的力量推动创意产业发展，新加坡政府成立了创意工作小组，专门分析了文化创意产业的现状、确定发展战略和政府对策，并公布了第一份报告——《创意产业发展战略》，推动以文化产业为主体的创意产业发展。

台湾（2004）文化创意产业划分为10个项目、13个产业，即视觉艺术（绘画、雕塑、装置），表演艺术（音乐、戏剧、舞蹈），文化展演设施和传统民俗文化（文建会管理范畴），出版，电视，广播，电影（新闻局管理范畴），设计产业和休闲软件（经济部主管范畴）10个项目；视觉艺术产业、音乐与表演艺术产业、电影产业、广播电视产业、出版产业（文化艺术核心事业）、工艺产业、设计产业、数字休闲娱乐产业、设计品牌时尚产业、建筑设计产业（设计产业）、文化展演设施产业、广告产业和创意生活产业（产业延伸部分）13个产业，分属3个类别。

中国内地上海、北京、深圳等城市采用“创意产业”的说法，但有别于英国初始的创意产业。如上海市（2005）根据产业的共同特征考虑分类范畴，依据其与创意的相关程度，把创意产业分为研发设计创意、建筑设计创意、文化艺术创意、时尚消费创意、咨询策划创意五大类，涉及38个中类行业和55个小类行业。

一些专家学者也对创意产业的行业构成进行了界定，其中具有代表性的文化经济理论家凯夫斯（2005）对创意产业的定义是：创意产业提供我们宽泛地与文化的、艺术的或仅仅是娱乐的价值相联系的产品和服务。它们包括书刊出版，视觉艺术（绘画与雕刻），表演艺术（戏剧、歌剧、音乐会、舞蹈），录音制品，电视，甚至时尚玩具和游戏。霍金斯（2003）把美国的创意经济核心产业界定为研发、出版、软件、电视与广播、设计、音乐、电影、玩具、游戏、广告、建筑、表演艺术、工艺、电玩、时装和艺术等15个行业。创意产业的概念引入我国的时间不长，创意产业尚属新兴产业，关于创意产业的行业界定，我国不同地区的学者分别从不同的角度进行了论述。杜德斌（2005）认为，创意产业范围包括核心部分（如视觉、文学、音乐、表演、造型艺术等），扩散部分（如传媒业、唱片业、电影业、广告业、设计业等）和聚合部分（如博物馆、美术馆、图书馆、艺术品市场、教育产业、旅游业等）。张京成（2006）认为，中国的创意产业大体分成八个大类：工业设计类、影视艺术类、软件服务类、流行时尚类、建筑装饰类、展演出版类、广告企划类和运动休闲类。上海社会科学院文学研究所副研究员徐清泉认为，对创意产业给予狭义的理解，大体上等同于内容产业、文化产业的高端。对创意产业给予广义的理解，就是思想产业、观念产业、核心产业、关键产业、高端产业，它不仅仅局限于文化产业的某一个领域或门类，也涉及具有高科技含量、高文化附加值和丰富创新度的任何产业，体现了知识经济时代和信息时代最为鲜明的特征。

各国（地区）学者对创意产业的外延界定虽有差别，但主要集中在文化、艺术和设计类等视“个人创造力”为生命的产业。在产业类别上分为核心产业和外围产业。核心产业主要集中在生产环节上，而外围产业也可称为支持产业，主要集中在分配和交换环节上，涵盖旅游业、教育培训业和餐饮业等。但这种用产业范畴来界定创意产业的方法引起了各位学者的巨大争议，原因在于它常常把行业内从事非创意性工作的人也纳入创意行业中，如守门人和清洁工，由此带来了创意产业就业人数的大大增大。鉴于此，佛罗里达（2002）提出了用“创意阶层”来界定创意产业的人数和规模。其中，“创意阶层”主要包括从事创造创意思想的“超创意核心人员”（如科学家、工程师、大学教授、诗人、小说家、艺术家、表演家、演员、设计者和建筑家等处于“思想领导地位”的人），也包括“创意职员”，即在高知识密集型产业中工作并从事创意问题的解决的人。由此划分，可把创意产业中未从事创意工作的人排除在外。

综上所述，创意产业虽然在全球已经蓬勃发展起来，但基本理论研究却相对滞后，不能很好地指导各国创意产业的实践发展。由于文化的不可复制性，照搬其他地区的发展模式和分类方法也是不可行的，因此，创意产业的发展关键是寻找适合本国（地区）的发展模式和行业分类标准，这对于发展具有本土特色并形成竞争优势的创意产业具有非常重要的意义。创意产业的界定范畴也应根据各国（地区）发展的实际情况而不同，尤其是针对中国目前的国情，对创意产业的产业发展范围可以宽泛一点。也就是说，只要行业中有以个人创造力为创意附加值的产业都可以纳入创意产业的范畴，这与我国目前提倡自主创新的发展理念相吻合，因其可以很好地体现自主创新的发展精髓。

表 2－1 创意产业分类

定义	国家/地区（国际组织）	分类
创意产业	英国	13 类：广告、建筑、艺术及古董市场、工艺、设计、流行设计与时尚、电影与录像、休闲软件与游戏、音乐、表演艺术、出版、电脑软件、电视广播
	新西兰	10 类：广告、软件与资讯服务业、出版、广播电视、建筑、设计、时尚设计、音乐与表演艺术、视觉艺术、电影与录像制作
	中国香港	11 类：广告、建筑、设计、出版、数码娱乐、电影、古董与工艺品、音乐、表演艺术、软件与资讯服务业、电视与电台
	澳大利亚	7 类：制造（出版、印刷等），批发与销售（音乐或书籍销售），财务资产与商务（建筑、广告及其他商务），公共管理与国防，社区服务，休闲服务，其他产业
文化产业	新加坡	3 类：文化艺术、设计、媒体
	韩国	17 类：影视、广播、音像、游戏、动画、卡通形象、演出、文物市场、美术、广告、出版印刷、创意性设计、传统工艺品、传统服装、传统食品、多媒体影像软件、网络
	中国内地	9 类：新闻、出版及版权服务、广播电视及电影、文化艺术、网络文化、文化休闲娱乐、文化产品代理、文化用品、设备及相关产品销售
	芬兰	9 类：文学、塑像、建筑、戏剧、舞蹈、影响、电影、工业设计、媒体
	联合国教科文组织	6 类：印刷、出版、多媒体、视听产品、影视产品、工艺设计
文化创意产业	中国台湾	13 类：视觉艺术、音乐与表演艺术、文化展演设施、工艺、电影、广播电视、出版、广告、设计、品牌时尚设计、建筑设计、创意生活、数字休闲娱乐
版权产业	美国	4 类：核心版权产业、交叉产业、部分版权产业、边缘支撑产业
感性产业	日本	3 类：内容产业、休闲产业、时尚产业

第二节　创意产业集群理论研究

产业的发展不仅是单个企业的行为，从整个产业链的发展角度来看，它更需要整个行业的地理聚集和整个产业链的完整打造，创意产业的发展也是如此。创意产业集群是指以创意为主的多元文化生态和创意服务产业链一个特定的区域。自波特正式提出“产业集群”的概念并把它上升到国家竞争力的高度，国内外学者掀起了从产业集群的角度研究创意产业发展的热潮。按照波特的观点，产业集群是一组在地理上相近，并具有相互联系的公司和关联机构，它们同处于一个特定的行业领域，由于具有共性或互补而联系在一起所形成的产业的聚集。交易成本的降低、规模经济的实现、竞争优势的提高、知识溢出的效益是产业集群形成的根本原因。各国创意产业发展的实践表明，其往往是在创意产业区内集聚才得以发展。创意产业在迅猛发展的过程中，表现出了明显的集群化趋势。对此，许多学者都有类似的论述，认为创意产业具有趋向于在城市特定地区集聚并形成专业化生产的特点。英国国家科学基金（NESTA，2003）论述道：“早期阶段的小型创意企业一个显著的特征是趋向于在特定区位集群。如东部伦敦、‘苏荷’区、中央伦敦和北部剑桥等区域，这些区域都被看做创意产业区，即相似的创意企业彼此相邻，通过融合商业化机会与柔性专业化的生产和销售而形成的创意产业集群。”又如，Molotch（1996）的研究显示了创意产业将集聚在专业化群落或产业区内，特别是在大城市中。其地方显著不同的特征与地方文化产品形象交织在一起，造成地方、团体和创意产业常常联系在一起，并由此促使创意产品类型总与特殊地理位置联系在一起。集群化趋势的原因在于创意产业大多是由小企业集聚所组成，创业者大多是自由职业者，即所谓的“独立企业人”，因而完全依赖于本地隐含知识快速获取，工作机会主要以项目合作的方式产生，并由此带来的集体效应比较明显，促使创意企业和个人因学习和合作关系而互相结成网络联系系统。同时，创意产品和服务以出口为导向并处于全球化和大企业融合的复杂过程中，由此形成了全球化企业网络联系大系统。因此，此种既根植于地方又联系于全球的网络关系促使创意产业较多地集中在大城市中，特别是城市中的某些特定地区似乎对创意产业具有特别的吸引力，从而形成了特定的创意产业区（肖雁飞，2007）。

综观国内外学者对创意产业集群的研究，主要集中在生成机制、创新能力以及对城市与社会发展的推动作用三个方面。

在对创意产业集群的生成机制的探讨上，Landry（2004）、厉无畏（2005）等学者认为，创意产业集群的发展有赖于创意情境（Creative Milieu）的形成，而创意情境的形成得益于创意城市（Creative City）、创意鸣（Creativebuzz）和创意阶层（Creative Class）等的共同作用，因而构成了创意产业区形成和发展的根本动力和生成机制。后现代主义者 Baudrillard（1988）和 Jameson（1983）认为，我们生活在一个全新的社会——消费社会中，在这个社会中人们消费的不是具体的物品而是符号和影像。这种全新消费方式促使当代社会重视文化对经济和消费的作用，而创意产业集群的新兴和繁荣正是顺应此种时代趋势，并成为未来经济发展的重点和趋势。进而言之，在城市发展中，创意产业集群的出现是新城市主义的时代需求。也有部分学者从产业集群理论角度出发，认为创意生产网络的集聚和发展带来的是创意群落的成本优势、集体效率和创新优势等，而这些构成了创意产业集群形成和发展的动力因素。如佛罗里达（2002）认为，创意产业集群与一般产业集群不同，它需要不同的政策和环境。凯夫斯用制度经济学的合同理论和组织结构理论分析了创意行为的经济特点，并解释了为何生产无形资产的行业容易聚集，提出了经济分析的框架。普拉特（2003）则认为，创意产业集群是产业集群的一个内部分支，与普通产业集群没有本质差别。Nesta（2003）认为，创意集群是创意产业发展的空间表达，为创意产业提供了公共设施、部门认同感、创新灵感、工作和销售机会。凯夫斯（2004）论述了艺术中心的凝聚力在于因集聚而节约了经销商和顾客的成本，其中，艺术品差异大的特性可以抵消集聚带来的不利因素。帕米兰（2004）则从产业集群的功能作用角度，分析了创意产业集群对创意产业的发展所起的作用，论证了创意产业集群建设的必要性。阿伦·斯科特（2006）还认为，创意产业具有城市聚焦化趋势，它的发展与城市经济发展水平密切相关。同时，他指出，不同创意产业区之间可以形成网络组织，即集群。科瑞德（2006）通过美国纽约文化和艺术行业的集中程度发现，创意产业聚集主要集中在具有原创性和创新性的区域。哈顿（2006）则从地理学的角度对创意产业集群进行研究，他发现，创意产业集群更倾向于大城市的内城及其边缘地区，且周边历史文化资料较深厚，这些因素的存在都为创意产业集群的发展提供了“新生产的空间”。

在对创意产业集群创新能力的论述中，国内外学者一致认为创意产业集群具有强大的创新能力。这种创新能力不仅体现在创意产业的行业特点上，也体现在创意产业集群的内部网络结构及组织模式上。Scott（1997）认为，创意产业集群是以当地复杂的劳动力市场和生产者密集网络为基础，并将本地文化象征结合到产品中而使之成为产品的真正特色。正是在这种文化空间联系的制度下，创新才会显现出来。武畏宁（2005）论述了创意群落对国家创新系统的贡献力，认为创意群落可以提高国家创新系统的竞争力。陈建华（2005）指出，创意产业集群自其诞生起就与自主创新密不可分，无论是其闪现着灵感的基地外观，不拘一格的工作方式，还是不断开发的各种产品，凝聚智慧的创作设计，直至不同常规的销售渠道，无不体现着创新的精髓。

创意产业集群是基于文化创造力而发展起来的，对地区经济再生、创新能力、地方形象重塑和文化旅游等方面有重大贡献，最终带来的是区域发展和创新。Scott（1997）撰文指出，城市文化经济的概念就是历史遗产的商业化和城市再生，因而，对地区发展的主要意义在于，职业部门极其广泛并同时存在于制造业以及服务活动雇佣人员巨大促进大都市区域的特定地方文化识别。美国学者阿伦·斯科特（2001）在《文化产业：地理分布与创意领域》一文中讨论了地理基础对理解文化产业中的创意和创新过程具有决定性意义。现代文化产业集中的地方有一个共同的特征，即它们对文化产业活动的参与，都是以强烈依赖当地复杂劳动力市场的生产者密集网络为基础的。由于地点、团体和文化产业往往紧紧地联系在一起，许多类型的产品总是和特殊的地理位置联系在一起，如伦敦的歌剧、巴黎的时装、意大利的家具，使产地代表了一种产品的保证。Hall（2002）则认为：“‘文化’已成为‘所有正在消失的工厂和仓库的魔法替代品，并作为创造新城市形象的装置，正使城市更具吸引流动资本和专业人才的能力'。”文化在工厂和仓库等“另类”空间中生产和消费形成了创意产业集群，并作为大城市发展战略的一部分，强烈昭示着城市衰退地区再生工具的到来。波特教授（2000）从国家级竞争优势方面认为，有创意产业集群和网络的地方总体上正获得竞争性成功。尽管商业投入（资源、资本和技术）现在可以由全球性市场来提供，公司和个人有机会避开当地经济。“集群”这一概念常常是通过像都柏林、谢菲尔德、纽卡斯尔、奥斯汀、提哇纳（墨西哥）、赫尔辛基和安特卫普等城市对旧有工业的改造来实现的。城市原有的特征，如制造业的基础设施（仓库和裁缝业）和作为业余消遣的音乐收藏，成了通过文化重新发展工业的新投入（阁楼空间、时尚和设计技巧、音乐资料库）。通过这样的方式，创意城市政策能为地区城市和旧工业城市接新经济提供机会，使他们产业复苏或开启新的产业。澳大利亚学者斯图亚特·坎宁安（2004）在“从文化产业到创意产业：理论、产业和政策的含义”中阐述区分文化产业和创意产业概念的理论依据及其对理论、产业和政策分析的意义，通过创意产业的发展带动区域经济的增长和多样化，提出集聚理论（Cluster Theory）以对米歇尔·波特（Miehael Porter）的古典研究的认同和修正为基础，正在成为理解创意产业的主要参照系。厉无畏（2006）在其“创意产业推动城市发展”一文中指出，创意产业的集聚对城市环境的作用主要体现在两个方面：一是强化城市外在影响，提升它的吸引力，从而重塑城市形象和品牌；二是催生城市内在布局优化的牵引力，从而重绘城市地图，使城市形成有各种特色城区。靖学青（2004），苏彤和胡奎（2005）等学者则从创意产业与产业结构升级、可持续发展、奥运经济的关系的等角度来探讨了创意产业集群对经济社会发展的作用。

目前，国外对创意产业集群的研究主要集中在实证研究上，但均没有从产业集群角度说明创意产业集群的形成机理。应该说，他们的研究为创意企业的发展提供了一定理论支持，其研究以个别城市或地区创意产业集群发展的经验为模板，分析了创意产业集群发展的路径。相比较而言，我国在创意产业集群上的研究还比较薄弱，现有研究更多的是从案例分析的角度进行经验总结。李蕾蕾（2005）对深圳市广告产业在城市空间分布和集群形态进行了识别，将深圳市广告业集群分成了六种模式；陈祝平和黄艳麟（2006）对创意产业集群内外部形成机理进行了探究，指出竞争、创新、节约是其形成的三个重要机理；符韶英和徐碧祥（2006）对我国城市中创意产业集群化的条件进行了分析；蒋三庚（2006）在其《文化创意产业研究》中结合波特产业竞争力的钻石模型和国际上已经形成的文化创意产业集群案例，总结出文化创意产业集群形成的基本条件；吴艳和陈秋玲（2008）从基于共生理论的角度探究了上海创意产业集群的价值取向，提出创意产业集群企业与集群管理层之间、创意产业集群内部企业之间、创意产业集群之间、创意产业集群与区域之间的互利共生，最终实现整个利益圈的平衡；李玉敏（2008）也从基于共生理论的角度论述了创意产业集群的培育，阐明了创意产业集群中企业共生的内在动因和共生的环境要素；林拓（2008）在《世界文化产业与城市竞争力》一文中论述了产业空间集聚与城市环境引力作用使文化产业的空间集聚特征日益明显。

创意产业的集聚，一方面使城市中心区的文化地位更趋凸显，另一方面不同类型的创意产业又在不同城市区位中集聚，形成了不同的创新氛围。例如，厉无畏和于雪梅（2005）从实证的角度，结合上海创意产业基地发展的现状，分析了我国创意产业集群的新特征及趋势，探讨了创意产业集群发展的集群优势效益问题，并在此基础上提出了促进创意产业发展的路径。陈倩倩和王缉慈（2007）从音乐产业的领域，分析我国创意产业集群发展所需的外部环境要素。潘瑾、李崟和陈媛（2007）从创意产业集群的发展所产生的知识溢出效应分析了发展创意产业集群的必要性。刘奕和马胜杰（2008）从北京、上海创意产业集群发展的现状剖析了发展我国创意产业集群的政策思路。范桂玉（2008）从实证的角度，以北京为例分析了我国创意产业集群形成所必需的条件。这些研究对当前我国发展创意产业有重要的借鉴意义，但研究的深度仍有所欠缺，对于创意产业集群的构成要素、形成机理并未涉及或涉及较少，没有从这一角度得出创意产业发展的一般规律，对于创意产业应该在哪些城市或区域、产业形成聚集研究相对较少，这些领域需要在实证研究分析的基础上进行深入分析。

第三节 基于空间集聚的创意产业区研究

创意产业区的发展带来的是区域经济的增长、空间结构的优化、旧城改造、形象重塑和文化旅游等积极作用，最终体现在城市空间的创新和城市竞争力的提高，即创意城市的形成。创意产业区的理论研究可追溯到新文化经济（Lash and Urry，1994；Scott，1997，ete；Throsby，2005）和产业群落（Porter，1997）理论，前后经历了注入文化因素、形成文化产业群落或文化区等时期；构成创意产业区的发展理论是新时期创造力形成的理论来源，主要有创意阶层、创意情境和创意城市等理论。

创意产业区的发展具有强烈的时代背景，分析其时代背景的理论主要包括：城市从制造业向服务业的大转型、后工业社会和新经济时代的来临、后现代主义思潮盛行、产业和创造力的城市转向、强调知识网络形成的新区域主义和强调多样性发展的新城市主义等理论和思潮。

一、创意产业区概念界定

“创意产业区”是中国台湾和大陆地区对创意产业集聚区的称谓，指“创意产业在一定区域内集聚”，概念沿袭了“开发园区”的称谓，特别包括了政府主动创建的园区形式。对此，王缉慈（2005）特别指出创意园区与一般产业园区的区别，并称之为“文化创意产业集群”，其特征主要是创意人群生活和工作结合，文化产品生产和消费结合，有多样化的宽松的创意环境和独特的本地人文特征，且与世界各地有密切的联系。“文化育成区”是台湾学者针对文化创意产业区的专门术语，指“在城市内的小空间中，透过密集的内部与外部互动、生活与专业紧密结合后交织形成的社会和空间胶合体，可进一步经由连续性消费空间、文化事件和联盟关系的发生，催生创作、生产与消费的网络，并孕育跨部门的活动和效益产生，是城市创意空间集聚的体现”（古宜灵，2004）。

尽管上述概念的表达形式不一，但本质是一样的，即都强调了创意产业或文化产业在一定区域内的集聚而表现出的网络效应和集体效率，从而具有外部性和学习型区域等特征。因此，在大多数情况下，创意产业区的内涵等同于创意产业群落、创意园区或文化区等内涵。“文化产业群落”或“文化区”的定义虽然没有统一，但一般是指在限定的空间和不同的地理区域内，文化产业和设施高度集中而带来的高频率的文化实践和更新，由此意味着城市创造力、创新和企业家精神的涌现（Walliem，1992；Scott，1997）。与此相关的另一个概念“创意群落”，“创意群落”概念来源于对“群落”概念的理解。简单地讲，“群落”概念是指“特定产业和部门中相互联系的企业和机构在地理上集中的现象”（Porter，1998）。因而，“创意群落”是指“因为创新和技术商业化的融合而使创意活动经常发生在群落中的现象。其创意活动成功在于企业邻近而产生的联合行动和集体效率”（王伟年，2005）。Pratt（2004）认为，创意群落是商业群落（Business Cluster）的子系列（Sub Set）。但由于其强烈地国际合作与极微小企业之间的这种极端双边形态特征，从而超越了一般群落理论中的交易和集聚理论，即创意群落并不仅仅是地理集聚区内交易成本节约，其发展范围远远超出物理集聚空间。因此，创意群落作为商业群落的特例，是指创意产业在区位上彼此相邻，并能代表创意生产系统在一个地方的发展轨迹。但创意群落概念没有很好地抓住创意产业之间超越了更广的时间、空间和生产组织动力维度，从而造成创意系统概念和分类都不确定，所以用“创意产业生产系统”可以更好地理解创意群落发展的不同空间维度。

二、创意产业区相关理论研究

创意产业是知识密集型产业，具有高度集聚性、高附加值和高成长性三大特点。由于高出口导向和依赖于个人与购买者的联系，使得创意产业区网络依赖程度比制造业更甚，并由此构成外部生产网络和内部地方网络。国外很多学者从网络关系角度来分析创意产业区发展的内在机制，主要分为生产网络、创意网络和社会网络等角度研究。

在创意产业区生产网络组织关系研究上，有学者认为创意产业区的发展有赖于全球和地方生产网络（Scott，1997；Yusuf 和 Nabeshima，2005；Pratt，2004）。如 Scott（1997）认为，世界文化产业集聚使产品合作、风险企业和创意伙伴等组成了全球网络，从而使不同创意产业区之间形成网络关系和特殊竞争优势。他指出，“此种生产联合丝毫不比集聚本身而产生的潜在力量弱”。可以看出，Scott 认为创意产业区是根植于地方生产者网络，并在全球范围内形成创意产业区生产网络。对此，Yusuf 和 Nabeshima（2005）进一步从创意产业区行业构成角度分析行业之间的联系程度和网络关系，并由此形成了创意产业区行业网络组织。他们的论述其实与 Scott 认为的“不同创意产业区之间可形成网络组织”论述是一致的。Pratt（2004）则从创意产业区形成和发展条件与辅助机构来探讨创意产业区构成的外部网络组织，实际上也就是创意产业区的生产网络，并由此构成创意产业区发展的辅助机构，为其形成和发展提供支持和配套设施，如教育和培训、专门商业服务、零售业、观众、研究机构等。此外，有学者从新文化经济角度探讨创意产业区生产网络的形成。他们认为，创意产业区是以当地复杂的劳动力市场和生产者密集网络为基础，并将本地文化象征结合到产品中而使之成为产品的真正特色。正是在这种文化空间联系的制度下，创意领域才会显现出来（Scott，1997；香港基线报告，2003）。创意生产网络的集聚和发展最终带来的是创意群落的成本优势、集体效率和创新优势等，而这些构成了创意产业区形成和发展的动力因素（Nesi'A，2003；Caves，2004；Pumhiran，2005；Weiping，2005）。如 NEs（2003）和 Pumhiran（2005）认为，创意群落是创意产业发展的空间表达，为创意产业提供了公共设施、部门认同感、创新灵感、工作和销售机会。Caves（2004）论述了艺术中心的凝聚力在于集聚而节约了经销商和顾客的成本，其中，艺术品差异大的特性可以抵消集聚带来的不利因素。WeiPing 论述了创意群落对国家创新系统的贡献力，认为创意群落可以提高国家创新系统的竞争力。

在创意网络研究方面，有学者从创意产业区的网络环境组成来探讨创意情境等问题，并认为内城对创意产业区发展有特别的网络环境吸引力（Molotch，1996；Hutton，2004）。如 Molotch（1996）指出，内城新经济有显著的创意和知识密集企业的“强制邻近性”（Compulsion of Proximity）。Hutton（2004）详细调查了内城中的新产业群落，认为其构成了新经济空间的重要特征。总而言之，内城创意产业群落集聚的动力来自因内城区独一无二的环境而产生的丰富、复杂和相互依赖的网络特性，包括建筑遗产环境、文化、娱乐中心和一些支持新经济产业的机构等（如培训学校、公共机构）。

在社会网络研究方面，有学者从社会网络和社会资本角度来探讨创意产业区的“软”环境构成（Browm、O’Connor 和 Cohen，2000；Walcott，2002；CulturalInitiatives Silicon Valley，2003；Gertler，2004；Florida，2005）。如 Browm、O’Connor 和 Cohen（2000）探讨了音乐文化产业区的“软”网络，认为“景观”（Scenes）、“情境”（Milieus）和“发生地点”（Happening Places）等软网络的形成促使知识和信息的交换形成社会网络，因此，硬件设施对形成社会网络是远远不够的。Walcott（2002）和 Gertler（2004）认为，在创意产业区中，企业家精神和企业家文化更有可能发生，原因在于艺术家的创业是有风险的，是不一般的企业家职业，因此，地方文化更需要支持实验、失败和不断发现。Florida（2005）和 Cultural Initiatives Silicon Valley（硅谷文化机构）（2003）也论述了社会资本对创意产业区的重要作用。他们以 Putnam 的社会资本理论为基础，认为文化参与是加强社会资本的重要方式，社区和经济的长期良睦发展在于良性社会资本（如信任、会意和互惠的人际关系等）的积累。微观区位选择表现在集聚于城市的某些地区。大多学者研究表明创意产业区发展偏好大城市的旧仓库、旧工厂和内城等贫民区（Zukin，1995；Moloteh，1996；Caves，2004；O’Connor，2006；Hurton，2000、2004；Gertler，2004）。如欧·康纳（O’Connor）（2006）认为，城市中特定地区对创意产业特别有吸引力，这可从高密度空间集聚的艺术园区说明。Hutton（2000、2004）进一步明确了这些特定地区是哪些地区。作为一名地理学家，他对创意产业区的区位研究较多且较详细，认为以设计和创意服务部门为主的创意产业区趋向于大城市的内城和 CBD 边缘地区，特别是内城中三到六层的历史建筑（或是酷似历史建筑），这些被称为城市的“新生产空间”。此外，Hutton 还对不同创意产业区的区位选择问题做了阐述，即何种类型的创意产业区位于城市的何种区域的问题。他（2000）的研究表明，创意产业区主要集中在大城市的CBD边缘和内城地区，但不同的设计和创意服务业分布于城市的不同空间。即CBD集聚了精英设计企业，CBD外缘和内城集聚了一般创意设计公司，内城和中等城镇边缘集聚了创意生产服务业，内部、外部郊区集聚了工业设计，大城市边缘和边缘城市、城市远郊地点集聚了技术设计。

此外，有学者还论述了创意产业区的区位空间转换问题。如Markusen和King（2003）及CaveS（2004）论述了创意产业区在城市中的空间转换规律，认为创意产业区的发展轨迹都经过从贫穷艺术家寻找贫民区发展成艺术中心，并吸引有钱的顾客等落户，从而引起租金的暴涨。因此，一部分艺术家便向周边地区扩散，导致原来的艺术中心失去吸引力，成为高消费时尚地区，比如休斯敦以南地区。他们认为现代创意产业区的空间分布必然具有一种自我毁灭的特性，其在纽约已反复多次，如纽约东区不到10年就经历一次这样的循环。Caves（2004）进一步指出，此种艺术中心的空间扩散和循环可能是在城市之间，也可能是在城市内部，且大城市要比小城市更适于成为艺术中心。进而言之，对于创意产业区区位选择和变化的动力机制等问题，众多学者都有类似的阐述，即基于成本因素（旧城和贫民区等新产业空间租金低）、内部空间选择（大仓库等更适合改造和灵感激发）和另类生活的需要（生活和工作空间一致）等因素。

国内学者对创意产业区的研究可以追溯到文化产业工作者的工作（林拓等，2004；花建，2005等），随后城市规划学者（阮仪三、吴缚龙、于雪梅、崔世平等）、经济学者（厉无畏、诸大建等）和地理工作者（王缉慈、杜德斌等）等也相继加入了研究队伍之中。在我国，创意产业的概念最早出现在2003年前后，至今不过七八年的时间，但已掀起一股研究和实践的热潮。目前，我国对创意产业的研究还处于起步阶段，尤其是对创意产业区的研究更是涉及甚少，正处于实践探索（如对北京“798”创意产业区的研究、上海创意产业区发展的分析）和理论起步阶段。总体而言，我国对创意产业的研究主要集中在介绍国外创意产业区的发展条件（以Florida“创意阶层”理论为主，例如，诸大建和易华，2006；诸大建和黄晓芬，2006；王缉慈，2005、

2006；任雪飞，2005；等等）和案例介绍（以“苏荷”区为代表的“Loft”发展经验，如阮仪三，2004；王缉慈，2006；等等），并在借鉴国际理论和经验基础上探讨了创意产业区对中国地区经济发展的意义，主要集中在产业集群、城市综合竞争力的提高和文化旅游等方面（王缉慈，2005；阮仪三，2004、2005；厉无畏，2005、2006；花建，2005；等等）。台湾地区是最早提出“文化创意产业”概念的地区之一，并以“创意园区”的方式创造“创意空间”为特色，但其也是处于借鉴国际理论（Florida，Howkins 等）和实践摸索阶段。

城市规划学者主要从创意产业区的旧城更新、产业遗产保护和文化旅游等方面来探讨创意产业区的发展。如阮仪三等详细介绍了纽约市休斯敦以南“苏荷”区的发展经验，认为世界保护遗产经验表明，对近代产业建筑不能单纯的保存，而是要创造性适当再利用，关键是迈向文化创意产业区的开发，营造一个个“苏荷”文化区；并对上海著名的创意产业区进行分析，发现其为“旧城更新”提供动力，转变了旧城的功能，提升了价值。借鉴他的理论基础，崔世平等（2004）对澳门创意产业区进行规划，认为创意产业区发展重点是旧城中心区内的塔石望德堂地区，其形成对文化旅游有推动作用。于雪梅（2006）以北京“798”厂为例，探讨了旧厂房与旧仓库打造文化创意园区的途径，认为其保护了工业建筑遗产。近年来，城市规划者（如吴缚龙，2004、2006）从西方城市规划的转型——新城市主义的出现，探讨了创意产业区的发展对“新”城市主义的作用，指出“新”城市主义的本质是创造多样化的城市社区，而创意产业区的建设是承担多样化或异质性社区的根本载体。因此，创意产业区的发展是建设“新”城市主义的本质，势必带来中国城市化运动向创意城市转型。

与城市规划者注重旧城更新和城市发展方向不同，经济学者更注重产业结构调整和升级、经济增长方式转变、城市竞争力、城市环境、城市再生等地区经济促进作用。如厉无畏等（2004、2005、2006）认为，产业集群化是文化创意产业发展的趋势，优势体现在集聚和辐射功能加强、促进信息和人员交流及创意商品化、国际化程度高和联动发展效应显著，并促进产业结构升级和经济增长方式的转变，对城市综合竞争力提高有积极的作用。同时，分析了上海创意产业基地的发展特征，即依托大学、改造旧厂房及仓库、利用旧厂区、依靠传统布局和开辟新区等五种形式创立创意产业基地。王伟年和张平宇（2006）在借鉴国外创意产业发展和城市再生理论研究的基础上，认为创意产业园区是城市再生的新模式，能起到提高城市竞争力、增加城市就业、延续城市文脉和塑造城市景观特色等作用。荣跃明（2004）也有类似论述，他提出创意产业总是分布在特定地理位置上，同城市复兴联系在一起，其中突出的是产业结构调整和产业内部结构的优化升级。熊凌（2004）在论述香港创意产业的发展及经验时，认为创意产业区消费中注入了情感、艺术和知识等非经济因素，因而较大程度上受当地经济发展的制约，弹性相当大，因此，基础产业发展完善是创意产业（区）发展的根基，即在经济衰退时期，创意产业（区）呈现了比当地 GDP 更为剧烈的下降。诸大建和黄晓芬（2006）、任雪飞（2005）等则从创意城市发展角度来研究城市竞争力的提高，借鉴 Florida“创意阶层”城市基础理论，用来指导中国及上海创意城市的构建条件及大学在创意城市的作用，并指出中国城市建设大学城存在“有大学无城市、有园区无大学和大学与城市之间没有人才互动”三个误区。

目前，地理工作者介入创意产业区研究的不多，主要是从产业集群角度来分析创意产业集群的价值和构成。王缉慈（2005、2006）从 Florida 创意城市环境理论来分析创意产业集群发展的效率基础和创意基础结构等城市条件，并总结我国文化创意产业集群雏形在三种环境中得到了发展：一是大城市的近郊区（如北京通州宋庄画家村等），二是老厂房改造（21 世纪初）（如北京酒仙桥电子工业园区原“798”厂和上海泰康路 200 号原食品机械厂等），三是新园区（如杭州数字娱乐产业园等），促使这些集群形成的动力是浓厚的历史文化氛围和较低的房租。

此外，有大量关于国内创意产业区发展的案例，这方面的研究以专题区域为研究对象，理论分析不足，尤其是空间动力机制分析的不足。如陈倩倩、王缉慈（2005）介绍了英国谢菲尔德和曼彻斯特北部音乐文化小区，并从中得出城市发展创意产业集群应提供良好的文化环境，政策将重点放在效率基础结构和创新基础结构上。孙元欣（2004）、陈抒怡（2005）、鲁育宗（2005）、陈江和冯春鸣（2005）、李蕾（2005）等调查了上海创意产业园区，认为创意产业集聚区本身只是提供了一个概念，要想真正形成集聚区，个性定位很重要，形态如果形不成一种业态将创意产业化，产业创意化，至多就是“二房东坐地收钱，小房客自娱自乐”。“园区”没有一定之规，规模可大可小，活力在于上下左右的贯通以及人和各种资源默契合作，在流动中整合。都市创意产业园为创意产业发展提供集聚空间和载体，并使内部行业之间形成互动机制，搭建创意产业发展的展示和信息沟通平台，对地区文化旅游、保护都市建筑风貌、提升城区居民生活质量等方面有积极的效应。范霞（2006）、周灵雁（2006）等对上海创意产业做了空间集聚研究，认为上海创意产业有集聚在苏州河、大学周边的趋势，并分析了集聚的特点、原因和产业分类。左林（2006）、于雪梅（2006）等探讨了北京“798”工厂的发展历程和面临的困难。

台湾学者对创意产业区（台湾称为“创意园区”）的研究集中在构成条件和功能和对地区经济作用等方面。朱庭逸（2004）认为，创意空间的构成是点（创意空间的经营）、线（文化创意园区的规划）、面（城市的创意地理学）三个层次的融合，营造创意空间的两大要素是创意资本与创意生态，空间表达是台湾五大创意园区的形成和经营。创意园区从城市文化竞争力令创意城市分城市行销斗群聚效应，目的是提高城市竞争力和城市治理。刘大和（2004）对创意园区与科学园区以及艺术村概念予以澄清，认为创意园区的主要功能在于展示与行销功能，而较少扩及科学园区的制造层面和艺术园区创造与文化的育植，这与国内的创意产业区的内涵不同。国内的创意产业区包括创意园区、科学园区和艺术村的范畴。刘维公（2004）认为，创意园区具有三项功能系统：经济系统（即对经济增长的作用）、国家创新系统（即创新能力和国家竞争力的提升）、园区内互动成长系统（即产业群落效应）；功能进一步发展，将形成四种创意园区：创作型创意园区、消费型创意园区、产业发展专区（创作型和消费型结合）和复合型创意园区（前三种构成产业网络区）。古宜灵（2004）总结创意文化园区的作用：地方经济再生、形成产业网络的关联产业的发展机会、市中心区的再生、闲置土地和建筑物的再利用等。创意园区成功的关键在于七个要素：①核心产业的确立与潜力。②创意鸣（Creativebuzz）的形成。③学校的人才和参与。④高科技资源和技术支援、整合。⑤文化市场和腹地。⑥地区社会资本和资源的结合。⑦全球网络的经营重视。古宜灵提出了“文化育成区”的概念，指出其发展是城市创意空间的体现。

三、创意产业区域研究和行业报告

在过去10年间，英国对创意产业的重视与支持迅速扩散至全国各地。艺术机构与地方政府纷纷开展合作，成立了许多专业型组织，比如曼彻斯特的创意产业发展服务局，墨西哥塞德郡艺术、文化与媒体公司，西约克郡的创意产业发展局，南约克郡的Inspiral公司，伦敦哈姆雷特堡的文化产业发展推介中心，以及在康沃尔郡新近成立的创意Kernow公司等。此外，英国还有其他一系列的专业机构。这些机构与创意产业的具体部门合作，重点是帮助创意产业部门实现发展，为其领域内的企业提供全方位的指导和服务。1997年，英国首相布莱尔亲自担任创意产业特别小组主席，积极推动文化创意产业的调查、策划和推进工作。1998年出台《创意产业对策文件》，明确提出文化创意产业的概念和产业分类。1999年，英国发布《地方的发展维度》（Regional Dimension）研究了文化创意产业的地区发展。2000年发布的《未来十年》从教育培训、扶持个人创意及提倡创意生活等方面，研究如何帮助公民发展及享受创意。2004年的《创意产业经济评估》公布了文化创意产业产出、出口、就业等统计数据，并介绍了产业的发展现状。这些研究为英国政府制定创意产业政策提供了完整的信息支持，从而保证了政府产业政策的有效性、连贯性和一致性。伦敦是一座文化创意产业高度发达的国际化大城市。几个世纪以来，它延续了英国悠久的文化传统，一直是欧洲的创意中心。经过几十年发展，伦敦完成了由制造业城市向消费性国际大城市的转型，流行音乐、戏剧、设计和时尚是其文化创意产业的重要构成部分。

纽约是文化创意核心企业集聚的城市，主要包括广告业、影视业、广播业、出版业、建筑业、设计、音乐、视觉艺术以及艺术表演等行业。纽约创意核心产业覆盖全市，丰富的文化资源和浓郁的文化创意氛围使纽约成为世界创意产业中心之一。纽约更将其城市精神确定为“高度的融合力、卓越的创造力、强大的竞争力、非凡的应变力”。美国的新英格兰地区也于2001年6月提出了《创意经济计划：新英格兰创意经济投资蓝皮书》。

澳大利亚的昆士兰省是一个极重视发展创意产业的地区，昆士兰科技大学是倾全力运用教育与学术资源培育创意产业人才的大学。昆士兰科技大学的创意产业园区除了具备教学的功能外，同时也是“创意产业研究与应用中心”与“互动设计中心”的办公室。创意产业园区除了研究目前澳洲在创意产业上的实务发展外，也深入了解其他国家在创意产业的应用。

近年来，韩国的电子、线上游戏软硬件、手机产业发展已至成熟阶段，并带动韩国观光、电影等产业，直接或间接扩大韩国文化创意产业市场。从1998年开始，韩国政府采取一系列措施促进文化创意产业发展，相继出台《国民政府的新文化政策》（1998年）、《文化产业振兴五年计划》（1999年）、《21世纪文化产业的设想》（2000年）、《电影产业振兴综合计划》（2000年）、《文化韩国21世纪设想》（2001年）等政策，从而确定了韩国文化产业发展的基本战略。韩国为促成文化与产业界和空间，于1999年2月制定韩国“文化产业促进基本法”，成立“韩国文化产业委员会”督导文化观光部拟定辅导文化创意产业政策及审查“韩国文化内容振兴院”执行推动文化产业年度细部计划；2004年6月发表“创意韩国——21世纪新文化展望”，重新塑造创意文化产业，拟将传统文化转型为具国际竞争之文化创意型政策。除此之外，韩国为达成2003年12月宣布成为世界第五大文化产业强国等目标，于2004年继续全力培育文化创意产业所需之人才，开发文化产业技术。在观光政策方面，韩国于2003年12月选定18个特定观光产业，并于2004年3月推动“振兴观光5年计划”，此外，为提升韩国各项国际竞技之国际知名度，更是制订了“体育5年计划”及“青少年育成计划”等文化创意产业配套措施。

第四节 创意产业集群化理论研究述评

通过对目前的文化和创意产业集群的研究谱系梳理，该领域在国内外尚未形成完整的创意产业集群化理论体系，对创意产业集群化的研究尚处于萌芽状态。总结国内外创意产业的有关研究，可以概括出以下特点：

（1）从研究的对象来看，目前国外对创意产业还没有权威的界定，其内涵因国家或研究者的不同而存在差异。这些差异既是各国文化背景、政策制定、经济发展等实际状况的差异的反映，也是创意产业迅速发展的结果。

（2）从研究的领域来看，主要集中在对创意产业概念、内涵、行业范畴的界定，以及对促进创意产业发展政策上，对创意产业集群化发展的理论研究较少。

（3）现有的文化和创意产业本体知识论没有整合到集群的分析框架中，学理性研究滞后于经济领域内创意产业集群的现实存在；创意产业集群化形成机制的定量分析滞后于定性分析，尤其缺乏有价值的定量分析与定性分析有机结合的学术成果。

（4）创意产业集群化多维研究视角缺失。目前大多是从单一视角（或产业经济、或区域经济、或城市规划等）研究创意产业集群，缺少全方位、多角度的整体性研究。

（5）创意产业集群化形成机制系统分析和梳理的缺憾。目前大多是对单个方面、单一功能类型研究创意产业集群化形成机制，缺少对所有创意产业集群化形成机制的系统性研究和规律性总结。

综上所述，现有研究偏重于创意产业集群演化的动力机制和竞争的静态研究，对于创意产业集群化演化机制的研究基本没有涉及，而且在研究过程中所采用的研究方法也处于尝试与探索阶段。

参考文献

[1] Boyle M. Cultural in the Rise of Tiger Economies: Scottish Expatriates in Dublin and the "Creative Class" Thesis [J]. Internatinal Journal of Urban and Regional Research, 2006, 30 (2): 403-426.

[2] Brown A. O' Connor J., Cohen S. Local Music Policies within a Global Music Industry: Cultural Quarters in Manchester and Sheffield [J]. Geoforum, 2000, 31 (4): 437-451.

[3] Bassett K., Griffiths R, Smith I. Cultural Industries, Cultural Clusters and the City: The Example of Natural History Film-making in Bristol [J]. Geoforum, 2002, 33 (2): 165-177.

[4] Bathelt H. , Malmberg A. , Maskell P. Clusters and Knowledge: Local Buzz, Global Pipelines and the Process of Knowledge Creation [J]. Progress of Human Geography, 2004, 28 (1): 31-56.

[5] Bathelt H. Cluster Relations in the Media Industry: Exploring the "istanced Neighbour" Paradox in Leipzig [J]. Regional Studies, 2005, 39 (1): 105-127.

[6] Blair H. , Grey S. , Randle K. Working in Film Employment in a Project based Industry [J]. Personnel Review, 2001, 30 (2): 170-185.

[7] Charles Landry. The Creative City: A Tool Kit for Urban Innovat-ors. London: Earth Scan, 2000, 220-245.

[8] Caves R. Creative Industries: Contracts between Arts and Commerce. Cambridge, MA: Harvard University Press: 32-38.

[9] Currid E. New York as a Global Creative Hub: A Competitive Analysis of Four Theories on World Cities. Economic Development Quarterly, 2006 (20): 330-350.

[10] Coe N. M. The View from Out West: Embeddedness, Inter Personal Relations and the Development of an Indiginous Film Industry in Vancouver [J]. Geofurom, 2000, 31: 391-407.

[11] Creative Clusters Ltd. Key Concepts: Creative Clusters [EB/OL] . http://www. creative clusters. com /modules/eventsystem/? fct = eventmenus &action = displaypage &id =36, 2007-09-10.

[12] Drake G. This Place Gives Me Space: Place and Creativity in the Creative Industries [J]. Geoforum, 2003, 34 (4): 511-524.

[13] DEMS. Creative Industries: Mapping Document 2001. Department of Culture, Media and Sport. HMSO, London. http: //www. culture. gov. uk/creative/mapping. html, 2001.

[14] Davis D. , Howe A. , Haywood S. Building a Creative Ecosystem the Young Designers on Location Project [J]. International Journal of Art and Design Education, 2004, 23 (3): 278-289.

[15] Demsetz H. Theory of the Firm Revisited. Journal of Law [J]. Economics and Organization, 1988 (4): 141-162.

[16] Enstor J. Fostering Knowledge Management through the Creative Work Environment: A Portable Model from the Advertising Industry [J]. Journal of Information Science, 2001, 27 (3): 147-155.

[17] Florida Richard. The Rise of the Creative Class [M]. New York: Basic Books, 2002.

[18] Gert J. Hospers Creative Cities in Europe: Urban Competitiveness in the Knowledge Economy. Intereconomic, 2003, 38 (5): 260-269.

[19] Grabher G. Tempprary Architectures of Learning: Knowledge Governance in Project Ecologies [J]. Organizational Studies, 2004, 25 (9): 1491-1514.

[20] Grabher G. The Project Ecology of Advertising: Tasks, Talents and Teams [J]. Regional Studies, 2002, 36 (3): 245-262.

[21] Grabher G., Ibert O., Bad Company? The Ambiguity of Personal Knowledge Networks [J]. Journal of Economic Geography, 2005, 6 (3): 251-271.

[22] Grabher G. Cool Projects, Boring Institutes: Temporary Collaboration in Social Context [J]. Regional Studies, 2002, 36 (3): 205-214.

[23] Gertler M. S. Creative Cities: What are They for, How do They Work, and How do We Build Them? [EB/OL]. http://www.cprn.com/documents/31348_en.pdf, 2004-08-31.

[24] Hutton T. The New Economy of Inner City. Cities. 2001 (2): 89-108.

[25] Hitters E., Richards G. The Creation and Management of Cultural Clusters. Creativity and Innovation Management [J]. 2002, 11 (4): 234-247.

[26] Haner U. Spaces for Creativity and Innovation in two Established Organizations [J]. Crativity and Innovation Management, 2005, 14 (3): 288-298.

[27] Hesmondhalgh D. The Cultural Industries [M]. London: Sage Publications, 2002. 27-49.

[28] John Montgomery. Cultural Quarters as Mechanisms for Urban Regeneration Part1: Conceptualising Cultural Quarters [J]. Planning Practice Research,

2003, 18 (4): 293-306.

[29] Kong L., Gibson C., Khoo L., Semple A. Knowledges of the Creative Economy: Towards a Relational Geography of Diffusion and Adaptation in Asia [J]. Asia Pacific Viewpoint, 2006, 47 (2): 173-194.

[30] Kong L. Conceptualising Cultural and Creative Spaces [Z]. Paper Presented to the Cultural Creative Spaces Conference. Beijing, 19 to 21 October, 2006.

[31] Landry C. The Creative City: A Toolkit for Urban Innovators [M]. London: Earthscan, 2000: 164-166.

[32] Montgomery J. Cultural Quarters as Mechanisms for Urban Regeneration. Part 2: A Review of Four Cultural Quarters in the UK, Ireland and Australia [J]. Planning Practice&Research, 2004, 19 (1): 3-31.

[33] Miline A., Leifer L. The Ecology of Innovation in Engineering Design [Z]. International Conference on Engineering Design ICED99 Munich, August 24-26, 1999.

[34] Markusen A., Schrock G. The Artistic Dividend: Urban Artistic Specialisation and Economic Development Implications [J]. Urban Studies, 2006, 10 (43): 1661-1686.

[35] Mossig. I. The Networks Producing Television Programmes in the Cologne Media Cluster: New Firm Foundation, Flexible Specialization and Efficient Decision-making Structures [J]. European Planning Studies, 2004, 12 (2): 155-171.

[36] Mommaas H. Cultural Creative Cluster Perspectives: European Experiences [Z]. Paper Presented to the Cultural Creative Spaces Conference. Beijing, 19 to 21 October, 2006.

[37] Mommaas H. Cultural Clusters and the Post-industiral City: Towards the Remapping of Urban Cultural Policy [J]. Urban Studies, 2004, 41 (3): 507-532.

[38] Neff G. The Changing Place of Cultural Production: The Location of Social Networks in a Digital Media Industry [J]. Annals, AAPSS, 2005, 597: 134-152.

[39] NOIE. Creative Industries Cluster Study. National Office for the Information

Economy; Department of Com-munications, It and the Arts, Canberra. http: //www. gov-online. gov. au/publications/NOIE/DCITA/cluster _ study _ report _ 28may. pdf, 2003.

[40] Nachum L. , Multinational Enterprises and Cluster Theory: the Case of Cultural Clusters[Z]. Paper Presented to Cultural Creative Spaces Conference. Beijing, 19 to 21 October, 2006.

[41] O'Conner, J. Art, Popular Culture and Cultural Policy: Variations on a Theme of John Carey. Critical Quarterly, 48 (4): 49-104.

[42] Peck. J. Struggling with the Creative Class. International Journal of Urban and Regional Research, 2005, 19 (4): 740-770.

[43] Peter Hall. Creative Cities and Economic Development. Urban Studies, 2000, 37 (4): 639-649.

[44] Pratt, A. Creative Clusters: Towards the Governance of the Creative Industries Production System. Media International Australia: Culture and Policy, 2004 (112): 50-66.

[45] Pumhiran N. Reflection on the Disposition of Creative Milieu and its Implications for Cultural Clustering Strategies, Paper Presented to the 41st. IsoCaRP Congress, 2005.

[46] Power D. Scott A. , Cultural Industries and the Production of Culture [M]. London and New York: Roultledge, 2004: 3-15.

[47] Porter E. Clusters and the New Economics of Competition [J]. Harvard Business Review, 1998, 76 (6): 77-90.

[48] Pratt A. C. Inside and Outside Clusters: Production and Peer Respect Networks[Z]. Paper Presented to Cultural Creative Spaces Conference. Beijing, 19 to 21 October, 2006.

[49] Scott A. J. Creative Cities: Conceptual Issues and Policy Questions [J]. Journal of urban Affaires, 2006, 28 (1): 1-17.

[50] Siwek S. Copyright Industries in U. S. Economy: The 2002 Report. International Intellectual Property Alliance, Washington. http: //www. iipa. com/copyright_

us_ e-conomy. html, 2002.

[51] Scott A. J. Enterpreneurship, Innovation and Industrial Development: Geography and the Creative Field Revisited [J]. Small Business Economics, 2006, 26 (1): 1-24.

[52] Sydow J., Staber U. The Institutional Embeddedness of Project Networks: The Case of Content Production in German Television [J]. Regional Studies, 2002, 36 (3): 215-227.

[53] Toernqvist G. Creativity in Time and Space [J]. Geogr. Ann, 2004, 86B (4): 227-243.

[54] Wu W. Dynamic Cities and Creative Clusters [EB/OL]. http://scholar. google. com/ scholar? hl = en&lr = &newwindow = 1&q = cache: Us8vAoDaSAJ: econ. worldbank. org/files/41298_ wps3509. pdf + Dynamic + Cities + and + Creative + Clusters, 2005-02-28.

[55] 陈倩倩，王缉慈．论创意产业及其集群的发展[J]. 地域研究与开发，2005 (5): 5-8.

[56] 陈楚．基于价值链理论的创意产业赢利模式探析[J]. 科技进步与对策，2007, 24 (3): 68-71.

[57] 陈祝平，黄艳麟．创意产业集聚区的形成机理[J]. 国际商务研究，2006 (4): 1-6.

[58] 范桂玉．北京市文化创意产业集群发展机制研究[J]. 特区经济，2009 (10): 84-86.

[59] 符韶英，徐碧祥．创意产业集群化初探[J]. 科技管理研究，2006 (5): 54-56.

[60] 金元浦．创意产业的全球勃兴[J]. 社会观察，2005 (2): 22-24.

[61] 蒋三庚．文化创意产业研究[M]. 北京：首都经济贸易大学出版社，2006.

[62] 简·雅各布斯．美国大城市的生与死[M]. 金衡山，译．北京：译林出版社，2005: 1-26.

[63] 刘奕，马胜杰．我国创意产业集群发展的现状及对策[J]. 学习与

探索，2007（3）：136-138.

［64］刘轶．我国文化创意产业研究范式的分野及反思［J］. 现代传播，2007（1）：108-116.

［65］梁芳，赵瑞平．创意产业发展的实证分析与理论探究［J］. 经济论坛，2006（15）：67-68.

［66］厉无畏．创意产业导论［M］. 北京：学林出版社，2006.

［67］李蕾蕾，张晓东，胡灵玲．城市广告业集群分布模式——以深圳为例［J］. 地理学报，2005，60（2）：257-265.

［68］林拓，李惠斌，薛晓源．世界文化产业发展前沿报告（2003-2004）［M］. 北京：社会科学文献出版社，2004.

［69］理查德·佛罗里达著．创意经济［M］. 方海萍，魏清江译．北京：中国人民大学出版社，2006：25-57.

［70］迈克尔·波特．国家竞争优势［M］. 李明轩，邱如美译，北京：华夏出版社，2002：139-159.

［71］马军显．文化创意产业集群化发展的区域经济意义［J］. 中国经贸导刊，2007（14）：51.

［72］潘瑾，李崟，陈媛．创意产业集群的知识溢出探析［J］. 科技管理研究，2007（8）：80-82.

［73］彭际作，冉小毅．创意产业的内涵、发展概况与趋势分析［J］. 经济论坛，2006，（10）：47-49.

［74］钱紫华，闫小培，王爱民．城市文化产业积聚体：深圳大芬油画［J］. 热带地理，2006，26（3）：269-274.

［75］宋冬英．创意产业研究综述［J］. 重庆工商大学学报，2006 年.

［76］吴昌南．世界创意产业的发展及启示［J］. 经济纵横，2006（9）：48-50.

［77］吴艳，陈秋玲．基于共生理论的上海创意产业集群价值取向探究［J］. 经济论坛，2006（10）：9-10.

［78］王缉慈．创意产业集群的价值思考［EB/OL］. http：//www.arting365.com/creative/character/2006-04-30/1146370268d125130.html.

［79］王伟年，张平宇．城市文化产业园区建设的区位因素分析[J]. 人文地理，2006，87（1）：110-115.

［80］肖雁飞．创意产业区发展的经济空间动力机制和创新模式研究［D］．上海：华东师范大学博士学位论文，2007.

［81］杨扬．创意产业的中国之忧[J]. 小康，2006（2）：48-50.

［82］褚劲风．世界创意产业的兴起、特征与发展趋势[J]. 世界地理研究，2005，14（4）：16-21.

［83］张京成．中国创意产业发展报告（2006）［M］. 北京：中国经济出版社，2006.

第三章　创意产业集群化：基于地域根植性视角

第一节　创意产业集群化：基于地域根植性的理论演进及其政策含义*

地域根植性是创意产业集群化的重要特征，本节从知识创新到制度因素，运用新经济地理学的学习型区域、高度根植性的知识生产和创新以及正式制度与非正式制度引入分析创意产业集群化地域根植性的理论演进，在此基础上提出发展我国创意产业集群政策建议，即加强和建立现存的和正在出现的创意产业集群，培养创新精神和创新文化以及制度创新。

一、创意产业集群化及地域根植性：基于现象的归纳

从较微观的空间单元看，创意产业组织的生产活动处于特定的城市、城区之中，它与竞争对手和相关支持性企业在地理上的对应分布关系构成了创意产业的微观空间结构。在这个层面上，创意产业组织的聚集化成为日益重要的空间分布现象。以创意产业典型代表——传媒业英国舰队街和北京呼家楼的新闻业发展为例，舰队街是新闻史上著名的传媒集中地，从 18 世纪开

---

* 此部分内容已发表于《经济学家》2010 年第 5 期。

始，英国各大报社和小报馆纷纷搬进了这条街，最高峰时计有100多家全国和地区性报纸在这条街道上设立报馆。呼家楼地区位于北京市朝阳区，在这里聚集了《人民日报》、《北京青年报》、《北京晨报》、《法制晚报》、《环球时报》等多家印刷媒体，广播电影电视方面有北京广播电视管理局、北京广播影视集团总部、北京人民广播电台，以及计划迁入的北京电视台和中央电视台、凤凰卫视，还有50多家国外新闻机构，115家广告公司，31家网络公司，27家文化艺术公司等。

近20年来，各种类型的创意产业在世界各大城市都已呈现出高度集群化发展的迹象。纽约、东京、伦敦等众多发达国家的大城市早已经成为世界公认的创意产业集群发展中心，而以上海为代表的一批发展中国家的城市也在创意产业领域取得很大的成就。根据上海创意产业中心最近对城市创意产业集聚区进行的抽样调查显示，上海创意产业在空间结构上也呈现出日益明显的集聚发展现象。截至2008年底，上海经过政府的四次授牌已建成75家创意产业集聚区，建筑面积达到221万平方米。从宏观角度看，创意产业集群化在改造传统的组织运行模式、推动创意经济向集约化发展和与企业的商务合作、增强商务合作的综合竞争力等方面，起着至关重要的作用；从微观经济的角度来看，创意产业集群化提高了产业的技术含量和企业间合作效率，缩小了为企业经济活动服务的时空距离。因而，创意产业集群化水平已经成为衡量一个国家创意产业发展水平的重要标志。

二、从知识创新到制度因素分析：创意产业集群化地域根植性的理论演进

1. 基于经济地理学派的创意产业集群化理论解释

研究创新的经济地理学家佛罗里达（Florida，1995）最先提出学习型区域概念，认为“学习型区域，即发挥知识和创意的收集者和储存者功能，提供有利于知识、创意和学习流动的基础性环境或基础设施的区域”。学习型区域强调联系的灵活性和柔性，即联系不仅是相对的，而且可以是多方面的，

能够通过国家的关系网络、地方的关系网络和企业的关系网络选择联系的某些方面或改变联系的状态，以适应区域发展的客观需要。通过充分利用文化、组织联系的柔性，进一步强化各种关系网络的发展，尤其是不仅重视实体空间联系，也高度重视虚拟空间联系，以产生相互叠加效应，形成综合网络效益。而地区象征是一个地区存在的特殊传统、习俗或者技能的特殊潜质，它能对产品注入一种与其他地区所不能被完全模仿的“气氛和气质”。在创意经济中，创意产品往往会因此具备一种与其原产地直接相关的标记。而且，这种特性的经济价值极其巨大，以至于地方常常通过商标或货物原产地证明书试图加以保护（Santagata，2002）。譬如，伦敦西区是世界两大戏剧中心之一，是表演艺术的国际舞台，也是英国戏剧界的代名词，它也当之无愧地成为英国戏剧界的代称，由此可以很容易地联想到，好莱坞的电影产业、巴黎和米兰的服装设计业、纽约百老汇的戏剧产业、拉斯维加斯的娱乐业，等等。这些创意产业都已经与他们所处地点的象征意义紧密地联系在一起。所以，优越的地区象征（Images）对于创意产品而言是一种典型的正外部性，能够对其他地区同类产品的进入产生障碍，从而更加突出本地区创意产业的独特性。

2. 高度根植性的知识生产与创新是创意产业集群化的来源

J. A. Mathews（2004）认为，全球化经济中，地方持续竞争力来自远距离不能模仿的不断增长的地方知识、关系和动机，明智地适应新环境和利用以前的知识库存来创造新的机会是区域形成动态竞争力的关键。也就是说，具有高度根植性的地方知识是塑造区域竞争力的关键。因此，创意产业集群化的地域根植性强调信息和知识空间分布不均匀，基于知识类型和质量结构整合区域产业，实现产业知识质量结构的高级化。为了提高创意商业化成功率，创新主体需要在地理上与相关知识源邻近，从而能够与之进行频繁互动，获得所需的缄默知识。而“知识黏性”的存在是缄默知识在创意产业集群化转移中的一个重要原因，表现为技术诀窍、经验、技能等的缄默知识由于难以言说、难以编码等特征，很难以专利技术、设计图纸或关键设备等形式进行流动，只能依赖开发者个体实现流动。这往往使其转移成本很高，只有在具有共同实践和专业化技能的专业人士面对面的交流中才能实现，而集群中地理上的靠近提供了这种可能。因此，在创意产业集群化过程中，知识和信息在上下游之间可以迅速而准确地传递，同时上下游之间的合作也由于地理上的接近变得更加容易。通过非正式交流，缄默知识在集群内企业之间得以传播，形成区域性的缄默知识。由于这种缄默知识根植于区域内共同的社会文化背景，集群外的企业不能轻易模仿，因此它成为整个创意产业的核心竞争力。

3. 正式与非正式制度因素的引入：对创意产业集群化地域根植性根源的挖掘

新经济社会学的代表格兰诺维特（Granoverttor）首先提出了“根植性”的概念，在格兰诺维特（1992）看来，经济行为是根植于社会网络及社会制度之中的，这种网络和制度与社会结构和社会文化紧密相关。集群的根植性就是重视社会体系、经济结构、社会制度、人际关系、文化与意识形态等社会因素与经济的相互作用，强调企业的关系网络镶嵌于地区文化网络之上，企业在所属文化网络中扩充其关系边界，本地文化的社会资本与企业的关系资本交融在一起，为那些从中摄取到产权的行为主体带来收入，共同构建着本地繁荣。发达的区域存在着新的产业文化，即创新主体相互依存的集体学习环境，其首要标志是本地化网络，也就是区域内行为主体间的正式合作联系，以及他们在长期交往中所发生的相对稳定的非正式交流的关系。因此，企业在某一区域中的行为并非单纯考虑经济利益，而是深深镶嵌于区域社会文化背景中，形成社会网络的根植性，并受到社会整合力的约束。处在相同文化背景中的行为主体无法使自己的行为超然网外，网络中的企业被锁定于特定的网络结构中。这样，网络的竞争力就是集群的竞争力，文化成为集群优势的根本，文化的性质（是否能够创造信任与合作）成为地区产业和创意产业集群化发展的最深层的原因。所以，创意产业必须植根于当地的社会文化，有活力的社会文化环境保证了经济活动和技术创新的持续发展，创意产业集群化可以凭借本地文化网络构建其竞争优势。

三、理论评析与政策含义

有关创意产业为什么形成地理集聚的现象，特别是创意集群主要在什么样区位形成和发展的问题，基本吸收了一般产业集群的概念、话语和理论，偏重于从演化经济学、制度经济学和新经济社会学角度去解释，如交易成本理论、集聚规模效应、外部性、知识溢出效应等。当然，关注文化产业和创意产业的学者，主要还是注意到文化经济、创意集群或艺术家倾向于大都市的世界性普遍现象，并将这种都市指向解释为城市具有显著的创意环境（Creative Milieu）、时尚的街道风情（Street Scene）、怡人性（Urban Amenity）和弥漫的创新嗡嗡声（Creative Buzz）及城市型的社会交往活动和多样性等。但是，这些理论对创意产业集群化的种种解释的局限在于，说明了创意产业集群生成后能够带来什么经济效益，集群规模会如何扩展等问题，但并未清楚地说明导致集群在某一特定区域生成的最初原因，而这一问题才是理解创意产业集群化地域根植性的关键。事实上，企业在空间上的地理接近远非创意产业集群化的真正内涵。马库森认为，具有黏结性的区位是高度地域化的区位，这种黏结性可能来自区域内沉淀的产业特定性要素，主要包括四个方面的要素：制度要素、基础设施、自然资源和该地区的知识与技能。随着经济的全球化，维持地方化能力的基础设施和自然资源的作用正在逐步削弱，而制度要素和区域内专有知识与能力由于其不易模仿性和低流动性具有较强的地域根植性。这些理论不仅增强了对现实的解释力，而且为发展中国家创意产业聚集区的培育提供了有益思路。因此，创意产业集群化地域根植性的理论，对我国创意产业园区（集群）发展有着极其深刻的政策含义。

（1）政府政策的着力点是努力加强和建立现存的和正在出现的创意产业集群，而不是刻意去创造或者复制一个创意产业集群。因为国内外成功的创意产业集群都带有明显的本地特征，都与本地特有的经济基础、社会文化、资源条件、发展背景密切相关。从创意产业集聚区的形成机制来看，一般先是画家、音乐家等艺术人士在城区的旧厂房、旧仓库等场租低廉的地段经改造装饰成为画廊或各自的专业工作室，逐步集聚人气，从低级走向高级，如北京的“798”艺术区、上海的泰康路艺术街、深圳的大芬油画村等；在此基础上，由政府主管部门加以协调、规划、加强管理和提供服务。事实上，创意产业集群在多数情况下是独立于政府行为存在的。它之所以存在，是因为它能经受住市场的考验，并有浓厚的地方化特征。因此，政府应当主要定位于促进创意产业集群创新网络的形成与发展、加强集群企业间分工合作、推动中介机构发展以及创造与维护集群发展的优良环境等方面，而不是企图通过强制力创造或复制一个成功的创意产业集群。

（2）培养创新精神和创新文化，形成创意产业发展的内在动力。创意来源于创新，而创意产业则是个人的创造性活动（创新）借助一定的载体实现一定的经济目的，或者说是将创造性思维变成创意产品并最终进行市场交易而形成的一种产业形态。知识经济时代最本质的特征是，创新已成为推动经济发展的中心力量，经济发展直接地、强烈地依赖于知识的生产、创新、积累、传播和消费。只有大力培育创新精神和创新文化，构建起创意产业发展的内在的质的要素，才能为发展创意产业奠定良好的基础。

我国目前的“创意产业园区”热和“旧城改造园区”热给人一种错觉，似乎只要发展创意产业就会形成强有力的竞争，就会促成区域尤其是落后区域的跨越发展，这是一个误区。在国家大力鼓励发展文化创意产业的各种优惠条件下，各地不顾自身的特色和实际情况盲目发展，必然导致各地区的创意产业结构严重趋同和恶性竞争。如许多内陆城市在制定产业发展规划时，往往以东部沿海城市为参照，将动漫、游戏、设计等作为主导创意产业，盲目跟风，不注重挖掘自身比较优势和特色。其实，创意产业的发展同样需要有地域环境条件相匹配，否则不能形成竞争力。我国大大小小的创意产业园区不计其数，然而真正有竞争力的寥寥无几。

（3）制度创新是我国实现创意产业集群化的关键。我国创意产业园区虽然蓬勃发展，但大多缺乏整体规划和创意思维，出现了创意产业区的发展与城市特点联系不够密切、特殊定位不强的局面，且大多集中在动漫行业上，大、小城市创意产业区行业趋同，重复设立的现象较严重。这种“大家都上创意产业区”的举动已成为产业结构升级新“同构”现象的标志。“园区差异化弱、特色化和品牌化不够”已成为中国创意产业区发展的现状。实际上，大量创意产业基地的重复建设使得创意产业区仅仅只是一个“普通园区”而已，而无“创意”可言。实际上，创意产业区是在一定的社会经济条件下发展起来的，与一般开发区不同的是，园区建设目的不是为了成本的节约，而是出于对文化氛围的利用和再创造。创意产业区建设要强调“创意”

和“特色”，重点在于创意产业的业态培育和创意情境的氛围营造，而不是空间形态的建设。

创意产业聚集区是创意产业发展的良好载体，能够为创意的产生提供独特的发展环境，但仅形成规模还是不够的，还需要创意产品形态的多样化和交叉化，最终形成自己的品牌。我国目前最缺乏的是把自己的创意转化成多元产品多次实现价值的意识和能力。创意产业集聚区的形成，本身只是打造了一个外壳，培育了一种形态。形态是基础，业态才是保证，形态必须有内容来填充，才能真正将创意产业化、产业创意化。因此，只有把文化、人才、空间、制度等结合起来，才能使创意产业区得以从“形态建设”发展为“业态建设”。只有通过政府制定合理的引导政策，健全法律体系，提供良好的创业环境，建立起相互接驳的产业链条和高度市场化的产业交易平台，才能真正实现“创意产业化、产业创意化”，而不仅仅是“创意集聚化”。

第二节　空间集聚：嵌入地域发展的创意产业集群化研究

创意产业及其伴生的创意组织在大城市及周边地区的集群化现象越来越显著，创意产业在地理上的集聚运动与所在地域的发展态势密切相关。嵌入性可以解释创意产业发展与区域经济的关系：创意产业的发展有赖于满足地域发展进程中的创意需求、知识溢出需要和创新意愿，创意产业创新根植于当地的社会文化中。创意产业作为有能动性的地理存在单元，其与物理空间及虚拟空间的互动演化极大地影响着所在地的创新氛围、知识流动、社会网络等方面。

一、引言

创意产业作为一种新的经济形态正在崛起，它的经济潜力和对城市发展的影响日益显现。与此同时，创意产业集聚区作为创意产业的空间载体在我国各大城市不断涌现，成为塑造后工业化城市地理景观的重要动力之一。

国内外学术界对创意产业的研究始于20世纪90年代，研究内容主要在以下几个方面展开：

（1）关于创意产业定义的研究。Scott从部门途径角度将创意产业界定为“创意产业是指基于娱乐、教育和资讯等目的的服务产出，和基于消费者特殊嗜好、自我肯定和社会展示等目的的人造产品的集合”；Howkins从专利授权角度将创意产业界定为“产品都在知识产权保护法的保护范围内的经济部门，本质是用创意资本投入把所有产业联系在一起”；Caves从文化经济学的角度认为，创意产业是“提供给我们宽泛的与文化艺术或仅仅是娱乐价值相联系的产品和服务”。

（2）关于创意城市和创意阶层的研究。Hospers、Landry和Florida等对创意城市的类型、构成要素以及创意城市的形成和评价等方面加以研究。在创意阶层的研究方面以Richard Florida的“The Rise of Creative Class”一书最具代表性。Florida论述了创意阶层的兴起对城市和社区的影响，并且丰富了城市利便性理论（Urban Amenity Theory），他认为传统（Authenticity）和多样性（Diversity）是吸引创意阶层的最主要因素。

（3）关于创意产业集聚区的研究。Power and Hallencreutz、Power and Scott等人对创意产业集聚区的空间组织特征进行了理论化的研究，其中最重要且反复被证实的空间特征是空间集中。研究不仅停留在理论层面，Keith Bassett、John Montgomery、Adam Brown等更是从实证的角度针对具体的创意产业集聚区进行了分析。其中，John Montgomery通过对谢菲尔德文化产业集聚区（Sheffield Cultural Industries Quarter）四个创意产业集聚区发展过程的比较分析，总结出成功的创意产业集聚区必备条件——活动、形式和意义，并着重研究了创意产业集聚区如何作为城市再生的途径。

相对于国外的“创意产业—创意城市—创意产业集聚区—创意阶层”相对成熟的研究体系而言，国内相关研究尚处于起步阶段。段进、柯焕章等探讨了创意产业对城市发展的积极意义；阮仪三、陈秉钊等从创意产业发展的城市基础角度进行了研究；伍江等则重点研究了产业建筑对发展创意产业和创意城市的意义。从空间视角来检视国内的创意产业研究，涉及的有关议题包括从信息消费的角度衡量区域的创意接触差距或是考察特定区域的创意产业集聚现象。这些研究主要是从创意产业产业的经济绩效和管理策略视角来探索的。值得注意的是，创意集群乃至更广泛的创意空间形态能够在我国部分地区生成，除了创意产业规模化竞争加剧、产业自身创新的要求和发展能量的积累，不可小觑地方产业政策促进的影响。随着信息技术引发的创意融合以及创意产业部门的渗透，创意产业也出现了集群化发展的空间形态。创意产业在地理上的集聚运动与所在地域的发展态势密切相关。近年来，产业的空间分布状况、企业集聚群落的研究因为与区域经济发展和地方创新系统密切相关而空前繁盛。但许多讨论关注第一产业和第二产业的范畴，对于服务业和新兴的知识经济、信息经济，从空间经济学和经济地理学的角度研究的并不多，目前已有的研究主要集中于通信产业，尤其是互联网产业的空间分布研究。从嵌入性的角度来看，创意产业空间形态与地方发展的互动，可以容纳更丰富的社会因素来考察集群的演化机制、潜在影响等诸多问题。

二、创意产业集群化：一个新兴的产业空间形态

在西方发达国家，创意产业及其伴生的创意组织在大城市及周边地区的集群化趋势越来越显著，出现了报业、影视制作、广告业、展览、表演等多类型的创意产业集群。这种集群化的创意产业空间形态不同于一般工商企业的集群，是典型的创新组织和知识组织构成的簇群。它们不但给其中的组织个体带来重大的影响，而且辐射到所在城市或区域的经济、文化、社会生活等诸多方面。这一基于知识经济和信息社会而涌现出的新型业态引发了创意产业研究、集群研究、组织行为研究、创新研究、城市研究、文化研究等多学科的交叉渗透。

从创意产业的实践逻辑来看，沿袭工商企业的竞争优势理论，创意组织在社会生活中的多元嵌入被抽象为比较优势和成本—收益关系，体现在空间上是对创意产业所处地理区位具有的丰富内涵的忽视和对内容、品质、渠道等进行去地方化的操作倾向，缺乏对创新知识扩散、社会关系网络与

生活空间之互动的深刻把握。创意产业作为有能动性的地理存在单元，其与物理空间及虚拟空间的互动演化极大地影响着当地的生产和生活。创意产业的发展并不仅仅是个人和单个企业的行为，而是需要集体的互动和企业的地理集聚，这就是集群的环境。甚至可以说，创意产业在空间上有着比常规的生产活动更强烈的集聚倾向。因为其生产过程的特点决定了这个行业十分倚重多元化的信息，强调从业人员的创造力。因此，在发展过程中，创意产业往往倾向于在城市的某些地区（如在废旧工业厂房、科学园或大学附近）集聚，产生出独特的空间环境。利用中心城区的工业遗产发展创意产业已经成为一种普遍的趋势，这种现象的形成原因是多方面的。大铁门、水塔、砖瓦厂房，废弃的工厂保留下历史时期的诸多痕迹，对于创意工作者而言有着天然的亲近感。而老厂房不同于居住和办公空间的内部建筑格局，很好地满足了艺术创作的多种需求。此外，低廉的租金也无疑对艺术家们有着巨大的吸引力。因此，中心城区废弃的老工业厂房无形中成了培育创意产业的沃土。今天，在纽约和洛杉矶就有大量中小规模的网络公司在老工业区中运营（Hall T.，2001）。在欧洲，伯明翰 19 世纪的一个伯德奶油加工厂从 1995 年起陆续吸引了 150 多家影视工作室及相关企业，目前已经成为欧洲最大的单体创意产业综合体。而大量视觉艺术、设计类企业则更倾向于搬进工业革命初期的老厂房，纽约的“苏荷”区就是最著名的实例。

在上面所描述的集聚过程中，空间以一种特殊的形式成为生产资料，为创意产业所利用。而在同一过程中，新的消费空间在旧的生产空间的躯体中萌芽，并逐渐凸显于中心城市。伴随着文化和创意产业的新产业空间在中心城区的兴起，一大批贴上了“文化群众”和“创意阶层”标签的新中产阶级出现在中心城区，直接推动了城市复兴（Florida R.，2002）。从世界范围内文化及创意产业的发展经验来看，城市的中心—边缘地带是文化及创意产业最为繁荣发展，也是文化生产和文化消费相结合最为紧密的地区。这些地区临近历史文化资源丰富的老城区，易于接受文化辐射，交通较为便捷。需要强调的是，受创意人才区位的影响，创意产业集聚区往往位于“三 T”型城市的近郊区（如北京宋庄画家村）、工业老区（德国鲁尔工业区、北京的

“798”工厂和上海的“M50”），大学和科研院所密集区（如硅谷、中关村）以及外围新区（主要是工业园区或高新技术开发区）。

三、嵌入地域发展的创意产业集群化

所谓嵌入性，是经济社会学的一个重要概念，最早由普兰尼提出，格兰诺维特于1985年进行了深入的讨论。他提出，嵌入性的核心是将经济行为置于社会关系中看待，认为经济理性主义受社会结构尤其是社会网络的制约。我们可以借用嵌入性这一概念来说明创意产业发展与区域经济的关系：创意产业的发展有赖于满足地域发展进程中的创意需求、创新扩散需要和沟通意愿，创意产业的创新根植于社会民众地方化的日常使用行为中。基于地域发展的创意创新的意义在于，它可以跳出以创意产业为中心的思路，把创意产业的价值实现与区域发展的诉求连接起来。此外，由于文化及创意产业的发展核心在于多行业的融合与创新，因此，文化创意产业对相关行业的聚集度要求较高，并且呈现出集群化的地理空间布局。在一些城市和地区的发展中，我们往往能够看到一些文化及创意产业的旗舰类企业选址对周边产业集群的形成和地区发展所产生的至关重要的影响。例如，英国广播公司（BBC）地区分站选址对港口城市布里斯托尔影视集群发展的影响；华纳兄弟娱乐公司选定美国好莱坞周边的伯班克建设摄影棚，从而带动哥伦比亚、迪斯尼等公司的前来；以及国家广播网络电视、大型国际文化传媒企业的生产基地和公司总部落户伯班克。文化及创意产业的集群聚集不仅仅是企业在地理上聚集以获得成本的最小化，同时，企业之间相互联系有益于信息的交流、互补和激励，有益于从公共部门获得投资和相关政策方面的支持。

创意产业空间变革的深层逻辑即创意产业是社会有机体的一分子，创意产发展与区域发展和地方资源的嵌入性、契合度是创意产业产业升级的关键所在。创意产业在空间的集聚和扩散是未来最值得关注的一种业态形变，它还涉及创意产业的创新氛围、知识流动、社会网络等方面，空间变革所引发的协作、联盟、聚合等指向触动与盘活更广阔的创意产业变革图景。把空间因素引入创意产业研究，是延续英尼斯、麦克卢汉、梅洛维茨等人对创意产业时空关系的关注，也是拓展创意产业研究的“空间想象力”的探索方向。一种新的产业动态和趋势能否成为现实，社会条件的成熟对其有重要的培育作用。从社会空间结构的发展看，几个方面因素的演进都显示了在未来的创意产业规划中，依据区域发展特质来拓展空间格局的重要性。其中包括：

（1）对创意资源的根植性。作为新兴的第三产业，创意产业有别于传统的农业和工业，农业布局是匀质的，主要取决于自然资源和气候条件；工业布局更多地取决于原料、低成本和劳动力等因素；而创意产业其发展和集聚更多地取决于创意资源，主要包括文化资源、高级生产要素和创意环境。其中，地域文化具有民族性、历史性和传承性，属于不完全流动的要素。文化资源禀赋是影响创意产业布局的物质基础和条件，高级生产要素如创造性的人力资源也称创意阶层，现代化的交通基础设施、大学和科技机构及现代化的通信网络等也是影响创意产业布局的关键因素，尤其是创意人才在创意产业空间布局中具有先导性作用。受创意人才区位的影响，国内外许多成功的创意产业集聚区都紧邻当地著名大学，并依托大学发展起来就是很好的证明。此外，宽松的社会环境和政策环境、政府管理的透明度、社会亲和力、城市文化多样化和包容性等也必不可少，它们也是影响创意产业聚集的重要因素。

（2）对“3T”型城市的根植性。与传统产业首先企业集聚，然后吸引人才的集聚模式不同，人才成为创意产业集聚发展的先决条件。因为创意人会在一时一地聚集，跳跃的人会创造出一种氛围，吸引更多相似的人，理查德·佛罗里达通过对美国有创造力的人在区位选择方面的研究发现，过去是公司区位吸引人，现在是有创造力的人（比钱财更有价值）吸引公司；区域经济发展依赖有创造力的人，公司将会搬到有创造力的人居住的地方，而美国有创造力的人往往喜欢选择居住在技术（Technology）、人才（Talent）和宽容（Tolerance）三因素排名较高的城市，即“三 T”型城市。他强调指出，经济学家总是强调前两个 T，但要实现创意经济时代的繁荣，“三 T”缺一不可。尤其是第三个 T，宽容必不可少，因为技术和人才是一个地方的流动资本而非固定资本，宽容使得一些地方在构建、吸引和留住这些流动资本时更有优势。他的一项研究还表明，一个地区对于移民、艺术家、同性恋、波西米亚风以及社会经济和种族融合的开放程度与其经济发展的质量有着密切的关系。

（3）新经济空间特征。创意产业聚集区本质是新产业区和新产业空间的一种新形式，并在城市发展和创新中渐渐演变成新时期的“新经济空间”。这一新特征表现在：一方面，创意产业在与旧城改造紧密结合时，不仅不毁掉珍贵的传统文化资源，反而进行传统艺术或遗产文明的保护性移植、复制与传承，成为城市废弃区域产生新的经济增长点，正如约翰·哈特利所说的“创意产业可能会帮那些从重工业中走出来的城市和地区，如苏格兰和英格兰，或是那些从未有过强大制造业基地的国家和地区，如新西兰和昆士兰州，或是那些过分依赖于产业的国家和地区，如中国的台湾和新加坡重振雄风”。另一方面，创意产业是经济文化化与文化产业化相融合的产物，具有高创新性、高技术含量、高文化属性和高产业关联度等特征，是典型的知识密集型产业，代表着未来新经济的发展方向。

（4）文化产品的生产与消费的结合。文化是创意产业的精髓，文化产品的生产与消费结合成为创意产业集群的另一特征，创意产业集聚区往往既是文化产品生产的核心区域，又是文化产品的市场交易与消费中心，这一特征在时尚消费为主导的创意产业集聚区尤为突出，如伦敦、纽约旧厂房上建立起来的 Loft 和新加坡的创意社区就是比较典型的创意生活圈。此外，对创意阶层而言，集聚区融生产、生活与消费于一体，他们既是知识文化产品的生产者，又是消费者；他们既在那里进行创意工作，也在那里生活与消费。有的集聚区还设有专门的公共服务区，为员工创意工作与生活提供多功能会议厅、创意产品展示厅、大小会议室、音乐茶座、健身房、淋浴房、商务中心等免费共享空间，员工工作累了就在那里进行散步、唱歌、跳舞、聊天交友等休闲娱乐活动。

四、空间集聚的实现机制：创意产业创新网络

集聚化发展是创意产业的普遍趋势，国内外实践表明：创意产业的发展

不是个人和单个企业的行为，而是集体的互动和企业的地理集聚，一开始就具有明显的集聚化趋势。一方面，创意产业作为在全球化条件下的新兴产业，其产生与发展与当今科学技术尤其是信息技术的发展紧密相关，本身就是多个具有创造性特征的产业集合体，产业渗透力和关联度强，易于地理空间集聚；另一方面，创意产业的集聚发展也是创意主体追求外部经济效应，分享网络创新和节约交易费用的结果。通过集聚，企业和个人可以共享基础设施、知识外溢和网络创新资源，促进专业化分工合作，减少资产的专用性，降低生产成本，增强学习能力。

随着知识和技术在生产过程中作用的不断加强，区域研究也开始关注创新网络、创新环境。对于文化产业和创意产业而言，这意味着产业创新的动力在于各种信息流、人才流、资金流和物资的交叉、渗透和交融，必须形成以地缘为基础的信息、知识和创意要素的密集连接，构筑能把相关的创意创新组织，如研发机构、工作室、艺术家俱乐部、中介企业、政府服务机构、教育培训机构等组合在一起的社会空间，形成基于区域创新系统的创意生产网络。国内外积极创建的“创意产业园区”就是创意产业创新网络的一种形态。如英国谢菲尔德市的文化产业区，以产业集聚的“簇群效果”为主，包括 31 栋文化类和创意类的建筑，如 BBC 电台、千禧年博物馆、大学科学区、图书馆、艺术家村、油画陈列馆、创业投资机构、版权中介公司、电影院和娱乐中心等组合在一起，形成相互聚合、渗透激活的“引爆效果”。从注重价值线形流动的产业链条到注重价值立体扩散的产业网络的演变，显示了创意产业与其他文化产业部类互动的创新空间所在，创意产业的发展要求冲破传统的产业模式，在不断探索中找到最适合生产力发展的产业形态。创新系统的研究之所以重新关注产业集聚和企业集群，是把创新看做行为主体互动的过程，把企业看做根植在更广的制度环境中的学习型组织。在信息技术飞速发展的背景下，地理空间的重要性虽然受到了挑战，但在创新网络研究中，地理邻近性（Geography Proximity）和功能互动仍然是被普遍重视的。地理距离接近性和集聚对知识流动、集体学习和创新产生有力的影响，这种相互作用常常超出了区域范围内部。

创意产业空间集聚的基本原理是地理接近的公司、机构和其他的经济单位之间通过联系形成协作优势，从而获得规模经济和范围经济。创意产业集聚形成的创新网络还辐射到相关行业，由于受着集聚经济的影响，那些对信息要求较高的活动如会展、金融、咨询、高科技等也会更容易与创意产业集聚的区域相伴生，如北京的 CBD 地区就是北京的都市创意产业、国际创意产业驻京机构，以及众多知名外企和现代服务业机构丛生的场所。其机理在于，产业空间集聚不但能够利用正式编码化的知识，而且能够利用非正式、隐含经验类的知识，因此，它对于创新和经济增长非常重要。创意产业作为知识型组织的特性，决定了隐性知识对其发展的重要功能；同时，创意产业对各种企业和文化机构进行的地域性创新活动的培育、归纳、传播和反馈发挥着独特作用。

五、案例研究：以上海创意产业集群化发展为例

1. 上海中心城区创意产业发展的空间形态

上海的创意产业走过一条从自发集聚到政府引导的发展之路。上海城市历史发展空间与苏州河、黄浦江密不可分。在新中国成立前，沿黄浦江、苏州河已形成了杨浦、普陀和沪南三个工业区。新中国成立后“一五”时期又沿黄浦江建设了四个需要利用水运的近郊工业区，从而形成了上海南北向的港口工业轴线（Ning Y. and Yan Z.，1995）。伴随着上海工业化和城市化进程的深入，20 世纪 90 年代以后，大量工业企业向郊区转移，黄浦江、苏州河沿岸的旧厂房面临着功能置换的问题。大量浓缩了 19 世纪 40 年代以来上海城市和工业文明发展史的优秀历史工业建筑为创意产业的萌芽、发育提供了良好的土壤。西方大城市的城市复兴过程中所出现的创意空间在上海中心城区也开始浮现。随着近年来上海中心城区发展现代服务业，郊区发展先进制造业的产业空间分工格局形成，一批以老厂房为载体的都市型工业开始吸纳越来越多地以创意活动为特色的现代服务业业态。一批艺术家自发地在卢湾、黄浦、长宁、静安等老城区形成文化创意产业群。

在上海创意产业空间形成过程中，最初和纽约的“苏荷”区一样，都是由个别独具慧眼的艺术家挖掘出来，形成一定规模后吸引广泛的注意。随着其规模发展壮大，城市政府也开始关注这种新的消费空间形式，积极参与推

动创意产业基地的形成，并且有意识地寻找可能的潜力空间，加以培育。2004 年，上海市政府将一些集聚着大量创意设计类企业的园区正式命名为“上海创意产业集聚区”，并制定了《上海市都市型工业园区建设标准》，引导都市型工业园区发展创意产业。上海市政府将创意产业集聚区定位为上海都市型工业园区的升级版，认为是中心城区都市型工业和现代服务业发展的一条捷径，并成立了上海创意产业中心，以推动创意产业集聚区的发展。目前，经该中心授牌的创意产业园区已达到四批 75 家，园区建筑面积 225 万平方米，入驻创意产业类企业 2500 多家，相关从业人员逾 2 万人。其中，通过保护性开发的老厂房、老仓库和老大楼占创意产业集聚区总量的 2/3 以上。以上海市交通地图（具体到街道）为底图，依据各个创意产业区的具体地址，可做出上海市创意产业区空间布局图，如图 3 – 1 所示。

从图 3 – 1 中可以看出，创意产业聚集区主要分布在卢湾、黄浦、徐汇等 CBD 商务圈以外和外环线以内的区域，尤其是以 CBD 商务圈和内环线之间的中心城区。这个区域是上海的中心商业区（Centre Commodity Districts，CCD），主要是一些次商业中心和次办公商务区，由此形成了四个大的创意产业区集聚圈，并呈现边界日益模糊化趋势。

2. 嵌入地域发展的上海创意产业集群化

（1）形成苏州河沿岸和黄浦江沿岸创意产业区圈层。上海创意产业区空间布局上形成了苏州河沿岸和黄浦江沿岸两个大的创意产业区圈，集聚了近 2/3 的创意产业区。其中，苏州河沿岸圈层主要是利用老厂房、老仓库的第一批创意产业区，重点发展艺术、动漫游戏、媒体和广告设计等创意产业，打造了体现仓库文化与河岸文化相融合的创意产业集聚带，集中了“周家桥创意中心”、宜昌路“E 仓”、莫干山路“M50”、昌化路“静安创意产业园”、光复路四行仓库的“创意仓库”、老四行仓库、老场坊“1933”等一批创意产业集聚区。这条创意产业集聚带跨越了长宁、普陀、静安、闸北四个区，是上海创意产业集聚区分布最多的地区之一。黄浦江沿岸圈层多是第二批创意产业区，以世博会举办为契机，依托沿岸老厂房资源和世博会场馆建设，以发展研发设计、会展、广告和时尚消费设计为重点，上海创意产业区

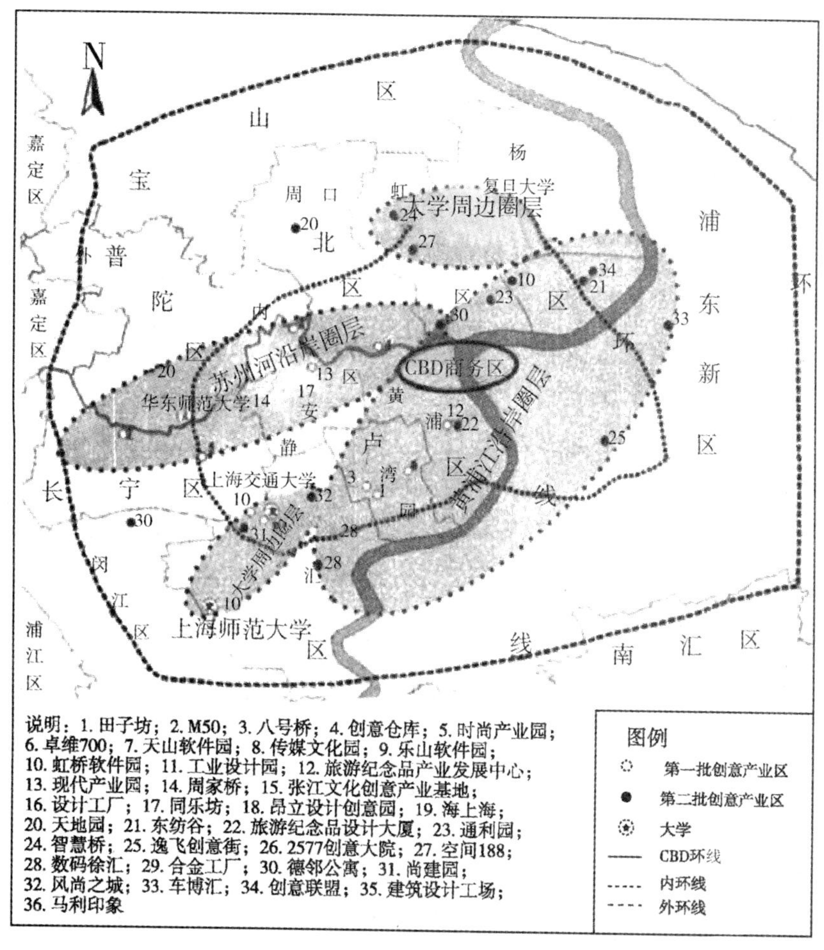

图 3－1　上海市创意产业集聚区分布

的发展开始有意识地从设计生产向时尚消费发展。此种沿河流发展的特色和态势，原因主要有三点：一是原有老工业区主要沿河分布。新中国成立初期上海重工业时代形成了沿岸工业带，新时期闲置的厂房和民居为创意产业区发展提供了空间载体。二是河流可激发创意的氛围。一个城市的灵魂往往是城市的河流，黄浦江是上海的标志，苏州河被称为上海的母亲河，沉淀了悠久的历史和文化意义，可激发人无限的灵感。三是河流是气候调节的天然蓄库，提供了舒适的人居环境条件，符合创意阶层对舒适生活的追求。

（2）集中在内城和 CBD 边缘中心地区。首先，主要集中在内环以内和

CBD 边缘区域。Hutton（2000、2004）认为，创意企业主要集中在城市的CBD 边缘和内城中心城区，这一规律在上海再次得到验证。上海 CBD 主要包括有浦东陆家嘴金融中心区和外滩商务区。上海创意产业区主要集中在 CBD 边缘和内环线以内的中心城区，类似于国外的内城范围，主要包括徐汇、卢湾、长宁、静安、闸北、虹口和杨浦等中心区。周灵雁认为，这一区域是内环线、黄浦江和苏州河为界的围合地带，反映了上海市中心区域逐步"退二进三"的态势。国外内城和上海的中心城区虽然范围趋同，但创意产业区兴起的原因却大不相同：国外内城衰落主要是郊区化导致了居民区的闲置和破旧，反映了"阁楼"文化；上海中心城区功能衰落主要是中心工业用房的闲置和破旧，反映了"工业"文化。值得注意的是，在空间发展中，黄浦江沿岸圈层从第一批的寥寥数个发展到第二批的燎原之势，从 CBD 商务区的南部迅速扩展到北部，唯独避开了 CBD 商务区的发展，这说明了出于成本和文化等的考虑，高档写字楼对于创意产业区吸引力并不大。另外，集中在内环线和外环线之间的区域属于都市型工业园区发展的主要区域，反映了上海创意产业区取代都市型工业园区的态势。

（3）高校周边创意产业区圈层显现。创意产业区发展依赖具有独立创新能力的高质量人才。因此，上海许多创意产业区依托大学等科研机构集聚，从行业类型来说主要是一些与设计类相关的行业。上海创意产业区分布在高校周边地区相当明显，大致形成东北和西南两个高校圈层。东北圈层是以复旦大学和同济大学为依托，周边集聚了四五个专业型创意产业区，如"建筑设计工场"等是依托同济大学建筑设计专业的人才优势集聚起来的产业基地。西南圈层主要是以上海交通大学和上海师范大学为依托形成的创意产业区集聚圈。如徐汇区"天山软件园"等是借助上海交通大学发展起来的软件设计和动漫等行业；"时尚产业园"是依托东华大学、上海市服装研究所等成立的，以时尚艺术、服装设计、品牌发布等为主要特色，同时也使得当地的服装市场更为繁荣；"设计工厂"是依托上海师范大学美术学院，是国内首家以产、学、研结合为一体的创意产业园，为上海创意产业人才的培养提供了较好的平台。

3. 创意产业创新网络在空间集聚中实现机制

上海市创意产业区具有数目多、类型多、空间相对集中的特点，大致形成的几大创意产业区圈层有相互融合的趋势，表现在空间上是各圈层的边界日益融合，城市的创意圈层开始形成，朝着创意城市的空间创新形态发展。城市创意圈的形成得益于各创意产业区之间的联系，这种联系促进社会网络的形成，培育了社会资本，利于全社会的创新机制的产生。上海创意产业区在空间创新上是朝着城市创意圈的物质形态发展，但其中的“业态”（即创意氛围的形成）的发展还有待完善。总体而言，上海创意产业区在空间布局上呈现大集中、小分散的格局特点，成带状和区域状集中趋势，并向着城市创意圈的创意城市形态发展。在空间载体上，更多是当地停产的老厂房、老仓库和老大楼等有历史意义的老工业建筑，显示出了空间布局的合理性和创新性，对于城市创新具有很好的促进作用。徐汇和卢湾、长宁和静安、杨浦和虹口等在空间布局上有成片发展的趋势，基本形成一些大的创意产业区域。这样的布局利于各个创意产业区之间形成社会网络机制，创新和知识扩散将会源源不断地产生出来。各区结合自身区域优势和产业基础，采取差别化竞争策略来定位集聚区的发展特色和方向，形成了一些特色创意产业区，如田子坊、“M50”、创意仓库等国内外具有一定知名度的现代设计和视觉设计创意的创作、展示中心。

六、结语

由前面的分析可知识，创意产业区只有在具“新经济空间”创新区域才能良性发展。上海创意产业区是在国际创意产业发展背景下，顺应本身发展阶段和城市功能转换的目标而发展起来的，具有典型的“新经济空间”创新特点，并形成了区域创新网络的雏形。此种空间和区域创新形成规律对其他城市创意产业发展具有积极的借鉴意义。

第一，创意产业空间集聚的实现机制在于区域创新网络的形成。创意产业集聚化发展有利于创新，上海乃至世界创意的产业发展，大多是以创意产业区形式发展并“创意涌现”，因而，集聚化发展是创意产业发展的必然规律。

第二，创意产业有集聚于“文化创新地”的规律。嵌入地域发展的创意产业集群化，根本原因在于“文化遗产的创新性”，由此带来思想的创新和“新经济空间”的出现。上海工业在不同时期的独特风格和艺术特色是上海民族工业的见证，也是民族工业发展历史的缩影，拥有相当的历史文化价值，又适宜进行内部改建，为创意产业提供了得天独厚的优势资源。其他城市发展创意产业可有意识地选取一些具有悠久历史的文化遗产，既引发了“头脑经济”，又为文化遗产保护提供了新的途径。

第三，大学等新技术源地为创意产业发展提供了动力。创意产业的发展依赖具有独立创新能力的高质量的人才，因此一些创意产业依托大学、科研机构集聚。依托大学的聚集区都有很强的科技和文化的后盾，发展相对较好，同时依托大学的创意产业集聚区的创立又为创意产业人才的培养提供了实践基地和平台。上海创意产业区空间布局特点表明，大学、高新技术园区等这些新技术高地成为创意产业区的新宠，并创造了巨大的经济效益。

参考文献

[1] Chon B. The Dual Structure of Global Networks in the Entertainment Industry：Interorganizational Linkage and Geographical Dispersion [J]. The International Journal on Media Management，2004，6（3-4）：194-206.

[2] Granovetter M. Economic Action and Social Structure：The Problem of Embeddedness [J]. American Journal of Sociology 1985（91）：253-267.

[3] Girard M.，Stark D. Heterarchies of Value in Manhattan Based New Media Firms [J]. Theory，Culture & Society，2003，20（3）：77-105.

[4] Howkins J. The Creative Economy——How People Make Money from Ideas[M]. London：Penguin Books，2002.

[5] Kratke S. Global Media Cities in a Worldwide Urban Network [J]. European Planning Studies，2003，11（6）：605-628.

[6] Kratke S.，Taylor，P. J. A. World Geography of Global Media Cities [J]. European Planning Studies，2004，12（4）：459-477.

[7] Keith Bassett, Ron Griffiths, Ian Smith. Cultural Cluster and the City: The Example of Natural History Film-making in Bristol [J]. Geforum, 2002 (33): 165-177.

[8] Landry Charles. The Creative City: A Toolkit for Urban Innovation [M]. London: Comedia, 2000: 133.

[9] Mathews J. A. Cultural Industries and the Production of Culture [M]. London and New York: Roultledge, 2004: 3-15.

[10] Richard F. Toward the Learning Region [J]. Future, 1995, 27 (5): 527.

[11] Richard E. Caves. Creative Industries: Contract between Art and Commerce[M]. London: Harvard University Press, 2002.

[12] Scott Allen J. The Cultural Economy of Cities [M]. London: Basic Books, 2000.

[13] Warf B. Telecommunications and the Changing Geographies of Knowledge Transmission in the Late 20th Century [J]. Urban Studies, 1995, 32 (2): 361-378.

[14]何增强．推动上海创意产业集聚发展的实践与探索[J]. 深圳文化研究，2009，(2)：18-23.

[15] 胡鞍钢，张晓群．中国创意产迅速崛起的实证分析[J]. 战略与管理，2004 (3)：24-34.

[16] 柯焕章．创意产业与北京城市发展[J]. 规划师，2008，24 (1)：15-17.

[17] 陆小华．传媒区域聚集规律分析[J]. 新闻实践，2003 (12)：22-25.

[18] 李蕾蕾，彭素英．文化与创意产业集群的研究谱系和前沿：走向文化生态隐喻？[J]. 人文地理，2008 (2)：33-38.

[19] 陆小华．创意产区域聚集规律分析[J]. 新闻实践，2003 (12)：22-25.

[20] 迈克尔·波特．簇群与新竞争经济学[J]. 经济社会体制比较，2002 (2)：21-31.

[21] 马克·格兰诺维特．镶嵌：社会网与经济行动[M]. 罗家德，译．

北京：社会科学文献出版社，2007：29-33.

［22］王斌．灰空间与传媒产制的集聚[J]. 国际新闻界，2007（9）：59-63.

［23］王伟年，张宇平．创意产业与城市再生[J]. 城市规划学刊，2006（2）：22-27.

［24］王缉慈．创意产业集群的价值思考［C］. 2004 中国创意产业发展论坛论文，2004.

［25］阮仪三．论文化创意产业的城市基础[J]. 同济大学学报，2005（2）：39-41.

［26］庄晋财．企业集群的地域根植性的理论演进及其政策含义[J]. 财经问题研究，2003（10）：19-23.

第四章　创意产业集群化：基于知识分工视角

第一节　创意产业集群化：一个基于知识溢出的解释*

本节通过对知识溢出区域空间演化过程的分析，认为受自然地理因素和经济地理因素影响的知识溢出是创意产业集群化产生的动力源泉。知识的空间根植性决定了知识溢出倾向于在一定空间实现区位极化，而创意产业中的知识主要是缄默知识，它们的传输需要面对面的交流和连续性、重复的接触与联系。因而创意产业的知识特性也决定了创意活动在地理空间上的集聚。

一、引言

近20年来，各种类型的创意产业在世界各大城市已出现高度集群化发展的迹象。纽约、东京、伦敦等众发达国家的大城市早已经成为世界公认的创意产业集群化发展中心。而以上海为代表的一批发展中国家的城市也在创意产业领域取得很大的成就。根据上海创意产业中心最近对创意产业集聚区进行的抽样调查显示，上海创意产业集群化发展已初具规模，在空间结构上呈

* 此部分内容已发表于《科技管理研究》2009年第11期。

现出日益明显的集聚发展现象。截至2006年年底，上海经过政府的四次授牌已建成75家创意产业集聚区，建筑面积达221万平方米。

创意产业概念最初由英国提出，1998年出台的《英国创意产业路径文件》中明确指出，创意产业指那些从个人的创造力、技能和天分中获取发展动力，以及那些通过对知识产权的开发可创造潜在财富和就业机会的活动。此后，美国、新加坡、中国香港、中国澳门、中国台湾等地也纷纷引用并拓展创意产业的外延。从根本意义上看，创意产业不仅仅停留于头脑知识的开发，而主要是一个产业化概念。集群是指在某个特定产业中相互关联的、在地理位置上相对集中的若干企业和机构的集合，这种产业空间组织形式对形成产业和区域竞争力有很强的优势。同样，创意产业的发展需要高度的空间集聚，从而带来信息交流、人才会聚和创意的激发。因此，创意产业集群化符合创意产业发展的特性。Charles 和 Landry（2002）认为，从产业联系角度而言，受扶持的艺术产业（Subsidized Arts）与创意商业组织（Commercial Creative Sector）由于产业互补而在空间上以集群的形式互相吻合；从整个创意产业体系而言，需要创意产业集群、创意阶级和创意社区这三者在一定场所的融合，在相互之间通过复杂的关联产生影响（厉无畏，2006）。所以，创意产业这种高附加值新兴产业的集群化发展，已经成为各国城市新一轮产业结构调整中规划、培育的首要战略目标。

自20世纪90年代以来，随着知识密集型的高新技术产业集群的蓬勃发展，以及知识作为企业或集群战略资源的重要性日趋凸显，对集群溢出效应研究也经历了从基于宽泛的生产要素溢出优势论到基于知识溢出的优势论的演变。创意产业作为知识密集型产业，知识溢出是产业集群化发展的重要特征。因此，本书在基于知识溢出的区域空间演化基础上，从知识溢出角度对创意产业集群化现象进论理论分析，为创意产业集群化发展提供理论支持。

二、知识溢出的区域空间演化*

知识溢出既是全球性的，更具有地域性，知识和技术的传播不是即时的、

* 许箫迪等．区域知识溢出的集群效应研究．财贸研究，2006（2）：24-25.

瞬间的，在有限的时空内，知识和技术的传播是有限的。知识扩散、知识溢出与空间因素的相关性表明，知识溢出表现为一种地理过程，具有地理指向性。

关于知识溢出能力受地理集中度的影响，英国经济学家 Marshall 认为，知识溢出从形式上可分为水平式知识溢出和垂直式知识溢出，从类型上可分为传播过程的知识溢出和使用过程的知识溢出。知识溢出存在信息流的地理边界，特别是隐性知识，知识的隐含性越高，完全溢出时间就越长。因此，创新活动在地理上往往集中于那些行业中知识投入产出效应明显、知识溢出盛行的地方。Grossman 和 Helpman（1991）认为，知识溢出源于区际贸易的发展，是区际进行贸易的附带产物，随着贸易的增加，知识溢出的程度也将随之增加。我国学者王铮等（2003）从经济地理学角度研究知识溢出强度的空间衰减性，说明知识溢出具有一定的独立性，知识的扩散基本是按照距离递减的。知识交流技术的高度发展极大地缩短了空间距离，但远离扩散中心的区域受到时间、费用等因素的影响，新知识的扩散需要从附近地区传入，溢出受到的中间阻力大，扩散速度通常慢于距离近的地区，即距离越近则溢出流越大。王铮等认为，知识溢出受到地理条件形成的需求因素影响，是自然地理需求导致的。

Lundvall（2004）基于知识多样化和接近的矛盾性，认为知识隐性水平和空间接近的重要性呈正相关。更大的区域空间包含更多的知识多样化，但是距离扩大削弱接近对交流的支持，影响创新的产生。Lundvall 提出空间接近的四个维度：经济空间、组织空间、地理空间和文化空间。经济空间指不同经济活动在生产系统（投入产出表）中的位置，组织空间指垂直或关系整合的水平，地理空间指不同空间区位的经济活动的距离，文化空间指经济活动中的规范和价值。空间接近四个维度的核心思想是互动学习和创新受距离的约束，地理接近更有利于知识创新（陈剑锋，2003）。同时，Lundvall 研究了技术变革特征和空间互动的关系，把技术变革分为固定技术、渐进创新和激进创新。在固定技术模式中，距离并不重要；在渐进创新尤其在激进创新模式中，隐性知识占据主导地位。隐性知识的空间“黏滞性”使距离极其重要。技术创新的过程越激进，知识越难以编码；知识交流越隐性，用户和生产者的空间距离越重要。英国学者 Alderman 和 Davies（2000）研究了生产技术扩散率的显著地区差异，认为新技术知识的传播在地理边界内更为有效，地理上的接近刺激了公司间的网络发展，通过企业创新网络，技术较容易得到模仿和提高。美国学者 Baptista 和 Swanm（1998）建立了地理集中和技术扩散速度的关系模型，对模型的经验检验表明，在技术吸收过程中，同一地区存在着显著的学习效应，其技术扩散的强度要比区外更强，在技术知识资源密度高的地理区域内，新技术的扩散速度相对较快。

新经济增长理论强调技术溢出和知识积累的作用，认为知识溢出可用来解释增长速率在空间经济增长布局的不同。区域知识溢出的空间局限性、R&D 溢出效应及技术外在性对空间集聚的作用使得公司在溢出知识集聚地区集中得越多，知识溢出活动的成本越低，越容易产生溢出的集聚效应；知识溢出是产业集群演变的动力源泉，是集群竞争优势形成的重要影响因素。Keller（2000）通过工业化国家 R&D 支出对本国产生的影响，探讨了知识技术扩散的距离特征。Keller 认为，来自国外的知识外溢效应随着距离的增加而减少，决定了技术创新活动的地区化或区域化，使创新型企业趋于地理上的集中，出现企业集群现象。Krugman（1991）从要素流动的角度重新构建中心—外围经济地理的内生发展模型，从理论上证明了工业活动倾向于空间集聚的一般性趋势。美国哈佛大学教授 Jaffe 等（1993）通过研究认为，技术密集产业比其他产业更趋于集中化，当地的信息流动比远距离的信息流动更容易，个人联系，无论是会议、贸易事务还是学习或销售会议，都有明显的传导机制。Jaffe 等进一步揭示知识溢出是造成集群效应的主要动力之一。

三、基于知识溢出的创意产业集群效应分析

波兰尼把知识分为显性知识（Codified Knowledge，又译为编码化知识）与缄默知识（Tacit Knowledge，又译为隐性知识）。所谓显性知识主要指一些客观性知识，是与一些创新活动及基础科学研究相关、可以通过语言、书籍等媒介形式加以清楚表达的知识类型，比如事实、信息、原理及对科学的实践理解。与此不同的是缄默知识，它是通过实践发展起来、存在个体主观理

解、无法用言语或其他形式加以清楚表达的知识类型。缄默知识可能隐藏在实践技能中，但不能清楚表达或使受众无法通过表达掌握它的内容。波兰尼认为，缄默知识在人类的知识中占据着中心位置。由对显性知识和缄默知识的区分我们可以看到，显性知识是容易编码的知识，主要指一些客观性知识。它的获取相对比较容易，可以以语言、文字等载体为介质，清楚地加以表达。在当代信息、网络通信技术发展的推动下，企业所拥有的显性知识可以以很快的速度编码、传播，被其他企业模仿。因此，从某种意义上说，随着经济全球化和商品国际化进程的加速，显性知识已成为稍有实力的创新主体的共有资源，甚至已成为一种公共资源。所以，这些知识可通过与地理无关的机制传播，公司之间并不需要接近。而缄默知识是一种个体性知识，是难以表达的情景类知识，属于行动者本身的主观类知识，依赖于个体的经验、直觉，深深嵌入行动者的行动及其环境之中，无法像显性知识一样以一种系统规范的方式脱离具体的情境，跨时间、跨空间传达，也难以通过逻辑的语言完全表达。同时，由于它的个体性，它的传播首先要求知识主体的在场，离开与知识主体的不断交流、沟通，隐性知识的转移几乎是不可能的，所以，隐性知识的转移及获取通常需要在具体的实践中实现，是一种典型的“干中学”知识。所以缄默知识最好的传播方式是面对面的交流和连续的、重复的接触与联系。这类知识的传播还不易于和个人、社会及环境分开，所以才产生了知识溢出的地方性。这就决定了它的获取具有强烈的区域属性。因此为了获取彼此无法言传的重要信息，企业往往倾向于空间上集中，由此获得面对面交流的机会，并以频繁互动基础上形成的较强网络联系为渠道，使各自的思想信息可以在相对有限的范围内不断碰撞、交流，从而有效地克服了创新知识中隐性部分不可言传、难以传播的障碍。集群化就可以视为创新主体（企业）为获取缄默知识而形成的一种特殊组织形式。

创意产业是利用生产和组织模式经营符号性商品与信息为主的活动，这些商品的基本经济价值源自文化价值和智力产权。创意产业的核心是内容生产，原材料是个人的思想、技能、想象力和创造力，而创意、思想是附着在个人身上的。由此可见，创意产业中的知识主要是缄默知识，它们的传输需要面对面的交流和连续、重复的接触与联系。因而，创意产业的知识特性也决定了创意活动在地理空间上的集聚。比如，同行之间的交流是年轻的画家渴望集聚在同一地区的主要原因（Caves，2001）。与其他年轻画家广泛接触不仅仅是出于人际交往的需要，画家必须要亲眼看到同行们的作品，这是现代艺术杂志中的彩图所不能够替代的。更为重要的是，他们也必须不断地充电，掌握当今最流行、最重要的观点，甚至在同行们还没有开始讨论展览馆中或是杂志上展示的新作品之前就应该对艺术新动态有所了解。

垂直分离后的行业的重组必然促使各公司或各机构之间签订每个创意项目合同时要更多距离的协调，公司间的密切接触有利于信息交流，交流中可以正确评定对方的能力和诚信度。这些接触促使电影产业经济朝集中方向发展。这种改变事实上已经加大了美国加州娱乐行业中服务性公司的集中程度。关于生产细节的协商，是因为工作的非常规化和非标准化。每一个艺术投入都具有创作种类的多样性，因此艺术创作过程不能完全预先确定，而负责人员的工作要求和行为是否与工作人员的劳动合同条款相符，这是经常引起争议的问题。此外，大多数创意产业都存在工作搭配的问题（Caves，2001），如在什么样的剧院举办什么样的演出，多大规模的剧院适合大型乐团的演出，音乐会中选用什么样的钢琴演奏家，电影中应该选用哪一位演员。此外，创造性产品需要的各种投入，因此，复杂的创作性工作需要做好时间上的协调工作，否则整个创作过程都会受到影响。因为需要严格的时间协调，复杂的文化艺术项目很容易产生滞工现象。电影的制作成本与电影的拍摄天数成正比，中途出现停工的电影仍然会产生制作成本。一些容易产生滞工的行为面临一个十分严峻的问题——合同的约定和执行问题。这些协商（黏性知识）难以执行和监管，如果距离很远，就很难达成一致的意见。这就决定了这些活动对地理空间集聚的要求。

创意产业是一个关联度很强的产业，具有强大的前后影响力和旁侧影响力。一部电影的拍摄、一个唱片的出版涉及各行各业，如各种基础拍摄工具的需求、各种道具的投入、后期制作等，会带动这些产业的发展。而且创意产业事实上是若干个子产业（广播、表演艺术、出版、印刷、电影、图片设计、广告等）构成的一个产业集合，在这个产业集合内部，不同的子产业相互关联，间接或直接地发生组合，再与非创意产业发生联系。随着信息技术和网络技术的发展，创意产业的存在形态发生了质的变化，各行业之间的界限日益模糊，比如音像、出版、传媒、广告、报刊等行业之间已很难独立存在。所以纽约、伦敦、东京等国际化城市作为文化集聚中心，不仅是因为这是公司总部所在地，而且也是因为消费市场的大规模和多样化。电影、广告公司等需要靠近生产设施、印刷和图片公司、大众媒介和其他创意产业。像纽约、伦敦和东京这样的全球城市不仅是金融中心，也是信息、知识和文化中心。靠近其他文化和设计产业对创意产业至关重要，因为创意产业需要对艺术和社会趋势的大量研究。

知识溢出效应之所以在集群中存在特别的作用，其前提条件是相关企业在地理上的集聚。诺特布（1999）认为，如果企业内部的垂直整合有助于利用已有的基础和能力，那么，产业区域化发展则有利于企业更快地适应新的环境。与产业区域化发展相似，产业集群也为集群成员开发新的要素创造了良好的环境，因为集群成员在地理上的邻近，为它们之间通过正式或非正式渠道分享知识提供可能。安吉尔（1989）认为，企业的成长依赖于非正式渠道的信息沟通，这种非正式渠道的信息沟通除了面对面的交流外，还可以表现为员工之间的关系网络、集群内部人员的流动、相关产业之间的联系，以及可以通过眼睛和耳朵可以比较容易获取的设计要素。显然，这种信息交流渠道是集群外部的企业所不能分享的。这种信息沟通渠道的建立，对技术和市场不确定性环境下集群成员之间的信息流动和知识溢出以及企业应对快速变迁的技术和市场具有重要的意义，甚至可以构成整个集群的战略性资产。

创意产业的根本特征是创新，地理集聚为知识溢出创造了良好的环境，所以，可进一步认为，产业的地理集聚和创新产出之间存在正向互动作用。其逻辑过程可以表述为：地理集聚为知识溢出提供温床，而知识溢出是集群创新发展的根本动力，因此，地理集聚可以对创新产出增长提供积极的推动。基于这样的逻辑，强调知识溢出和信息共享对创新活动的重要性，说明创新活动的积累性不仅体现在企业和产业层次，也体现在地理位置层次上，因为知识溢出能力受到地理集中度的影响。马歇尔认为，可能存在信息流或知识溢出的地理边界，特别是缄默知识，因此，创新活动往往在地理上集中在那些行业中知识投入产出效应明显、知识溢出盛行的地方。

四、结语

知识溢出的空间演化对于创意产业的集聚效应和集群化发展有重要影响，产业集聚能力与知识生产和吸收能力正相关。创意产业集群化发展的经济逻辑从深层次知识观和资源观考察，集群内部存在知识溢出效应，知识溢出效应是促进创意产业集群化发展和集群经济增长的根本动力，是集群创新产生和生产率提高的源泉。创意产业集群知识除具有知识的隐性和分散的特征外，更重要的是具有知识的空间根植性，空间根植性决定知识在空间的流动是具有成本的。所以，知识溢出倾向于在一定空间实现区位极化，其中技术极化和创新初始竞争优势带来的资本和劳动极化时常共同出现。区域内部的规模经济强化了技术、资本和劳动的极化效应，劳动和资本的流动性越强，技术知识的极化效应越强。区域新的创意商业化和扩散强化了区位极化的因果累积过程。知识和创意产业集群化能力的逻辑关系决定经济活动在区域的集中存在强者越强、弱者越弱的规律。更高的集体效率、更大的关联强度、更丰富的社会资本和空间接近程度使创意产业集群化知识的生产、获取和利用更有效率，能够不断加速集群知识积累，提高基于知识的创意产业集群化能力，形成创意产业独特的竞争优势。

第二节　创意产业集群化：基于知识分工协调理论分析*

创意产业集群化形成和发展的一个主要原因，是劳动分工引致的知识分工的深化和创新合作网络的扩展。为了有效地解决外部知识资源的嫁接问题，获取知识分工所形成的递增报酬，创意产业集群化网络应运而生。集群化网络所拥有的社会资本优势，促进了网络内部知识分工的深化，有效地推动了

---

* 此部分内容根据已发表于《经济学家》2009 年第 6 期内容改写而成。

隐含经验类知识的流动与共享，减低了知识的学习成本，为成员自身知识和创新能力的积累创造了良好的环境，进而形成彼此相互演化的机制。

一、引言

目前，国内外关于创意产业集群的研究主要集中在概念的阐述和创意产业集群化的实用价值上，对于创意产业集群化现象形成过程的解释缺乏深入的理论支持，对于现今人们较为关注的创意产业地理集聚这一现象缺乏系统的因素分析。由于创意行为通常依据的是隐性知识，源于个人创造性、技能和才干，创意产业的空间集聚特征具有自身发展规律。因此，本书主要基于知识的分工和协调理论对创意产业集群化的形成过程进行理论分析。

二、知识的分工和协调理论概述*

哈耶克在亚当·斯密的“劳动分工”基础上提出了“知识分工”的观点，认为经济学面临的不再是亚当·斯密提出的“看不见的手”的猜想，而是“知识的分工与协调”的问题。这个问题应当作为社会科学的经济学的中心问题。斯密猜想的要义是市场指引着分工中的人们的经济活动，以达到帕累托资源配置效率。哈耶克猜想的要义是市场指引着知识分工中知识劳动者的经济活动，以达到人类知识整体的有效运用。在哈耶克研究的基础上，诸多学者从不同的角度对知识分工理论进行了研究。

哈耶克提出的知识分工问题可分为两个基本问题：一是知识分工单元对自身掌握的片断知识的利用和发展；二是对互补的分工知识的协调问题，由于知识的互补性，知识分工单元要实现对其他单元片断知识的有效利用必然面对协调问题。哈耶克认为，劳动的分工本质上是知识的分工。知识分工的主要原因来自对成本和效率的考虑，劳动分工的经济性表现在由于分工使某一生产操作达到了未分工时所不能达到的最适生产规模，最适生产规模则意味着单位生产

* 苗文斌等．基于知识分工理论的集群机理研究［J］．科技管理研究，2006（5）：73-74.

费用最低。贝克尔和墨菲认为，劳动分工产生的专业化收益来源于知识分工所带来的知识积累效率的提高，也就是说促成企业知识分工的原因本质上是达到其单位成本和积累效率的经济性。同时，知识的分工和协调体制对企业组织有着重要影响，德姆赛茨认为知识成本的节约，决定着企业边界。

知识的分工程度既受到了知识自身结构的限制，也受到了合作、协调成本的限制，是有限度的分工。个体所面临的机会集合是个体所拥有知识的函数。决策者在两个方面具有有限知识：首先，在某一时空上，知识是既定的，技术可能性表明了当前人类关于自然法则的有限知识；其次，对于特定的个体而言由于生理的局限性造成知识的局限性。知识的有限性客观上造成了知识分工，但是任何经济活动和社会活动都需要多学科、多专业的知识共同发挥作用，任何知识片段的残缺都可能达不到预期的目的，社会只有将因专业化分工而被不同个体掌握的知识片段组合起来才能最大限度地发挥知识的作用。

在知识分工体系中，知识分工单元之间按照一定的逻辑联系在一起，存在着“知识各个局部之间通常存在着互相解释或互为强化的关系”的知识互补性原则，表现为知识沿时间和空间的互补性。正是由于知识的互补性，要求组织能够促成内部知识分工单元之间的协调，并利用其他组织所掌握的知识片断，使之与自身的经济活动协调一致。正像达文波特提出的知识市场概念，知识市场类似于其他产品市场一样存在分工，存在买方、卖方。知识市场存在交易问题就有成本问题，尤其是当参与知识分工的个人和组织众多时，知识分工单元的协调会造成交易费用的增加。根据交易费用理论的观点，市场和企业是由交易成本决定的两种典型的资源配置经济制度结构，对于知识资源的配置具有不同特征，在市场组织中是由价格机制引导知识的分工和协调；在企业组织中，对知识的分工和协调是通过权威指导的形式实现的。

三、知识分工促进创意产业集群化形成与发展

创意产业集群化的形成是基于劳动分工中知识分工的产物，是为了获取外部异质性创新资源和由知识分工产生的递增报酬的一种空间组织形式。创

意产业集群化的发展是一个渐进累积和自我增强的系统演化过程，其内在的动力机制是由知识分工和专业化所产生的报酬递增。

首先，创意产业集群化有利于增强知识的聚合效应，从而可提高集体的创新能力。从一定意义上来说，知识资源的互补是个体、企业及相关机构采取合作战略的一个非常重要的动因。人类各种知识之间的关系主要是“互补性”而非“互替性”，即单个个体在把知识运用于经济活动时，各自所获得的收益加总必定小于把知识联合运用于经济活动时的收益。这种基于知识分工的互补性包含两个方面：一是时间上的互补性，即对同一个体或群体的知识基础而言，尚未获得的知识与已经获得的知识之间存在着强烈的互补性；二是空间上的互补性，即对不同个体或群体来说，已经积累起来的知识通过相互交往而获得互补性。从哲学意义上讲，有互补才会有交叉，有交叉才会有吸收，从而产生创新。因此，对合作各方来说，以知识资源的互补性为基础的合作，是降低创新成本、提高收益的重要手段。通过知识的聚合，个体、企业及各相关机构可以对原有的知识系统进行联合与补充，从而使其会合成组织之间的知识网络。这种网络为参与者提供了一个共同的创新的知识资源库。在这个资源库基础上，创意产业参与者的知识优势可以得到充分的发挥，进而提高知识的规模收益。在创意产业相关主体的合作关系中，由于网络知识的形成主要是以合作各方原有的知识为基础，因而并不需要参与各方有较多的知识资源的再投入，只是对原有知识资源及相关能力的有效整合和利用。因此，集群式网络内部基于知识互补的合作，对创意产业的参与各方来说都具有较高的收益。彼此间较高的知识资源的相互依赖很容易得到各方的认同。而且通过相互合作，网络的参与者可依靠知识优势延伸和增强的机会，使个体、企业的知识优势和创新优势得到进一步的强化和增强。从本质上来说，知识聚合是创意产业集群化的一种知识资源的优势互补，知识的聚合使参与者形成了解决新问题的力量，进而形成一种报酬递增机制。

其次，创意产业集群化有利于相同实践与实践网络中的知识共享。创意产业集群化过程中集结了大量从事相同爱好及业务的个体、企业或机构，具有相同实践的地理上的接近还导致知识在另一种网络中流动。布朗和杜吉德（Brown John Seely & Paul Duguid，1991）发现，在硅谷随处可见类似于职业群体的“实践网络”。这种网络是由那些从事同样或相似工作的人，通过行会或其他形式的职业协会或者非正式的群体联系起来的。实践网络中的人们虽然并不都是在为同一家企业或雇主工作，但他们有着相同的实践活动，经常遇到相同或相类似的问题，在相互交流中大家共享着行业内的知识和技艺，新的创意就在这种情形下按照较小阻力的途径传播。这种区域内横向的知识流动比一体化企业内部纵向的知识流动更容易。因为知识的流动需要相同实践做基础，垂直一体化企业内部是按照分工组织起来的，各部门的实践活动不同，面临的技术难题各不相同，要使知识在企业内部流动，必须花费很大的气力。相比之下，知识在具有相同实践的同行之间流动，速度和效率更高。此外，知识交流也很容易发生在纵横交错的人际关系网络之中。在硅谷，这种网络常常是很稠密的，比如乘车时天天见面，或者曾是同学、同事，或者同是某一俱乐部成员。“产业簇群所具有的紧密度保障了距离的邻近性和这样的互动关系”，“人际关系加速着知识在不同的机构之间顺畅地流动”。

最后，创意产业集群化提供了知识创新的空间。在很多情况下，那些对个体、企业知识积累和技术创新至关重要的外部知识资源在空间上是相对分散的，企业往往置身于区际甚至国际的知识共享网络中。而对于创意产业集群化而言，这些知识资源在地理上是高度集中的，它们围绕在个体、企业的周围构成一个相对密集的知识场。知识场的存在意味着集群中的企业具有可利用的丰富外部知识资源。但是要把这些知识真正据为己有还有一个获取吸收的过程，该过程的高效进行很大程度上依赖于知识的易获取性，而集群环境通过地理接近和社会认同两种效应极大地改善了这一点。所谓地理接近效应，是指由于知识受体靠近知识源而便利了知识的获得，社会认同效应则是指受体和知识源由于共享相似的区域社会文化背景而促进知识传递。事物之间在一个具体的场所发生作用，知识创造也不例外。野中郁次郎定义了“吧”的概念。“吧”是知识分享、创造和使用的背景环境。“吧”既指物理的场所，如办公室、饭桌以及其他商务场所，也指虚拟的空间，如电话、电子邮件等，还包括精神空间如共享的经验、观念和理想等。“吧”最重要的特征就是相互作用。个人的知识一旦置于“吧”中，就能够被共享、更新和增强。

野中郁次郎指出：与其说“吧”是一个容纳知识和容纳有知识的人的物

理空间，不如说“吧”本身就是知识，知识创新的过程就是创造“吧”的过程。国外一些企业和研究机构特别注意鼓励这种员工之间的互动作用，除了聚餐、轮岗等制度外，甚至在建筑物的布局上刻意留下一个公共的空间，便于不同部门员工相互沟通交流。现代信息技术使相距遥远的人们可以相互交流，“地球村”的概念已经深入人心，地理位置、距离的概念似乎失去了意义。然而，从硅谷和其他地区的情况来看，通信技术并未构成集群的离心因素。因为从个体、企业学习与创新的角度看，相关的个体、企业或机构群居一起，面对面的交流仍然具有不可替代的地位。人们之间借助各种媒介来传递信息、共享知识和交流思想，但各种媒介在解决信息歧义性方面的能力是不同的。伦格尔（Lengel）引入了一个“媒介富裕”的概念，富裕是指媒介具有的通过阐明歧义问题来改变人类理解的能力。富裕特性包括提供快速反馈的能力、传播多种阐释的能力、传达个人感官的能力、运用自然语言的能力。依照这些特性，达夫特和伦格尔将几种媒介做了排序。面对面沟通被列为最富裕媒介，其余依次为电话、个人书面文本、正式书面文本等。一般而言，口头载体要比书面媒介更富裕，电子邮件虽然克服了距离的限制，具有很强的覆盖性，但它仍然无法传递诸如暗示、个人感官体验的信息，在反馈的即时性方面，它弱于电话，更弱于面对面的交流。从知识的类型上来看，明晰知识容易通过文件、通信手段传播，而缄默知识是高度个人化的知识不仅仅包含诀窍、经验，还包括个人的感官体验、感悟、信仰、思维模式等方面，具有“只可意会不可言传”的特点。知识创造中缄默知识的共享以及缄默知识向明晰知识的转化，主要通过自然语言、迅速反馈和频繁互动建立起来的，必须依赖于富裕媒介的沟通交流方式。因而，面对面的交流方式在知识创新过程中仍然具有电子邮件、信函、传真等通信方式所无法替代的优势。

四、结语与建议

创意产业集群化是一个知识流动与碰撞的动态过程，是通过知识的激活、碰撞和整合而产生新观念、新思维和新方法以实现价值增值的过程，是由创新主体之间以及与用户在交流编码化知识和隐含经验类知识的过程中的交互作用所推动的集体交互学习的过程。创意产业创新的关键就在于不同的知识源及相关知识的流动与碰撞、知识的整合与学习，不同属性的知识及其流动与扩散的方式会引致知识交流效果的重大差别，进而影响企业的创新活动和创新绩效。特别是隐性知识，即难以用语言、文字和符号完整表述且难以通过物理的手段传播和复制的知识，它往往决定一个企业的创新能力。创意产业赢得持续竞争优势和创新优势关键要素的知识，其价值就在于流动。解决了知识的流动与配置问题也就为创新奠定了坚实的基础。由于显性知识一般具有相对完全的流动性，所以，解决知识流动惰性的关键是解决由于默会性、专用性和文化根植性所造成的隐含经验类知识的流动惰性。

从知识分工协调机制角度看，随着创意产业集群化的动态演进和发展，这种机制逐渐成熟，会逐渐转化为集群的惯例、文化、行为准则。一方面，惯例的发展为集群化带来巨大的发展潜力；另一方面，随着知识分工的发展，知识资源的专用性不断增强，这种惯例就形成“刚性”、“锁定”，所以集群化能够持续发展的根本条件必须是集群能够持续不断调整其内在的发展机制，这对于某些创意产业来说是困难的，当然可以说对于部分类型的创意产业集群化发展也是难以克服的。

集群知识分工体系是建立在全球知识分工体系的一个环节，所以我们不能将其视为一个封闭的系统，Harald Bathelt 等人认为，知识转移并不只局限于区域环境中，应该强调建设区域和全球交换的知识环境。因此，知识的创造不仅需要本地企业之间、人与人之间面对面的知识交流，而且需要建立全球的交流渠道。集群知识分工协调体系是区域内自发的，与外界的联系需要集群内个体的主动建设，如果没有这种机制，只满足于当前内部的关系，当前的分工关系就会“锁定”，企业动态调整的能力将下降。同时，虽然外部联系能支持区域增长过程，但是当外部渠道太强时，也可能威胁集群的长期存在。由于本地交流减少，造成本地自播消失，形成“空洞集群”的危险，这也对区域经济管理者和政策制定者提出了挑战。

第三节　创意产业集群化：基于知识的结构性整合分析*

纵观国内外创意产业的发展可以发现，创意产业正呈集群化的发展趋势。本节基于产业经济学的产业链理论，结合SECI知识创新模型，从产业链知识结构角度对创意产业集群化趋势进行试探性研究，认为创意产业的产业链结构呈现出网络状特征，并从产业链的知识实现模式对其网络状特征进行分析。最后总结创意产业链知识整合的实现模式。

目前，国内外创意产业的发展模式主要有两种：一种是单个企业自主发展模式，这种模式一般出现在创意产业形成的雏形阶段；另一种为创意产业集群化模式，一般出现在创意产业形成的成长和成熟阶段。其中，集群化模式又细分为嵌入政府行为的创意产业集群模式（如新加坡、韩国等亚洲国家和地区）和嵌入市场自发行为的创意产业集群模式（如欧美国家和地区等）。实证调查资料显示，集群化模式日益成为世界各国创意产业领域的主流和首选。

一、创意产业集群化网络的知识形式

创意产业是在信息化高速发展条件下众多产业融合的产物，产业融合作为一种经济现象，随着知识、创新与科学技术在所有产业的渗透，不仅是在媒体产业，分析传统产业商品的形成过程，包含在创意产业范畴内的研发设计和营销服务也成为各个产业的核心元素。在文化产业和产业文化化不断发展的趋势下，在社会分工不断深化和技术不断进步的背景下，创意逐渐从原有的经济活动中分离出来，独立为产业。创意活动不再仅仅是某个产业或行

---

* 此部分内容已发表于《科技与经济》2009年第1期。

业内部的从属活动，而是脱离了原有行业，成为为不同行业提供创意服务的第三方。创意产业以无止境的创新为依托，存在于所有行业、产业领域，位居其价值链的高端，加之创意产业中主体的多样化和复杂化，使创意产业的产业链结构呈现出网络状的特征。

创意产业的产业链在本质上是以知识分工协作为基础的功能网链，通过知识的分工和知识共享创造递增报酬，为顾客创造价值。所以产品的生产联系和由此产生的物质流动只是产业链的外在表现形式，对于网络状的产业链而言，它更是一个知识链，是一个创造递增报酬使产业不断发展的价值链。

1. 产业链的知识形式——知识链

知识链是企业与企业之间连接各个含有知识部分的无形链条，只要产业链内有知识型企业存在，就必然存在知识链。美国学者 Shinm、Holdent、Schmidtra 模仿价值链模型，从组织内的知识和组织核心竞争能力的关系出发提出了一个系统的知识链的概念，认为企业的知识链就是通过一系列主要活动和辅助活动，获得知识以形成企业竞争力的整个过程。其中，主要活动是指知识的获取、知识的选择、知识的生成、知识的内化、知识的外化，辅助活动是指领导、合作、控制、测量，构建如图 4－1 所示的知识链模型。

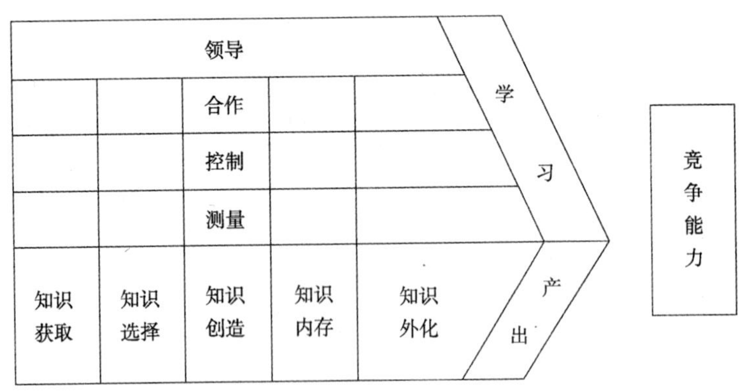

图 4－1　知识链模型

产业知识链包括五种主要知识活动：从组织外部获取知识，并使之变得易为组织所用；知识选择，从组织内部选择知识资源；知识创造，从现有的知识中发现、分化出新的知识；知识内部化，将已经“获取”、“选择”、“生成”的知识通过分发、储藏等方式进行整理，从而改变组织的知识资源状态；知识外部化，知识融入组织产出中。此外，还有四种辅助知识活动。知识的产生和创造对企业的竞争优势起重要作用，但是，企业的知识整合能力也同样影响企业的绩效。因此，企业对知识进行管理，促进知识转化，并对知识生产的创新性知识进行保护，这对于增强企业的竞争优势是非常必要的。

在工业经济时代，产业链上的企业多是以产品形式为联系的纽带，企业力图整合系统外部环境的知识，再将其内部化，最后形成自己的核心竞争力，所以通常对于知识是保密排外的。而在当今知识经济的时代，单靠自己仅有的知识是不可能实现快速响应市场瞬息变化需求的要求的。因此，创意产业链上的企业之间就建立了以知识为纽带的知识链条。知识链具有网络性、动态性、快速反应、巨大创新性和增值性等特征，基于知识链的各企业之间以学习、创造、传递知识为中心目标，以提高公司学习、获取其他公司的专业能力，以及公司之间的专业能力优势互补，创造新的交叉知识，改善、扩展、创造企业的核心竞争能力，在战略上保证了企业的可持续发展。

在战略目的、企业文化、信任机制、学习能力、组织结构等因素上，基于知识链的创意企业之间具有如下明显的特征：以企业间的知识的整合为目的，提升企业的行为能力，促进新产品开发和创新，处于知识链中的企业文化具有高度的开放性和柔韧性，信任是使整个知识链条有效运作的重要条件，知识链网络结构直接影响合作企业的选择。

二、创意产业集群化网状产业链的知识分工模式

在纵向一体化产业链中，知识完全固化在产品上，除去产业链上、下游之间的投入产出关系，产业链上的知识主要以隐性知识的形式存在于一个个独立的企业内部。模块化产品生产分工和价值链分解的背后是知识分工，网络状产业链不仅存在模块之间的知识分工，在整个产业链上也存在知识的共享。对于创意产业中模块化产品而言，设计规则（也就是标准）是显性知识，是公开的。必须让大家知道，只有大家遵循设计规则，才能实现模块之

间的兼容，系统才能发挥预定的功能。以电脑的模块化生产为例，电脑的生产可以分为处理器、主板、显示器、存储器、组装、系统集成与检测等几个模块，在遵循设计规则的前提下，每一个模块生产厂商的知识是隐藏的，每一个模块只要提供结构、界面的一些参数，使本模块的接口能和其他模块对接就可以，至于生产过程中的知识是不需要在产业链内将创意产业链结构及表现形式公开的。如图 4－2 所示，对于各个模块的生产者而言，模块内部的知识是隐含的，标准是公开的，每一个模块生产者只需掌握关于设计规则的知识和本模块的生产知识就可以了，顾客则只需掌握关于如何操作（熟悉操作界面）的知识，对于模块化生产过程的所有知识（包括设计规则）都不需要理会。分工经济的一个重要收益就是节约学习成本，模块化通过减少知识显性化的范围，节约人们的学习成本，从而带来报酬递增。一个传统的产品生产者需要掌握系统的全部知识，消费者也需要了解很多关于产品的技术知识。在窗口时代之前，计算机的操作者不仅要明白很多计算机指令，还要了解一些硬件知识。在视窗软件出现后，软件把硬件完全屏蔽起来，人们的学习成本大大降低，电脑不再是只有专业人员才能驾驭，也因此能够广泛普及社会众多群体，从而带动更多产业的发展。

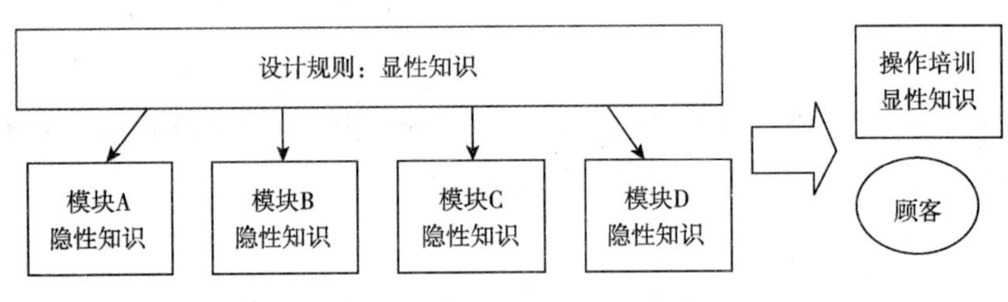

图 4－2　网络状产业链知识分工

创意产业网络状产业链的知识创新模式是分散式的，各个模块在遵循设计规则的前提下自主创新。模块的创新既可以是功能实现方式的创新，也可以是功能自身的创新，还可以是新模块组合创新。纵向一体化产业链的创新是集中的，由一个主导厂商进行产品创新，其他的零部件生产厂商进行配合，其创新一般为工艺创新。但在创意产业网络状的产业链条上，处于网络节点的任何的企业都有可能提出自主创新的创意，并在整个网络上得以实现。

创意产业明显的特征就是以知识为内涵，知识的创造和利用是其核心思想。知识的创新要靠个体完成，但是促进个体进行创新并能够把创造为组织的知识转化为生产力，需要一个过程，可以借助野中郁次郎和竹内弘高提出的 SECI 知识转化模型对创意产业中知识的创新与共享进行分析。

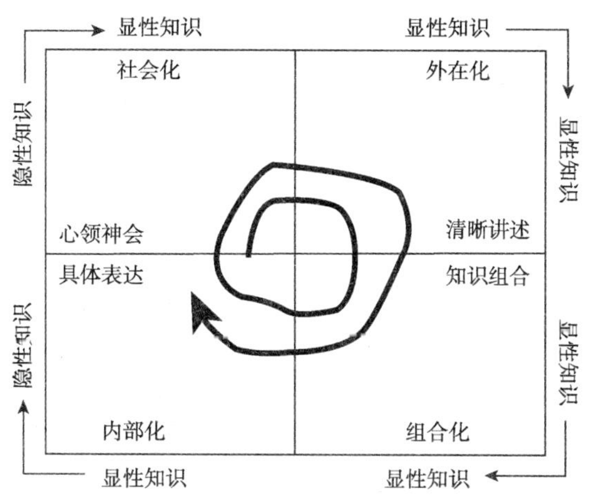

图 4－3　野中郁次郎的 SECI 模型

SECI 过程就是知识转换模式依次交替的过程：社会化、外在化、组合化和内在化，隐性知识通过社会化、明晰化转换为更高层面的知识，通过组合化、内在化，明晰的知识又转化为个人的隐性知识，一方面可以指导“干中学”转化为生产力，另一方面个人隐性知识也是组织知识创新的基础。这样，知识创新过程就是一个螺旋上升运动的过程。创意产业是以创意思维为核心思想的，知识创新是创意产业生存的重要环节。创意人群大多拥有自己特定的活动圈层，通过圈层内的交流或者行业间的协会、论坛等形式对行业内的专业知识动向及时沟通，探讨提升模块内的知识创新；通过与消费者直接或间接的交流，摸清楚现实状况及其需求趋向，使专业性知识与共享知识更好地结合，实现知识社会化、外在化、组织化、内在化的过程，从而不断迸发出新的创意。在知识创新的整个过程中，经验性知识资产、概念性知识资产、常规性资产和系统性资产共存于不同的环节。这些知识是企业为实现价值创造所必须拥有的资源，在知识创造过程中，它们既是输入成分，也是输出成分，还是调和力量。

三、创意产业集群化的产业链知识整合

1. 产业链知识整合的实现模式

产业链知识整合的实质是选择交易效率较高的组织模式，实现知识的共享与整合。产业链知识整合的目的在于提高创造顾客价值的能力，以取得竞争优势，所以只有知识共享是不够的，重要的是要通过知识的整合，使产业链分散在不同环节的知识能够服务于创造顾客价值的最终目的。

知识分享通过分享机制将知识、经验进行最大范围的传播，使知识、经验的价值在最大限度上得到体现，知识整合则将系统信息、联系规则等分散知识进行挖掘，并将之融合到企业的知识系统中去。知识分享与知识整合是企业知识管理系统中密不可分的过程，知识的分享是知识整合的前提，而知识的分享又是知识整合的后续过程。图 4 –4 描述了企业知识分享和知识整合在企业知识流中的关系。

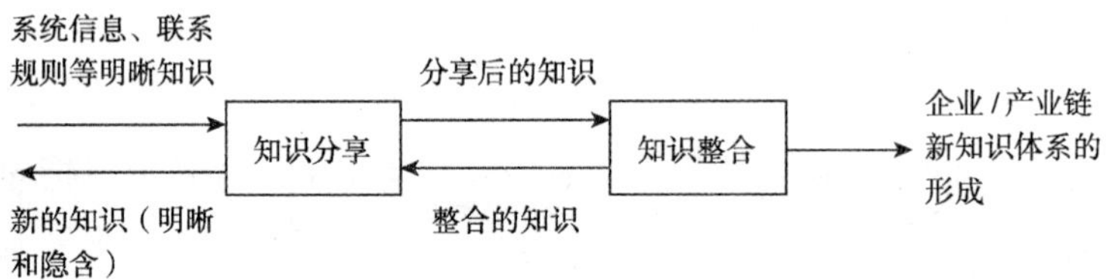

图 4 –4　知识整合与知识共享关系

不同类型的产业链，知识共享与知识整合的内容不同、形式不同。建立在大规模生产之上的传统产业（或者基于规模经济的产业链）面临的需求是相对稳定的，所以产业链上知识共享的内容主要是关于产品的知识，如工艺标准等。知识的整合主要是关于产品的组合性知识（或者是 Henderson 与 Clark 所指的结构知识）。对于市场需求变化剧烈的产业链，例如，基于灵敏供给的产业链（或者基于柔性专业化的产业集群），需要共享的是关于如何满足顾客需求的知识，知识整合主要是关于配置性知识。基于知识分工的产业链或者基于模块化

生产的产业集群，则是共享产业标准与市场需求和技术标准的变动。

创意产业链集群化知识管理的重点是，为企业实现显性知识和隐性知识的有效传递和共享提供可行的途径和机制，并整合企业内部和外部的各种知识，使之形成企业的知识。知识的有效分享能促进企业间和企业内知识的良性流动和知识创新。知识共享可以提高产业链成员之间的协作能力，增强产业链的竞争力，但是知识共享的基础是成员之间信任的建立。

2. 知识整合实现的组织模式——知识联盟

在创意产业集群化网络状产业链中，知识是最主要的资源要素，产品关联和资产关联都让位于知识的关联，知识的不可分性对于产业链整合的影响大于产品和资产的不可分性。在创意集群化产业链中，创新知识的拥有者主导产业链整合，这些主导者可以是单个的创意企业，也可以是由多个企业结成的联盟，通过拥有知识优势的“舵手”，借助辅助资源进行知识的整合，知识联盟就是很好的整合模式。

知识联盟是企业为达到增强或创新企业核心能力的战略目标，与其他企业或组织结成的以知识共享和转移并共同创建新知识为主要特征和手段的高级战略联盟形式，以结盟伙伴间学习和创造知识为基本特征，强调联盟伙伴间的信任和密切联系，更重视在学习伙伴能力基础上的共同创新，重视自身的学习能力，期望通过建立学习型组织，使在联盟中获得的新知识能够顺利地在组织内传播，并转化为企业核心能力。

企业知识的来源之一是来自企业的内部，企业自己投入资源生产知识，如技术知识和决策常规知识。这种自力更生策略有其局限性，因为它不仅需要花费较长的时间，而且需要花费较多的资源。在重视专业能力、产品生命周期较短、竞争极为激烈的创意产业中，一个企业想完全靠自己获取关键性的资源、能力以及技术是相对风险较高的策略。再加上由于隐性知识越来越多，一家公司采取自力更生的策略获取所需要的全部知识也日趋困难，而由企业外部通过市场交易以及合并、收购其他企业的方式来获取隐性知识也存在种种障碍。利用市场交易进行知识转移会因为信息的不对称问题造成交易成本较高，而且，当一家企业想从别的企业获取隐性知识时，它必须和对方有直接的、密切的关系，允许它的员工、装备、构思、文化等超越企业的边界。在这种情况下，仅仅依赖市场交易，大量的隐性知识就无法顺利转移。通过知识联盟，隐性的知识通过社会化、外在化、组合化、内在化的过程更好地实现知识共享与知识分工。而且，创意产业领域需要艺术、技术、经营、管理等各种知识，并且知识获取、更新的速度较快，单靠企业自己内部学习是无法满足需要的。从经济学的成本收益出发，知识联盟是企业获取新能力和新知识的一种最佳形式。它目标明确，组织形式灵活，又能够创造隐性知识移动的条件。

3. 创意产业集群化知识整合实现的动力保障

（1）鼓励知识交流与共享。面对面的交互式沟通，企业鼓励相互之间的人员交流在一定程度上可以减少知识形态带来的共享困难。鼓励讨论的机会，企业可以通过一系列活动推动相互之间的人员交流，改进组织内和组织外知识、信息的通路，识别所有核心领域的知识需要，最小化搜索信息和知识的时间并改进信息流，创造把知识转化为新产品和服务的途径。

创意产业的从业人员是知识型人才，成功的组织间交流使人们可以以价值增值的方式应用他们的知识。创意产业的集聚特征也为知识的共享提供了平台，集聚在一起的同类企业可以营造和建立信任、合作和支持的氛围。知识共享的实质是把“饼”做大而不是看谁分的“饼”最大，囤积知识抑制组织业绩。与创意工作伙伴的日常互动往来开始创新活动，共享知识时改进就发生了，也会产生新的创意灵感，从而使产品和服务超越顾客的期望。

（2）加强知识产权保护。创意产业的核心价值在于创造性和创新性，是基于创作者个人创意的一种智力成果，而知识产权正是主体对其创造性劳动成果依照相关法律法规所享有的垄断权力。创意产业配置的资源——“创意和智力成果”具有无形性、公共性、不易控制性、易逝性、低成本复制性等特点，其产权问题必须由知识产权制度予以规范和调整。对创意产业知识产权的有效保护，不仅是创意企业、个人合法权益的有力保障，而且是创意灵感产生、创意生产力转换、创意经济价值和社会价值实现的基础。

自由竞争的市场旨在最大限度地鼓励所有创新主体的创新，并确保为消费者提供物美价廉的产品和服务。从社会的角度来看，知识共享程度越高，社会效应越大，越有利于社会的进步。对单个企业来说，知识专有程度越高，创新积极性越高，最终也为社会发展做出贡献。企业在知识垄断和知识共享之间抉择的矛盾心理形成对知识共享的认知障碍。保护知识产权具有双重目的性：一是保护知识创新者的权益，鼓励创造发明，从而促进人类知识的丰富；二是促进信息沟通，推广创新知识的应用和实现信息共享。有效的知识产权保护机制可以解决如何确保知识发送者的知识共享活动比独占知识带来更大收益的难题。

四、结语

相对于其他行业而言，创意产业更加注重产业链知识的延续和相互之间的整合。例如，一个漫画可以衍生出电视、电影，然后是网游，接着是书籍、玩具，并进而衍生出广告、服装、时尚消费等其他更多的产品。这种产业链的延长依靠的就是产业内部的知识整合，通过产业链的知识整合使一个个单独的创意最终形成创意产业链延伸，并进而促进整个创意产业的整体发展，国内外创意产业发展的实践证明，形成完整的知识产业链是创意产业成熟的标志。我国的创意产业虽然呈现集群化趋势，但还没有形成完整高效的知识产业链，这和发达国家的差距比较明显。

实现创意产业链系统知识整合，是创意产业全面发展的根本。一方面，创意产业自身的发展离不开外部市场的支持和产业环境的保障；另一方面，创意产业自身也不可能获得总体效益的最大化。只有依靠产业系统之间多种产业以及不同社会资源的相互配合才可能获得效益最大化，从而达到共同获利，促进产业系统整体升级。产业系统的知识整合需要多方的力量共同努力，单靠创意产业内部的力量还无法实现这一点，只有多方动员、整体配合，才能实现创意产业与其他相关产业的系统知识整合，从而完善产业链，达到经济系统效益的总体最优化。

需要说明的是，由于创意产业涵盖了多种行业，创意产品更是多种多样，千差万别。不同的行业，其创意产业链的产品形式会有很大差别，很难用一种整合模式对其进行概括，故本书仅从创意产业链的知识形式方面对产业链的整合进行探讨。

第四节　创意产业集群化：基于缄默知识共享与转移的视角

创意行为通常依据缄默知识，源于个人创造性、技能和才干，所以创意产业的空间集聚特征具有自身发展规律，是由其产业特征决定的。因此，本节部分主要基于缄默知识的共享与转移对创意产业集群化的形成过程进行理论分析，探讨创意产业集群化的偏好特点，并在此基础上对创意产业集群化过程中缄默知识共享和转移途径进行分析。

一、引言

各国创意产业发展的实践表明，创意产业往往是在集聚区内才得以发展。在其迅猛发展的过程中，创意产业表现出了明显的集群化趋势。美国纽约、英国伦敦、法国巴黎和日本东京等国际大城市都已成为全球创意产业最集中、最发达的城市，“好莱坞”、“苏荷”区等都是国际知名的创意产业集聚地。国内北京、上海创意产业的集聚效应也日趋明显，北京已经形成了“798”、宋庄、潘家园等10大文化创意产业聚集区，上海已经建立了75家文化创意产业集聚区，此外，杭州、长沙、西安、南京、成都等一批文化悠久历史名城的创意产业集群化发展趋势日益明显，已初步形成六大创意产业集群。

关于创意产业集群化发展，国内外许多学者都有类似的研究，都认为创意产业具有趋向于在城市特定地区集聚并形成专业化生产的特点。相关研究主要从以下两方面展开：①创意产业概念界定。1998年，英国创意产业特别工作组首次将创意产业界定为依靠创意人的智慧、技能和天赋，借助高科技对文化资源进行创造与提升，通过知识产权的开发和运用，生产出高附加值产品，具有创造财富和就业潜力的产业。哈佛大学经济学教授凯夫斯（Richard E. Caves）从文化经济学的视角将创意产业界定为：提供具有广义文化、艺术或仅仅是娱乐价值的产品和服务的产业。另一位经济学家霍金斯在《创意经济权》一书中，把创意产业界定为：其产品都在知识产权法的保护范围内的经济部门。联合国教科文组织则认为，文化创意产业包含文化产品、文化服务与智能产权三项内容。②创意产业集群研究。综观国内外学者对创意产业集群的研究，其内容主要集中在生成机制、创新能力以及对城市与社会发展的推动作用三个方面。在对创意产业集群的生成机制的探讨上，厉无畏（2005）等学者认为，创意产业集群的发展有赖于创意情境的形成，而创意情境的形成得益于创意城市、创意鸣和创意阶层等共同作用，因而构成了创意产业区形成和发展的根本动力和生成机制。后现代主义者 Baudrinard（1988）和 Jameson（1983）认为，在城市发展中，创意产业集群的出现是新城市主义的时代需求。Molotch（1996）的研究表明，创意产业将聚集在专业化群落或产业区内，特别是在大城市中。也有部分学者从产业集群理论角度出发，认为创意生产网络的集聚和发展带来的是创意群落的成本优势、集体效率和创新优势等。而这些构成了创意产业集群形成和发展的动力因素。Nesta（2003）认为，创意集群是创意产业发展的空间表达，为创意产业提供了公共设施、部门认同感、创新灵感、工作和销售机会。凯夫斯（2004）论述了艺术中心的凝聚力在于聚集，节省了经销商和顾客的成本，其中，艺术品差异大的特征可以抵消集聚带来的不利因素。国内对创意产业集群的研究主要集中在介绍国外理论和发展经验阶段，对国外理论的介绍集中在创意城市和创意阶层（诸大建、王缉慈、任雪飞等）以及地区再生的意义（阮仪三、王伟年等）等领域，只有地理学家王缉慈等简单分析了创意产业集群三种主要空间产出，以及一些以北京、上海为案例的空间集聚研究。

从以上对于创意产业集群化的理论研究可以看出，目前国内外的研究主要集中在概念的阐述和创意产业集群化的生成机制上。对于创意产业集群化趋势过程的解释缺乏深入的理论支持，对于现今人们较为关注的创意产业地理集聚这一现象缺乏系统的因素分析。由于创意行为通常依据的是缄默知识，源于个人创造性、技能和才干，创意产业的空间集聚特征具有自身发展规律，是由其产业特征决定的。因此，本节主要基于缄默知识的共享与转移对创意产业集群化的形成过程进行理论分析，探讨创意产业集群化的偏好特点，并且在此基础上对创意产业集群化过程中缄默知识共享和转移途径进行分析。

二、缄默知识构成创意产业集群知识的内核

Polnayi（1966）认为，人类的大部分知识以隐性的方式而存在，如在实践经验中获得的操作技能和专业技巧。在创意产业的知识体系中，缄默知识是最核心、最重要的知识，因为缄默知识属于不易被模仿和可持续的知识。同时，缄默知识符合核心能力所具有的不易外泄、专有知识和信息的特征。根据缄默知识可编码程度，可将创意产业缄默知识划分为可编码的缄默知识、不易编码的缄默知识和不能编码的缄默知识。根据 Polnayi 的研究，缄默知识大部分以隐形方式存在。据此，创意产业集群化的主要内涵是指，通过内部积累和外部获取，存在于成员个体、公司内部门（团队）、公司层面、价值链环节、协作网络以及集群层面中难以规范化、难以言明、不易交流与共享、不易被模仿、尚未编码和显性化的各种隐含性的组织知识。这一知识在集群内相互转移，彼此互动。创意产业集群内缄默知识具有以下层面：一是成员个体层面拥有的缄默知识。成员个体拥有的缄默知识是高度个性化、不易言传和模仿的知识，根植于成员个体的行动与经验之中，同时也隐藏于成员个体价值观念与心智模式之中。成员个体拥有的技能类缄默知识包括那些非正式的、难以表达的技能、技巧、经验和诀窍等，这类缄默知识与个体经验、行为和工作内容密切相关，是个体长期累积和创造的结晶。成员个体拥有的认知类缄默知识表现为个人的直觉、灵感、洞察力、信念、价值观和心智模式等，这类缄默知识隐含在所有者的潜在素质中，与所有者的性格、个人经历、修养等因素有关，会影响成员个体的行动方式以及成员对公司的认同感。个体拥有的缄默知识在运作过程中，通过内部成员的相互学习转变为团体知识，再通过团体间的沟通与交流转变为公司组织知识，而公司组织知识反过来会促使个体知识的更新与拓展。企业家拥有的缄默知识也属于成员个体层面的缄默知识范围，但也是最突出、层面较高的缄默知识。二是公司内团队与部门层面拥有的缄默知识。公司内团队与部门中的成员由于彼此密切的互动和直接交流沟通，通过模仿与练习、感悟与领会，形成相互能够意会却不

易言传的缄默知识。它的主要特征是表现为团队与部门所掌握的技巧、操作过程以及群体成员的默契、协作能力等。这类缄默知识的丰富与短缺决定企业内团队与部门的核心能力强弱。三是公司层面拥有的缄默知识。公司层面拥有的缄默知识既不能脱离公司中成员个体或团队与部门的缄默知识独立存在，但又不是成员个体缄默知识或团队与部门缄默知识的简单加总，而是在对成员个体、团队与部门和从公司外部获取的各种知识有效整合和长期实践的基础上形成的知识特质。它表现为只有公司层面才具有的企业文化、价值体系、公司惯例、共同愿景等，这些都是难以清晰言明，但却发挥着重要作用的知识。四是价值链层面拥有的缄默知识。这一层面的缄默知识主要表现为协作经验和能力等，是价值链上的成员公司围绕产品价值链在操作过程中的体验、模仿和“干中学”而产生的。这类缄默知识基本只在价值链中“扩散”和共享。五是协作网络层面拥有的缄默知识。协作网络层面的缄默知识是在涉及多个公司、多个价值链的活动中形成的缄默知识，主要表现为合作经验，合作网络中的成员在纵向、横向和多维交叉的协作中体验并共享着多边协作的经验。六是集群层面拥有的缄默知识。集群与集群外部环境之间广泛地存在着各种知识的交流与转移，高效地获取所需要的各种外部知识，包括大量的缄默知识。例如，集群外部社会环境中存在的历史、文化、社会价值观等认知类缄默知识会对推进、提高集群内部各层面的缄默知识产生很大作用。从外部获取的缄默知识由集群内不同层面的知识主体所掌握，特别是由公司层面、价值链层面所掌握，最终转变为公司内部、价值链层面的缄默知识和显性知识。

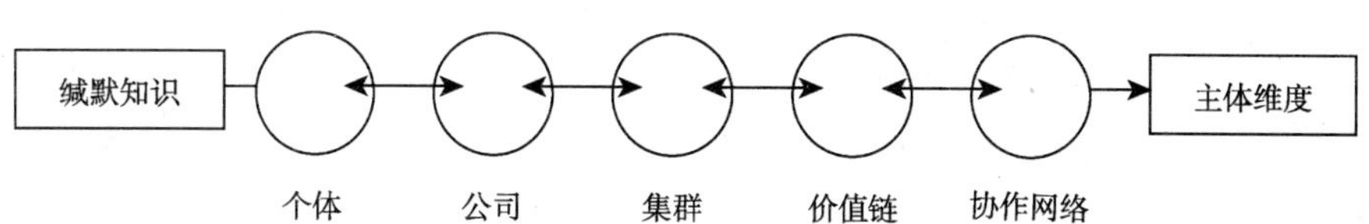

图4－5 创意产业集群缄默知识层面及流动图示

集群内部之间、集群与外部之间的缄默知识经过上述的流动与转移，不断地转变为显性知识，成员个体知识不断地转变为组织知识，零散的知识不断地转变为系统的知识，集群缄默知识就是这样不断地实现创新，知识螺旋不断地共享和扩散。

三、基于缄默知识共享和转移的创意产业集群化机理

"缄默知识论"认为产业集聚有利于非编码化知识（缄默知识）的扩散和转移，从而促进技术创新。持该观点的学者主要用不同类型的知识扩散和转移的特点来解释创意产业集群化的形成。

1. 缄默知识是产业集聚的重要因素

Marshall（1964）、Porter（1995）分别指出，影响产业集聚的三个主要因素，即具有专业技能的工人的劳动市场共享、专门投入品的可得性和知识溢出。在马歇尔理论的基础上，学者 Zaheer 和 Manrakhan（2001）进一步阐明了企业进行产业集聚的因素分别为：寻求资源、寻求知识、寻求效率、寻求战略。而 Ellison 和 Glaeser（1999）认为，产业集聚的因素主要有两个：一是自然成本优势，二是知识溢出。梁琦（2004）把产业集聚的基本因素归纳为三个方面：第一方面包括运输成本、收益递增和外在性，第二方面有地域市场需求、产品差异性、市场关联和贸易成本，第三方面为知识溢出。因此，可以确知公司倾向于产业集聚的最重要原因是知识溢出。随着当今社会信息通信技术的高度发展，显性知识的扩散和转移对于距离的要求逐渐降低，而缄默知识还是很难通过现有通信技术进行共享和转移。Maskell 和 Malmberg（2000）指出，当前全球化的一个结果是使得以前地方化的产品要素及能力变得不再独有，相反，那些镶嵌于地域文化的缄默知识由于不可轻易转移，显得尤为稀少。因为缄默知识相对于显性知识而言，需要更加丰富多样的沟通交流方式，无法直接共享与转移，并且往往只能依靠面对面的交流才能实现。缄默知识不能直接共享与转移的特征也叫"黏滞性"。缄默知识的"黏滞性"主要表现在：①缄默知识不能长距离扩散和转移。缄默知识很不容易表达清晰，不能像信息那样能够通过通信技术在数字网络上扩散和转移。②缄默知识具有特殊的社会背景。两个参与者只有拥有相同的社会背景才有可能有效地分享相同或相近的缄默知识。这里的社会背景主要是指语言、文化、习惯和风俗等。③缄默知识是集体学习的结晶。缄默知识的创造更多地

依靠经济实体间的相互接触和知识溢出，这些经济实体包括公司、高校及科研院所和公共部门等。而且，这个创新的系统是不可改变和移植的，这就决定了缄默知识具有“黏滞性”。缄默知识的“黏滞性”使得缄默知识的扩散和转移地理空间距离、社会背景的差别、相关联的经济实体都有很大的关系。尽管当现今社会的交通和通信水平在高速发展，知识的共享和转移还是更多地依靠地理上的聚集、双方的社会背景和相关机构的影响。因此，个体或公司为了获取缄默知识共享与转移的机会，许多都选用聚集的方式。

2. 缄默知识影响创意产业集聚的机理

（1）创意企业普遍倾向于产业集聚。在 1998 年出台的《英国创意产业路径文件》中，对创意产业的定义是：“起源于个体创意、技能与才干，透过智力财产权的生成与利用；而有潜力创造财富和就业机会的产业。”与英、美等发达国家的创意企业相比，我国的许多创意企业还是刚刚起步。据不完全统计，北京市设计企业销售收入在 100 万元以下的占 90%，而国外一般中小型设计企业的平均销售额都在 300 万美元以上。Brown 和 Duguid（2001）研究表明，刚入行的新企业只需要和产业内的其他企业就近相处就能获得缄默知识，一旦没有直接接触，缄默知识的共享和转移就变得特别困难。因而，我国一些大城市的中小公司不惜花费巨大的装修费用进入聚集区，寻求缄默知识的共享和转移给他们带来的高额利润回报，甚至在一些时候能够帮助公司延长产业链。

创意产业的研究部门也呈现出向创意产业集聚区聚集的趋势，因为如果和公司保持一定距离，研究部门有时候就会发觉取得研究成果非常难，即便有了成果也有可能不被公司的其他部门接纳。而在创意产业集聚区内，创意企业会通过各种方式进行交流与合作，成果也很容易被其他创意企业接受和采用。

（2）创意人才需要交际的氛围。Brown 和 Duguid（2001）认为，缄默知识的一个特征就是能够通过员工流动在企业间共享与转移。创意人才是创意企业最重要的智力资本，产业区内人才的顺畅流动能够为公司提供接受缄默知识共享和转移的机会，减少了企业的搜寻成本。同时，这种流动也给创意人才提供了更加明晰的发展环境，使其发挥最大的作用。创意产业的从业成员大多是个性突出、崇尚创新、以自我价值为中心较为突出的簇群，他们需求的不仅仅是薪水，更需要“氛围”——生活的氛围、社交的氛围、学习提升的氛围。创意人才一般喜好聚集在大城市，如北京、上海、杭州等城市。据统计，我国99%以上的创意企业是中小企业，以上海为例，在设计创意产业领域，从业人员在10~50人之间占绝大多数，100人以上的仅占6.5%。公司规模普遍较小的现状决定了创意人才更加重视跨公司进行沟通和学习，更加需要交流的氛围和圈子。在创意产业集聚区内，可用于相互交流的场所（酒吧、茶室、舞会）到处都有，无意间的闲谈也可能成为创意人才缄默知识共享和转移的有效方式。缄默知识主体各方有一种相互触动，正是通过这种缄默知识的互动，触发了各方都未曾领略过的新观念和协同效应。

（3）缄默知识共享与转移是创意产业聚集的根本原因。由于创意产业集群化有利于缄默知识的共享与转移而吸引着创意公司及创意人才从四面八方聚集，当然在效果上，各式各样的缄默知识的扩散与转移可能存在着差异：效果相对明显的是由创意人才流动而产生的缄默知识共享与转移，当然这并不是必然发生的；没有创意人才流动的缄默知识共享与转移的效果相对不明显，但这是创意产业集群化内非常丰富、常见的一种共享与转移。缄默知识的另一个特点就是它能够不通过创意人才流动也能进行共享与转移，很多进驻聚集区的公司就是冲着缄默知识的这种特征而来的。一方面，从创意产品诞生过程来说，每个创意产品都需要经过很长的设计阶段，这些设计阶段就需要各个公司间转移缄默知识。在缄默知识能带来诸多灵感的创意产品中，缄默知识的转移能够实现各个创意公司之间的协同发展，这是创意企业选择聚集的根本动力。另一方面，从创意企业所处的商业环境来说，公司的需求取决于供应商以及购买者的显性知识和缄默知识的共享与转移，而地理空间上的聚集为缄默知识的共享与转移提供了更快的反馈路径。

Aydogana和Lyon（2004）研究证明，一个产业中的公司其缄默知识越具有互补性，这个产业就越需要空间临近。Eugene L. Seeley（2005）也认为，产业中缄默知识的程度越高，产业聚集成为产业集群的可能性就越大。因此，无论是创意企业纷纷选择产业聚集，还是创意人才高度重视交流的氛围及圈子，这些都表明了创意产业中缄默知识非常关键，缄默知识相互之间的互补性很高。创意产业由于其缄默知识的互补性很高，所以创意产业非常需要产业聚集。根据创意产业的特殊性和我国创意产业集聚目前的新特点，我国创意产业在发展初期快速集聚的根本原因就是缄默知识共享和转移。

四、创意产业集群化过程中缄默知识转移与共享途径

创意产业的空间集聚不仅体现了技术和信息的集聚，更体现了创意阶层和创意资本的集聚，从而引发了创意企业的空间集聚，并产生了“溢出效应”和“高回报效应”。阿伦·斯科特认为，“这种集聚倾向和相关的高回报效应，不只是提高了生产制度的效率，而且提高了其创造性……正是在这种空间联系的制度下，创意领域才会以一种确定的形式出现”。创意产业属于知识密集型产业和技术密集型产业，特别强调创造性、技术和才华，产业关联度强，隐含缄默知识在创意产业内的传播通过以下特定的途径：

1. 非正式网络（Informal Networks）

非正式网络的背景相似性和良好沟通性等特征，决定了其具有良好的知识传播功能。虽然所有的知识都可以通过组织的各种正式或非正式社会关系网络的互动来传播和溢出，但是缄默知识共享和转移的主要渠道却是非正式网络。因为只有在非正式网络中，复杂知识主要是缄默知识可以得到很快共享与转移，集群成员的新观念进一步清楚和明晰化，解决问题的速度得到了提升，成员个体技能便被进一步拓展。因此，非正式网络对缄默知识的共享和扩散起着非常重要的作用。缄默知识的产生和扩散主要是通过一些非正式或个体间的跨部门的联络和互动来实现的，如通过工程师、艺术家、产品开发人员、市场销售人员等成员之间的经常性互动来实现；通过与顾客、供应商、销售商、零售商和大学、科研院所的往来，可以获取最新的市场信息、技术信息等，这些缄默知识得以高速、有效地转移。许多最新的、前沿性的缄默知识或介于缄默知识和显性知识之间的知识，不易从正式渠道获取。但个体间通过面对面的交流，借助于语言、体态、情感、示范等隐性表达方式的综合作用，容易使对方领悟出缄默知识的本质，从而达到共享这些缄默知识。

非正式网络由于其良好的缄默知识共享与转移功能，越来越受到国外企业

界与学术界的关注。相反，非正式网络在我国企业界没有得到足够的重视，企业中的非正式网络远未发挥其应有的作用。我国企业的管理者还没认识到，非正式网络是知识传播的有效途径，成员参与非正式网络活动更多的是创造、扩散和转移缄默知识。因此，企业要鼓励成员个体多参与一些非正式网络活动，积极培育更多的非正式团体，使其成为形成竞争优势、挑战知识经济的重要手段。

2. 提供空间集聚的费用、时间、场所和机会支持

国外许多企业为非正式网络的活动提供经费、时间和场所支持，为非正式网络提供聚会、娱乐、休闲等机会，无意中创造出缄默知识共享与转移的土壤和条件。"3M"公司允许它的研发人员花17%的工作时间做他们自己想做的事，不管这些事情是否与公司的任务有关。许多日本公司设置了"谈话间"，鼓励研究人员随时去那里坐上30分钟。"谈话间"从不举办任何正式会议，只是专为偶遇的人进行随意聊天准备的。另外，企业建立良好的Intranet系统也是非常必需的。组织员工可以随时将自己的最佳工作法储存在Intranet提供的专门平台上，供更多的人参阅。信息系统还可以为成员提供在线交流技术，使组织成员能够随时在Intranet上讨论问题、交流经验。而在我国大多数企业则对非正式网络在工作时间内从事非正式交流活动进行怀疑，因为非正式网络不是正式组织，其活动企业往往不将其纳入预算，因此，非正式网络的活动面临着经费、时间、场所的困扰，这也是非正式团体在我国往往不了了之的重要原因。

3. 通过信任机制建立关系维度

基于个体与个体、个体与公司、公司与公司之间的信任与合作建立的各种社会关系网络，是提升资源配置效率的一种重要的组织形式。空间集聚中的缄默知识共享与转移是以双方互惠为前提的。缄默知识的无形性、难以言传性和外部性，使得缄默知识拥有者和需求者在缺乏信任的前提下很难进行有效的共享。缄默知识拥有者可以将有价值的缄默知识转移到共享平台，是相信对方也会给予自己"等值"的回馈，任何违背心理契约（Psychological Contract Violation）的行为都是缄默知识共享与转移的障碍。成员之间的缄默知识共享与转移也是如此。如果某一成员认为同事告诉自己的知识价值小于自己告诉对方知识的价值，在没有其他补偿的情况下，将导致知识扩散中断。

野中郁次郎（Ikujiro Nonaka）在“从缄默知识到缄默知识（社会化）”中所举的传统的师傅带徒弟过程中的知识转移的例子，也是基于师傅对徒弟的信任以及对现在或将来回报的期望。因此，信任就构成了缄默知识共享与转移的基本机制，也是建构关系维度的前提。另外，公司对成员的信任也十分重要，这是因为作为一种与个体经历和背景紧密相关的缄默知识，尚未从意识中抽象出来、编码化，因此无法加以判断，其客观性也就难以得到保障。因此，如果信任机制缺乏，公司也就无法与缄默知识拥有者建立长久的“关系型”心理契约，从而也就不能实现其共享和转移的目标。

4. 通过组织学习发挥缄默知识的价值

首先，缄默知识是个体和组织学习的基础。知识是通过积累而获取并发挥作用的，公司的增量知识很大程度上依靠存量知识，这就是知识所表现出来的“路径依赖”性，缄默知识一直贯穿于知识积累的整个过程。如果相关的缄默知识缺乏，公司就无法获取和吸收其他的知识。其次，通过学习可以发挥成员缄默知识的潜质，缄默知识特别是“黏滞性”缄默知识虽然难以转移与共享，但完全可以用它来吸收其他知识，而且个体原有的缄默知识也有助于学习新的相关知识的观点可进一步延展到公司组织。再次，缄默知识许多是在潜移默化中转移的，内部转移困难的主要因素是知识的“黏滞性”，减少知识内部转移困难的途径在于提升组织的学习能力，培育组织的密切关系以及系统地理解和交换知识。最后，组织学习的机理是，在集体学习中，知识在群体之间得到迅速扩散，通过集体智慧的思考分散在成员中的知识得到有效整合，形成组织共有的知识。因此，集体学习是一种缄默知识共享与转移的高级形式，也是一个有效的平台。

第五节　创意产业集群网络中缄默知识共享与转移模型构建

创意行为通常依据的是缄默知识，源于个人的创造性、技能和才干，因此，在创意产业集群网络中缄默知识的共享与转移显得尤为重要。本部分在集群的相关理论、缄默知识理论及复杂网络理论的基础上，运用小世界网络的构建方式描述了缄默知识在创意产业集群网络中的共享与转移行为，建构了以集群成员为网络节点的缄默知识共享与转移模型，探讨了缄默知识在创意产业集群网络中共享与转移规律，分析了影响缄默知识共享和转移速度的主要控制参数。

一、引言

创意产业集群化形成和发展的一个重要原因，是劳动分工引致的知识分工深化和创新合作网络的拓展。为了有效地解决外部知识资源的嫁接问题，获取知识分工所形成的递增报酬，创意产业集群化网络应运而生。集群化网络所拥有的社会资本优势，又促进了网络内部知识分工的深化，有效地推进了隐含缄默知识的共享与转移。降低了知识的学习成本，为集群成员自身知识和创新能力的积累创造了良好的环境，进而形成彼此相互演化的机制。

以往有关缄默知识的共享与转移研究较多地关注企业内部的知识管理，对于集群网络缄默知识共享与转移关注不多，复杂网络理论为创意产业集群中缄默知识共享与转移研究提供了一个新的研究方向。国外学者 Chihming Tsai（2004）根据 Wilkin 等人提出的基于知识的成本活动模型建构了缄默知识的共享与转移模型，描述了缄默知识的特征，解释了缄默知识的共享与转移过程；Marilyn（2005）和 Piergiu S.（2006）利用网络研究了缄默知识的扩散规律。国内学者李勇等（2007）基于复杂网络的传染模型，分析了集群网络中知识系统中创新扩散过程，表明知识的扩散从度大的结点群向度小的结点群扩散；张生太（2008）根据缄默知识的特征及其转移特点，建构集群企业之间缄默知识共享与转移的微分动力学模型，分析影响缄默知识共享的主要控制参数，指出改进缄默知识扩散效率的路径。程艳霞（2009）构建了缄默知识扩散模型，分析影响缄默知识扩散的关键要素及存在的障碍，并从知识链的角度探讨了缄默知识共享与转移体系框架。从以上文献可以看出，当前学术界对集群网络中缄默知识的研究已经开始涉及网络的节点构成、知识流动等领域，但多数文献只是将集群网络作为一个知识平台，探讨的是集群这种网络组织因为其特殊的环境功能（如便于信息交流、基础设施共享等）从而对缄默知识创新活动产生促进作用。专门对集群知识网络进行建模，研究其内部的构成要素，特别是创意产业集群网络中缄默知识共享与转移等过程的论述还较为少见。因此，本部分运用复杂网络中的小世界网络的构建方式描述了缄默知识在创意产业集群网络中的共享行为，并在此基础上通过构建模型探讨缄默知识在创意产业集群内部共享与转移规律，分析影响缄默知识扩散的主要控制参数，同时，找出创意产业集群网络中影响缄默知识扩散的关键节点，以控制集群网络中缄默知识共享与转移速度。

二、创意产业集群知识的内核——缄默知识

Michael Polanyi（1987）最早提出缄默知识这个概念，他把知识分为显性知识和缄默知识。同时，他定义缄默知识是指更深层次的、个人拥有的知识，是无形且不易被形式化的，很难与他人共享、交换和理解的知识，它是个人长期创造和积累的结果，包括信念、洞察力、经验等；而显性知识是指能够以现实数据和编码的形式来进行系统而便利的沟通，可以清晰地表述并完整地向他人转移的知识，包括事实、数据、报告、提案等。知识的显性特征和隐性特征体现出知识是否能够编码和是否能以正式而系统的语言进行表达传播的性质。Hamel（1991）认为，由于缄默知识不易编码化，它的扩散转移非常困难，这些知识深深地隐藏在人们的社会关系之中，对于获取的过程具有高度的依赖性，因为缄默知识的扩散主要是在人与人之间直接面对面的接触过程中进行的转移，是人们在工作、生活和学习过程中发生的一种接触性扩散，这也是缄默知识共享与转移的最大特征。

在创意产业集群网络中，知识和信息在上、下游之间可以迅速而准确地传递，同时上、下游之间的合作也由于地理上的临近而变得更加容易。这样的合作使得分散的集群成员实质上形成了一个整体，一个更加具有创新能力和更加灵活的整体。在创意产业的知识体系中，缄默知识是最核心也是最重要的知识，因为缄默知识属于不易被模仿和可持续性知识。同时，缄默知识符合核心能力所具有的不易外泄、专有知识和信息的特征。正是这种集群内

缄默知识的共享效应，使得集群成员能够最大限度地获取创新所需的各种隐含缄默类知识，从而使得集群成员的创新活动犹如“站在巨人的肩膀上”进行，大大加快了创新的效率。这反过来又使得整个创意产业集群的创新水平进一步提高，形成一个较强的正反馈过程。通过集群内成员的非正式交流，缄默知识在网络内成员之间得以扩散与共享，形成区域性的缄默知识。由于这种缄默知识根植于区域内共同的社会文化背景，集群网络外的成员不能轻易模仿，因此它成为整个创意产业集群的核心竞争力。在集群网络内部，知识的溢出机制以及非正式交流网络的形成，强化了相关行为主体间的知识整合与碰撞效应，激发和聚集了集群内部的创新活动，使集群在有限的空间内聚集高密度的创新活动。因此，集群成员之间通过人员流动与私人之间的接触交流等形式建立稳定和持续的关系，为集群网络内部不同成员之间的隐含缄默知识准确、快速地共享与转移提供了基础条件，从而形成了集群缄默知识，并且这种缄默知识在集群空间上具有“黏滞性”，也通常具有高度的社会根植性。因为这类知识不容易通过教育学习扩散，它们常常隐藏在艺术家、工程师和技术人员的大脑中，个人属性极强，它与艺术家、工程师和技术人员特殊的生活环境、历史根基以及文化底蕴有关，存在于特殊的地域或文化里。

三、创意产业集群网络中缄默知识共享与转移构建及分析

1. 集群网络模型的构建

大量的实证研究发现，现实生活中的大多数网络都具备小世界特性，即短路径、高集聚，即小世界网络或无标度网络。复杂网络理论的一个重要研究方向是网络结构与行为的关系，如传染病模型、谣言传播模型等引起了学者们的极大关注。在创意产业集群网络中，缄默知识共享与转移的主体是人，朋友或同事关系是人与人之间关系主体，而在集群网络中，更多的是在工作中互相往来的同事关系，由这些关系所构成的网络，则与NW小世界网络的构成方式极为相似，该模型反映了社会关系网络的一种特性，即大部分人的朋友都是和他们在同一单位工作的同事或者是住在一

起的邻居。另外，也有一些离得较远的人，甚至是远在异国他乡的朋友，这种情形则对应于NW小世界模型中通过加入连线产生的远程连接。因此本文以该模型的构建方式来分析缄默知识在集群网络中的共享与转移行为。

建构一个NW小世界网络，假设这个网络有N个节点，每个节点代表一个个体，即集群成员，它只能影响和它相连的节点。其构建方法如下：

从规则图开始：考虑一个含有N个点的最近邻耦合网络，它们围成一个环，其中每个节点都与它左右相邻的各k/2个节点相连，k是偶数。

随机化加边：在随机选取的一对节点之间以概率P加上一条边。其中，任意两个不同的节点之间至多只能有一条边，并且每个节点都不能有边与自身相连。

2. 模型假设与建构

为了便于建模，本文只考虑关键因素并进行合理假设。

假设1：集群中的人数为常数N，即不考虑集群内成员的进入和退出，时间以天为单位。

假设2：考虑网络中只有两类成员：一类为缄默知识的拥有者，即拥有某种缄默知识的成员；另一类为易知者，即不拥有该缄默知识的成员。在t时刻这两类成员在总数N中所占的比例分别用$g(t)$和$h(t)$表示，即有$g(t)+h(t)=1$。

假设3：假设集群网络为小世界网络，由于缄默知识共享与转移需要集群内成员以某种方式接触（交流）才能进行。因此，设单位时间内每个缄默知识拥有者交流的人数是k。在网络中，k常常也用来代替网络节点的平均度。在均匀网络中，k为常数。

假设4：成员将在集群网络中被定义为节点，节点之间的边被定义为成员之间存在的关联途径，两个节点相连表示两个成员之间有交流（接触）的可能性。

根据NW小世界网络的构造规则，本书制定缄默知识共享与转移规则：假定节点a（缄默知识拥有者）在随机化加边过程中遇到节点b，如果节点b是易知者，则b以概率λ成为缄默知识拥有者。

根据假设，每个缄默知识拥有者单位时间可使$\lambda kg(t)$个易知者成为缄默知识拥有者，因为总的缄默知识拥有者为 Nh（t），故单位时间内共有 Nh（t）λkg（t）个易知者成为缄默知识拥有者，于是 Nh（t）λkg（t）就是单位时间缄默知识拥有者的增加，即有：

$$N\frac{dh}{dt}=Nh(t)\lambda kg(t) \tag{4-1}$$

又因为：

$$g(t)+h(t)=1 \tag{4-2}$$

再记初始时刻（$t=0$）缄默知识拥有者的比例为 h_0，则：

$$\begin{cases}\frac{dh}{dt}=h(t)\lambda kg(t)\\ h(0)=h_0\end{cases} \tag{4-3}$$

其解为：

$$h(t)=\frac{1}{1+\left(\frac{1}{h}-1\right)(e^k)^{-\lambda t}} \tag{4-4}$$

令 $\frac{dh}{dt}$，则有 Nh（t）λkg（t）$=0$，由于 λ、k、N 均为常数，又由 h（1－h）$=0$，即有 $h=0$ 或 $h=1$，根据实际状况，$h=0$ 不存在，因此，在此情况下的最终稳态为创意产业集群中全部为易知者或者全部为缄默知识拥有者。此结论表明，若缄默知识在集群网络中开始共享与转移，则最终会全部成为缄默知识拥有者。图 4－6、图 4－7 也正好说明了这一结论。

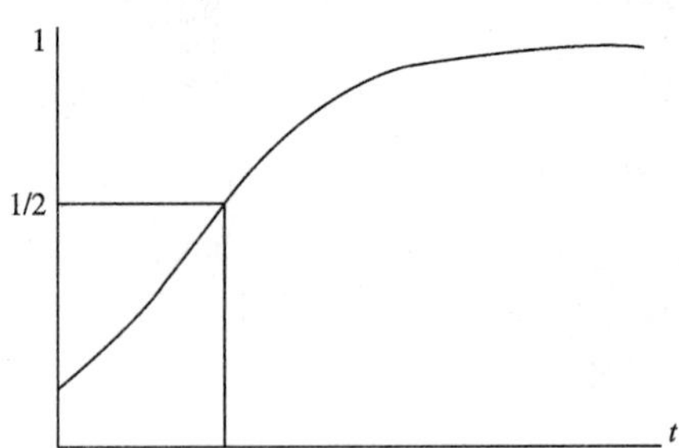

图 4－6　$h(t)-t$ 随时间 t 的变化集群中缄默知识拥有者占创意产业集群中总人数的比例

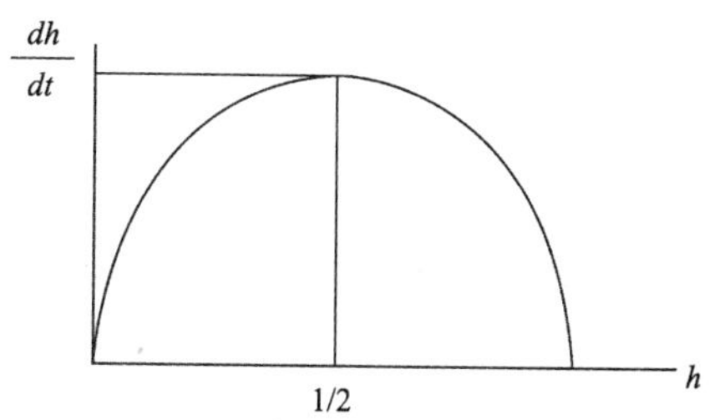

图 4－7 $\frac{dh}{dt}-t$ 随着时间 t 的变化缄默知识拥有者增加的速率

由（4－3）、（4－4）式及图 4－6 和图 4－7 可知：

$$\frac{d[h(t)\lambda kg(t)]}{di}=0$$

即当 $h=1/2$ 时，dh/dt 达到最大，将 $h=1/2$ 代入（4），得 $t_w=(\lambda k)^{-1}\ln(1/h_0-1)$，即在 t_0 时刻缄默知识拥有者增加得最快，预示着到达缄默知识共享与转移的高峰期，这是创意产业集群组织应关注的时刻。又由于 t_0 与 λ、k 成反比，而 λ 则与集群成员对缄默知识的接受能力有关，故为了使创意产业集群缄默知识的共享与转移周期缩短，创意产业集群管理者应把握好人才关，选择高素质的人员进入集群，而且要全方位培养集群成员的个人素质及交流能力。同时，对于平均度 k 越大的网络，其缄默知识共享与转移的速度越快，即对于集群成员而言，交流的对象越多，缄默知识共享与转移周期越短。这就要求创意产业集群要经常性的组织集体活动，为集群成员之间的广泛交流建立平台，扩大网络中的平均度 k。又当 $t\to\infty$ 时，$h\to1$，即最终所有集群成员将拥有该缄默知识。这也正是集群管理者所希望的。但是，事实并非如此，由于集群中成员的能力存在差异，导致个体对缄默知识的接受能力、理解能力、记忆能力和拥有能力都不一样，而这些能力所带来的结果就是部分集群成员对知识的掌握不牢或遗忘，又成为缄默知识易知者。

3. 模型改进

假设 5：集群成员因为个体素质的差异导致对缄默知识的掌握不牢或遗忘，假设这类人群又成为缄默知识易知者，且需要重新学习。则缄默知识共享与转移规则为：节点 a（缄默知识拥有者）在随机化加边过程中遇到节点 b，如果节点 b 是缄默知识易知者，则 b 以概率 λ 成为缄默知识的拥有者；如果节点 b 是缄默知识拥有者，则 b 以遗忘概率 η 成为缄默知识易知者，此时，b 需重新学习。依据上述假设，则缄默知识拥有者单位时间内减少 $N\eta h(t)$，则（4-3）式修正为：

$$\begin{cases} \dfrac{dh}{dt}=h(t)\lambda k[1-h(t)]-\eta h(t) \\ h(0)=h_0 \end{cases} \tag{4-5}$$

该方程的解为：

$$h(t)=\begin{cases} \left[\dfrac{\lambda k}{\lambda k-\eta}+\left(\dfrac{1}{h_0}-\dfrac{\lambda}{\lambda-\eta}\right)e^{-(\lambda-\eta)kt}\right]^{-1}, & \lambda\neq\eta \\ \left(\lambda kt+\dfrac{1}{h_0}\right)^{-1}, & \lambda=\eta \end{cases} \tag{4-6}$$

令 $\dfrac{dh}{dt}=0$，则有：

$$h=\begin{cases} 0 & \lambda<\lambda_c \\ \dfrac{\lambda-\dfrac{\eta}{k}}{\lambda} & \lambda\geqslant\lambda_c \end{cases}$$

其中，缄默知识共享与转移的临界值为：$\lambda_c=\dfrac{\eta}{k}$

这说明，在创意产业集群网络中存在一个有限的正的缄默知识共享与转移临界值。如果共享与转移比率大于临界值，缄默知识拥有者则可能将该缄默知识扩散转移，并使得整个集群网络中的缄默知识拥有者总数最终稳定于某一平衡状态，此时称创意产业集群网络处于激活相态；如果共享与转移率低于此临界值，则缄默知识拥有者呈指数衰减，无法大范围转移，集群网络此时处于吸收相态。如图 4-8 所示：

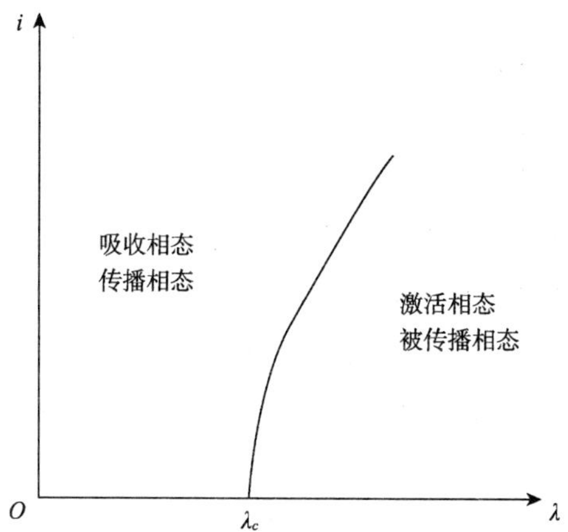

图4－8　创意产业集群网络处于激活相态与吸收相态

令 $\gamma=\lambda k$，且 $\theta=\gamma\cdot\frac{1}{\eta}$。此处，$\gamma$ 相当于缄默知识拥有者的有效人数，$\frac{1}{\eta}$表示缄默知识的平均共享与转移期，而 θ 相当于在一个单位时间内缄默知识拥有者有效共享与转移的平均人数，此处本文称 θ 为交流（接触）频次。

由（4－6）式知，当 $t\to\infty$ 时，即

$$h(\infty)=\lim_{t\to\infty}\left[\frac{\lambda k}{\lambda k-\eta}+\left(\frac{1}{h_0}-\frac{\lambda}{\lambda-\eta}\right)e^{-(\lambda-\eta)kt}\right]^{-1}=\begin{cases}1-\frac{1}{\theta}, & \theta>1\\ 0, & \theta\leqslant 1\end{cases}$$

由（4－5）式，令$\frac{d\{h(t)\lambda k[1-h(t)-\eta h(t)]\}}{dh}=0$，即当 $h=\frac{1}{2}\left(1-\frac{1}{\theta}\right)$ 时，$\frac{dh}{dt}$达到最大值，此时，$t_w=(\lambda k-\eta)^{-1}\ln\left[\frac{1}{h_0}\left(1-\frac{1}{\theta}\right)-1\right]$。即在 t_w 时刻缄默知识拥有者增加得最快，预示着达到缄默知识共享与转移的最高期。与模型一即不考虑遗忘的情况下相比，其缄默知识共享与转移最高期滞后 $(\lambda k-\eta)^{-1}\ln\left[\frac{1}{h_0}\left(1-\frac{1}{\theta}\right)-1\right]<(\lambda k)^{-1}\ln\left(\frac{1}{h_0}-1\right)$，且最终缄默知识拥有者的比率也小于 $\left(1-\frac{1}{\theta}\right)<1$，这与实际是相符的。此处交流数 $\theta=1$ 是一个阈值。当 $\theta<1$ 时，即 $\gamma<\eta$ 时，即缄默知识拥有者平均单位时间

内共享与转移的有效人数小于遗忘人数，缄默知识拥有者比例 $h(t)$ 越来越小，逐渐趋向于零，即不会出现缄默知识共享与转移最高峰。当 $\theta>1$ 时，其极限值 $h(\infty)=1-\frac{1}{\theta}$ 为一个常数，其大小取决于 θ，且随 θ 的增加而增加。因此，要使创意产业集群中的更多人员共享该知识，应从 θ 处着手，即不断提高 θ 值，从而提高创意产业集群中最终拥有该缄默知识的人数。因此，创意产业集群可通过降低遗忘率、提高集群网络的平均度、改善集群成员的基本素质来增加 θ 值。这就要求集群成员不断的相互接触交流且扩大自己的交流范围，使集群更具有竞争力。

在现实创意产业集群中，某些集群成员会认为某些缄默知识对其无用，例如，集群中电脑知识普及对于成品线上的员工来说可能对其工作上没有任何帮助，显然这些员工也了解这些知识。同时，缄默知识的遗忘也在很大程度是这方面的原因，如果缄默知识对该成员的工作有帮助，作为一个上进的员工，那么该员工肯定会努力地掌握该知识。以上这些员工，他们虽然拥有了该缄默知识，但认为该缄默知识对其无用，因此其再向外共享与转移也是不可能的。故本书称其为缄默知识免疫者。再者，对于缄默知识拥有者而言，在他的交流过程中，若碰到若干个均为该缄默知识拥有者或知识免疫者，则该缄默知识会逐渐沉淀下来。因此，他也可能以一定的概率成为缄默知识免疫者。在以上模型的基础上再做进一步改进。

假设6：集群的所有成员都是上进的，且对本职工作很负责，遗忘是由于某缄默知识对其工作无用造成的，且对其认为工作无用的缄默知识不再转移。

假设7：若某缄默知识拥有者遇到的为该缄默知识免疫者或者也是该缄默知识拥有者，没有人对他的缄默知识感兴趣，或者他认为所有的人都已拥有该缄默知识，则该缄默知识拥有者也以一定的概率成为缄默知识免疫者。

由假设6与假设7，在此处本书将掌握了该缄默知识但不转移或者曾接收过该缄默知识但该知识对其没有作用而造成遗忘的个体统称为某缄默知识免疫者。

缄默知识共享与转移规则：节点 a（缄默知识拥有者）在随机化加边过

程中遇到节点 b，如果节点 b 是易知者，则 b 以概率 λ 成为该缄默知识拥有者：如果节点 b 是该缄默知识拥有者或免疫者，则 a 成为该缄默知识免疫者的概率为 η。此时 η 值的大小与该缄默知识对集群中所有成员的适用性有关，该缄默知识越适用，即表示有更多的人可以运用该缄默知识获得帮助，此时 η 值小。依据上述假设，将集群成员分为该缄默知识拥有者、易知者及该缄默知识免疫者，三类人在总人数 N 中所占的比例分别记为 $g(t)$、$h(t)$、$j(t)$。由此条件，显然有：

$$g(t)+h(t)+j(t)=1 \tag{4-7}$$

对于缄默知识免疫者而言，就有：

$$N\frac{dj(t)}{dt}=\eta Nh \tag{4-8}$$

再记初始时刻的易知者和缄默知识拥有者的比例分别为 g_0（>0）和 h_0（>0），此处本文记缄默知识免疫者的初始值 $j_0=0$。

由（4－5）式、（4－7）式、（4－8）式，得此模型的方程为：

$$\begin{cases}\dfrac{dh}{dt}=h(t)\lambda kg(t)-\eta h(t)\\ \dfrac{dg}{dt}=-\lambda kg(t)h(t)\\ h(0)=h_0,\ g(0)=g_0\end{cases} \tag{4-9}$$

本书在相平面 g-h 上来讨论解的性质。相轨线的定义域 $(g,h)\in D$ 应为：

$D=\{(g,h)\mid s\geqslant 0,\ h\geqslant 0,\ g+h\leqslant 1\}$

在方程（4－9）中消去 dt，可得：

$$\begin{cases}\dfrac{dh}{dg}=\dfrac{1}{\theta g}-1\\ h\mid_{g=g_0}=h_0\end{cases} \tag{4-10}$$

其中 $\theta=\gamma\cdot\dfrac{1}{\eta}$，易求得方程（4－10）的解为：

$$h=g_0+h_0-g+\frac{1}{\theta}\ln\frac{g}{g_0} \tag{4-11}$$

在定义域 D 内，（4－11）式表示的曲线即为相轨线。如图 4－9 所示，其中箭头表示了随着时间 t 的增加 $g(t)$ 和 $h(t)$ 的变化趋势。

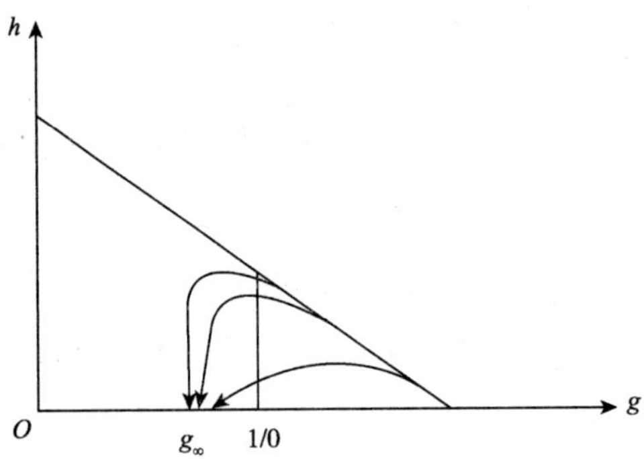

图 4-9　随着时间 t 的增加 $g(t)$ 和 $h(t)$ 的变化趋势

下面根据（4-9）式、（4-11）式和图 4-9 分析 $t\to\infty$ 时，$g(t)$、$h(t)$ 和 $j(t)$ 的变化情况，其中，它们的极值分别记为 g_∞、h_∞ 和 j_∞。

（1）由（4-9）式可知，$dg/dt\leqslant 0$，即 $g(t)$ 随着时间 t 的增加而递减，而 $g(t)\geqslant 0$ 有下限，故 g_∞ 存在：由（4-8）式知 $dj/dt\leqslant 0$，即 $j(t)$ 随着时间 t 的增加而增加，而 $j(t)\leqslant 1$ 存在上限，故 h_∞ 存在，而 $g(t)+h(t)+j(t)=1$，故 j_∞ 存在。

设存在常数 $\varepsilon>0$，使得 $h_\infty=\varepsilon>0$，则由（4-8）式可知，对于无限大的 t 有 $\frac{dj(t)}{dt}>\eta\cdot\frac{\varepsilon}{2}$，这将导致 $j_\infty=\infty$，这与 j_∞ 存在矛盾。综上，知 h_∞ 存在，且 $h_\infty\leqslant 0$，故有 $h_\infty=0$。

（2）由于最后易知者的比例是 g_∞，在（4-11）式中令 $h=0$，得到 g_∞ 是方程

$$g_0+h_0-g_\infty+\frac{1}{\theta}\ln\frac{g_\infty}{h_0}=0 \qquad (4-12)$$

在 $(0, 1/\theta)$ 内的单根，如图 4-9 所示。

（3）若 $g_0>1/\theta$，则 $h(t)$ 先增加，当 $h_0=1/\theta$ 时，$h(t)$ 达到最大值 $h_w=g_0+h_0-\frac{1}{\theta}(1+\ln\theta g_0)$，然后，$h(t)$ 减小且趋于零，$g(t)$ 则单调减小至 g_∞，可以看出，如果仅当缄默知识拥有者比例 $h(t)$ 有一段增长时期才认为缄默知识在共享和转移，那么 $1/\theta$ 是一个阈值，当 $g_0>1/\theta$ 时，缄默

知识就会共享和转移，即在 g_0 固定的前提下，要使缄默知识共享与转移，唯有提高 θ。由于 $\theta=\gamma/\eta=\lambda k/\eta$，故集群成员的接受能力越强，集群网络的平均度越大，即成员接触交流越广泛，缄默知识在集群成员之间共享与转移速度越快（此时 η 越小），于是 θ 越大。

由以上三点可以看出，整个创意产业集群中缄默知识共享与转移过程可简单地概括如下：在 $g_0>1/\theta$ 的前提下，首先，集群成员中只有少量的缄默知识拥有者，其他都为易知者，缄默知识免疫者的数量为0。随着缄默知识的共享和转移，易知者的数量很快减少，缄默知识拥有者的数量急剧增加，而当缄默知识拥有者的数量达到一个峰值时，网络里还可能剩下部分缄默知识免疫者和少量的易知者。我们看到，在此模型中 θ 是一个重要的参数。θ 可以由实际数据估计，由（4－12）式可知，在共享与转移处于均衡时，有 $h(t)=0$，故有：

$$\theta=\frac{\ln g_0-\ln g_\infty}{g_0-g_\infty+h_0}$$

因为缄默知识拥有者比例的初始值 h_0 通常较小，在（4－12）式中略去 h_0，得到：

$$\theta=\frac{\ln g_0-\ln g_\infty}{g_0-g_\infty} \tag{4-13}$$

根据以往集群中缄默知识共享与转移的经验，可以获得 g_0 和 g_∞，由(4－13)式就可以算出 θ。在缄默知识共享与转移过程中，缄默知识共享与转移的接收者的比例是易知者人数比例的初始值 g_0 和 g_∞ 之差，记作 x，即 $x=g_0-g_\infty$，假定 h_0 较小，则 g_0 接近于1，由（4－12）式可得 $x+\frac{1}{\theta}\ln(1-\frac{x}{g_0})\approx0$ 取对数函数泰勒展开的前两项有：

$$x\left(1-\frac{1}{g_0\theta}-\frac{x}{2g_0^2\theta}\right)\approx0 \tag{4-14}$$

记 $g_0=\frac{1}{\theta}+\phi$，$\phi$ 可视为集群中易知者比例超过阈值$\frac{1}{\theta}$的部分。当 $\phi<\frac{1}{\theta}$ 时，由（4－14）式可得：

$$x\approx2g_0\theta\left(g_0-\frac{1}{\theta}\right)\approx2\theta$$

这个结果表明，集群中缄默知识共享与转移人数的比例约为 θ 的 2 倍。对于创意产业集群中的缄默知识的共享与转移，若成员素质不变、集群结构不变以及知识的适用度均不变，即 θ 不变时，这个比例也就不会改变。而当 $1/\theta$ 减小时，θ 就会增大，此时，集群中拥有缄默知识的成员比率也会提高。

四、结语

创意产业属于知识密集型产业和技术密集型产业，尤其强调创造性、技术和才华，产业关联度高，隐含缄默知识在创意产业集群内的共享与转移需要通过特定的路径，其中非正式网络就是缄默知识的共享与转移的有效途径，集群内成员通过非正式网络活动更多的是共享和转移缄默知识。因此，基于成员之间、成员与企业之间、企业与企业之间的信任与合作建立的各种社会关系网络，是改进和提高缄默知识共享与转移的一种重要组织形式。集群内企业要鼓励成员多参加一些非正式网络活动，积极培育更多的非正式团体，完善非正式网络结构，增进网络成员的接触交流方式，扩大缄默知识共享与转移的渠道。缄默知识共享与转移是以交换双方的互惠为前提，缄默知识的无形性、难以度量性和外部性，使得缄默知识拥有者和需求者在缺乏信任的前提下无法进行有效地共享和转移。缄默知识拥有者把有价值的缄默知识转移到共享平台，是相信对方会给予自己“等量”的回报，任何违背心理契约的行为都是缄默知识共享与转移的障碍。因而，创意产业集群网络中的信任就构成了缄默知识共享与转移的基本机制，也是建立关系维度的前提。另外，集群网络中企业对成员的信任也尤为重要，这是因为缄默知识作为一种与个人经历和背景密切相关的，尚未从意识中抽象出来、编码化的知识，无法加以判别，其客观性也就难以得到保证。如果没有信任机制，缄默知识拥有者也就无法与企业建立长久的“关系型”心理契约，从而也就不可能实现其共享和转移的目标。创意产业的空间集聚不仅体现了技术和信息的集聚，更体现了创意阶层和创意资本的积聚，从而引发了创意企业的空间集聚，并产生了“溢出效应”和“高回报效应”。阿伦·斯科特认为，“这种集聚倾向和相关的高回报效应，不只是提高了生产制度的效率，而且提高了其知识的创造性……正是在这种空间联系的制度下，创意产业集群网络中的缄默知识才会以一种确定方式进行共享和转移”。

第六节 缄默知识在创意产业集群网络中的共享与转移仿真研究

本部分采用一种新的方法来研究创意产业集群网络中缄默知识的共享与转移，结合动力学和复杂网络对缄默知识在不同结构集群网络中的共享与转移做了数值仿真和分析。结果显示，缄默知识的共享与转移速度在随机结构、BA 结构、小世界结构和规则结构的集群网络中依次递减，且焦点个体对 BA 结构集群网络中的缄默知识的共享与转移起着重要的作用。

一、引言

理解缄默知识在不同创意产业集群网络中的共享与转移机制和特点，对促进创意产业集群网络缄默知识的共享与转移以及制定有效的缄默知识共享与转移措施有着重要的意义。Hamel（1991）认为，由于缄默知识不易编码化，它的扩散转移非常困难，这些知识深深地隐藏在人们的社会关系之中，对于获取的过程具有高度的依赖性，因为缄默知识的扩散主要是在人与人之间面对面的接触过程中进行的转移，是人们在工作、生活和学习过程中发生的一种接触性扩散，因此，本书将创意产业集群网络定义为生活中人群关系网络，了解集群网络的结构，即人们的接触交往方式，便于研究缄默知识的共享与转移机制及它的共享与转移效率。

大量的实证研究发现，现实生活中的大多数网络都具备小世界特性，即短路径、高集聚，即小世界网络或无标度网络。复杂网络理论的一个重要研究方向是网络结构与行为的关系，如传染病模型、谣言传播模型等引起了学者们极大的关注。在创意产业集群网络中，缄默知识共享与转移的主体是人，朋友或同事关系是人与人之间关系主体，而在集群网络中，更多的是在工作中互相往来的同事关系，由这些关系所构成的网络，则与NW小世界网络的构成方式极为相似，该模型反映了社会关系网络的一种特性，即大部分人的朋友都是和他们在同一单位工作的同事或者是住在一起的邻居。另外，也有一些离得较远的人，甚至是远在异国他乡的朋友，这种情形则对应于NW小世界模型中通过加入连线产生的远程连接。因此，本部分以该模型的构建方式来分析缄默知识在集群网络中的共享与转移行为。

二、模型构建及分析

我们将复杂多样的创意产业集群网络分为规则创意产业集群网络，无标度创意产业集群网络，小世界创意产业集群网络和随机创意产业集群网络。在这些不同的创意产业集群网络中缄默知识的共享与转移形式和共享与转移效率是不同的。本部分重点分析不同关系结构对缄默知识共享与转移的影响。假设集群网络中有三类成员：第一类为缄默知识的拥有者，即拥有某种缄默知识的个体；第二类为易知者，即不拥有该缄默知识的个体。第三类为被称为缄默知识免疫者，在现实创意产业集群网络中，一方面某些群网络个体会认为某些缄默知识对其无用，或存在“知识位势差”。即在组织中，隐性知识主体（知识源）通常掌握此方面较前沿、广泛的知识，则其知识存量水平较高，而普通员工则通常拥有相对落后、已被普及化的、较狭窄的知识，其知识存量水平较低。员工知识存量水平决定了其在知识群体中的知识位势，当知识位势差超过某一临界点，由于知识差距太大，员工即使通过学习也不能接收隐性知识主体的知识，则员工不愿意接受主体的隐性知识。另一方面是员工的惰性。虽然也可能有工作的压力和自身利益的需求，但部分员工会觉得前途渺茫，没有学习新知识的自信和兴趣，“做一天和尚撞一天钟”，得过且过。分别用$g(t)$、$h(t)$、$j(t)$表示t时刻缄默知识的易知者、拥有者、免疫者的数量。根据新进入者和退出者在集群网络中所处的位置及影响力，我们假设新进入者都是易知者，退出者都是免疫者，根据种群竞争动力学得到每种创意产业集群网络中缄默知识共享与转移的动力学模型为：

$$
\begin{cases}
\dfrac{dh_i}{dt}=\mu[h_i(t)+g_i(t)+j_i(t)-\lambda_i h_i(t)g_i(t)-r_i h_i(t)g_i(t)] \\
\dfrac{dg_i}{dt}=\lambda_i h_i(t)g_i(t)-l_i g_i(t)j_i(t) \\
\dfrac{dj_i}{dt}=[r_i\lambda_i h_i(t)g_i(t)+l_i g_i(t)j_i(t)][h_i(t)-\varepsilon(h_i(t)+g_i(t)+j_i(t)]
\end{cases}
$$

其中，λ_i、r_i、l_i 分别代表在第 i 种创意产业集群网络中缄默知识易知者、拥有者和免疫者之间的共享与转移比率；μ、ε 分别代表进入率和退出率，其中 $i=1$，2，3，4（1，2，3，4 依次代表规则创意产业集群网络、无标度创意产业集群网络、小世界创意产业集群网络和随机创意产业集群网络）。缄默知识在创意产业集群网络中的动态共享与转移和疾病传播的机理很相似，但已经拥有某种缄默知识的人不可能再变成该缄默知识的免疫者，即为免疫者的概率 $p_r=0$。为了简化讨论，令 $\mu=\varepsilon=0$，每个创意产业集群网络有 N_i 个体，每个个体平均接触率 $\alpha_i=\alpha=1$，缄默知识共享和转移率为 α_i。创意产业集群网络中个体之间关系多表现为小世界和无标度的结构，所以本书对缄默知识在四种创意产业集群网络中的动态共享与转移仅做数值模拟和比较，重点分析缄默知识在小世界和无标度的集群网络模型中的共享与转移情况，以下数值仿真均在 Matlab 8.0 上进行。

1. 规模恒定集群网络的分析

由规则创意产业集群网络、无标度创意产业集群网络、小世界创意产业集群网络和无标度创意产业集群网络的形成原理知，规则创意产业集群网络，随机结构和小世界创意产业集群网络的节点数不随着时间的变化而发生改变，我们将其称为规模恒定集群网络，本部分对这三种创意产业集群网络中的缄默知识共享与转移进行比较分析。为了便于仿真，假设 $N_i=N=1000$，$r_i=r=4$，$\alpha_i=\alpha=1$，且 0 时刻每个集群网络均有五个拥有缄默知识的人，仿真和分析缄默知识在各创意产业集群网络中的共享与转移情况。

仿真结果见图 4－10～图 4－12，用黑色表示缄默知识的易知者，灰色点线、黑色虚线和灰色依次表示随机创意产业集群网络、规则创意产业集群网络和小世界创意产业集群网络中共享和转移该缄默知识的个体，图 4 - 10、图 4 - 11 和图 4 - 12 分别显示了缄默知识在随机创意产业集群网络、规则创意产业集群网络和小世界创意产业集群网络中的共享与转移情况。其中，图 4 - 10（左）、图 4 - 11（左）、图 4 - 12（左）反映了缄默知识在不同创意产业集群网络中的共享与转移过程、共享与转移方式及相应的时间变化，图 4 - 10（右）、图 4 - 11（右）、图 4 - 12（右）分别反映出三种集群网络中所有个体都理解该缄默知识所需要的时间，并对三者进行了比较。

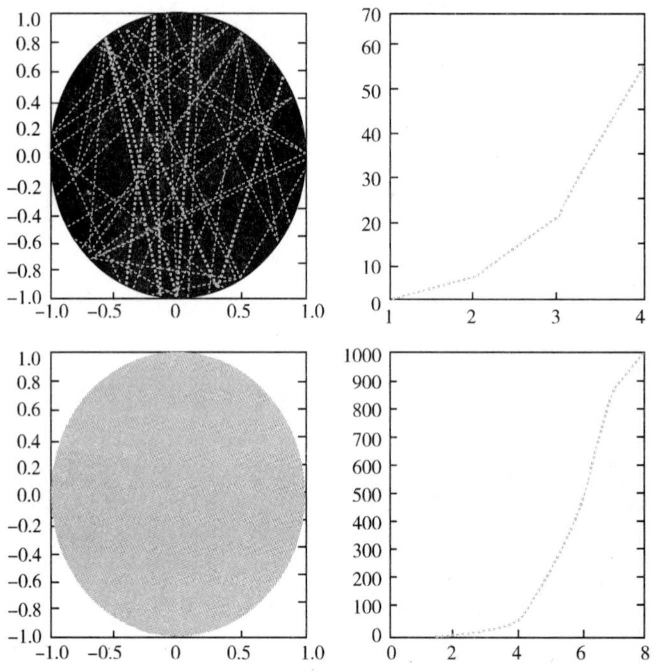

图 4 - 10　缄默知识在随机结构集群网络中的共享与转移

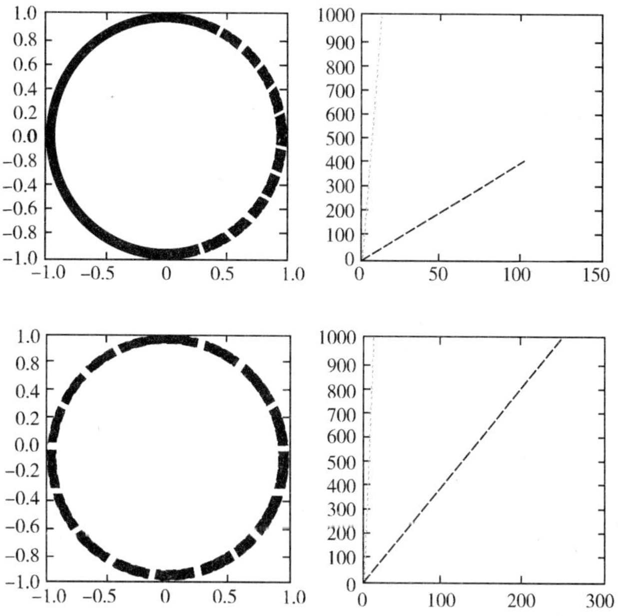

图 4－11　缄默知识在规则结构集群网络中的共享与转移

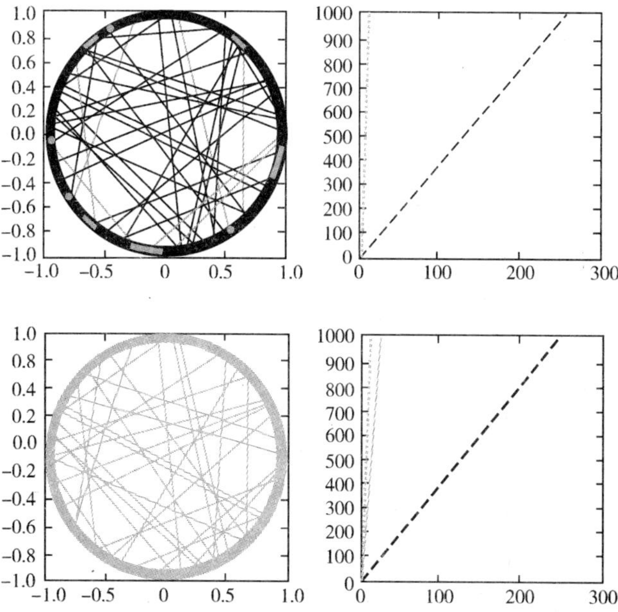

图 4－12　缄默知识在小世界结构集群网络中的共享与转移

通过仿真发现：①有远距离关系的随机集群网络和小世界集群网络中呈现出多个缄默知识拥有者同时共享与转移。②缄默知识共享与转移的速度在随机集群网络中最快，小世界集群网络中次之，规则集群网络中最慢。

上述两个结果都是由集群网络个体关系的物理结构决定的，远距离关系越多，缄默知识的共享与转移越呈现跳跃式的转移，共享与转移速度越快。小世界创意产业集群网络较随机创意产业集群网络少了很多随机的远距离联系，所以它的共享与转移速度比随机集群网络中的慢。规则创意产业集群网络中每个个体与其最近邻和次近邻的四个个体有联系，只能通过近邻关系缓慢地转移。

2. 规模扩大集群网络缄默知识共享与转移分析

本部分讨论缄默知识在无标度（BA）创意产业集群网络中的共享与转移情况。假设 BA 结构集群网络中的人数最终增长到 10000 人，集群网络在 t = 0 时刻有五个缄默知识拥有者，缄默知识转移率 a = 0.4，每个个体平均拥有四个关系，则缄默知识在 BA 结构创意产业集群网络中的共享与转移如图 4 – 13（上）所示。为了分析缄默知识在 BA 结构中的共享与转移特性，我们对有 10000 人且初始条件相同的小世界创意产业集群网络中的缄默知识共享与转移行为进行了数值仿真，并将两者进行比较分析。这里的数值仿真是基于种群竞争动力学知识，仿真结果见图 4 – 13、图 4 – 14（黑线表示原 BA 结构集群网络中的缄默知识共享与转移比率，虚线代表无焦点个体的 BA 集群网络中的缄默知识共享与转移比率）。

由图 4 – 13 可以看到，缄默知识在有 10000 个个体的 BA 创意产业集群网络中只需要 13 个时间单位就可以使 10000 个个体都理解到该缄默知识，在对应的小世界结构中需要约 150 个时间单位才可以使 10000 个个体理解这种缄默知识。由此可见，缄默知识在 BA 结构的集群网络中的共享与转移速度非常快。

图 4 – 14 反映了剔除 20% 的集群网络焦点个体后，集群网络中缄默知识共享与转移速率的变化。可以看到，缄默知识在剔除焦点个体以后的 BA 结构创意产业集群网络中共享与转移速率显著下降，当有 10% 的个体接受该缄默知识时，原 BA 结构的集群网络需要 2.4 个时间单位，而剔除焦点

个体后的BA集群网络则需要7～8个时间单位，这充分证明了“无标度创意产业集群网络中焦点个体对缄默知识共享与转移具有至关重要作用”的观点。

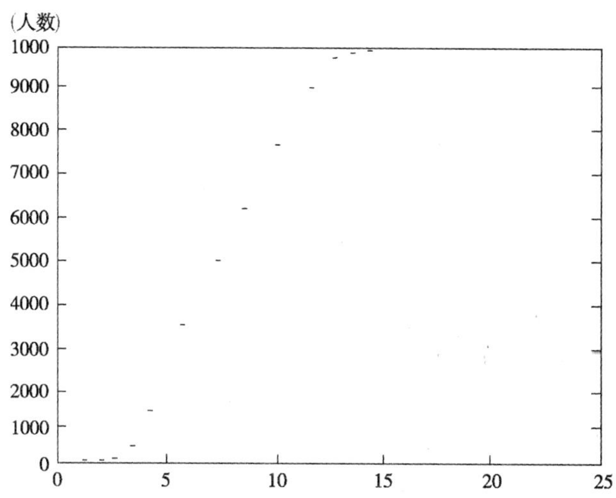

图4－13（上）　BA结构集群网络中的缄默知识的共享与转移

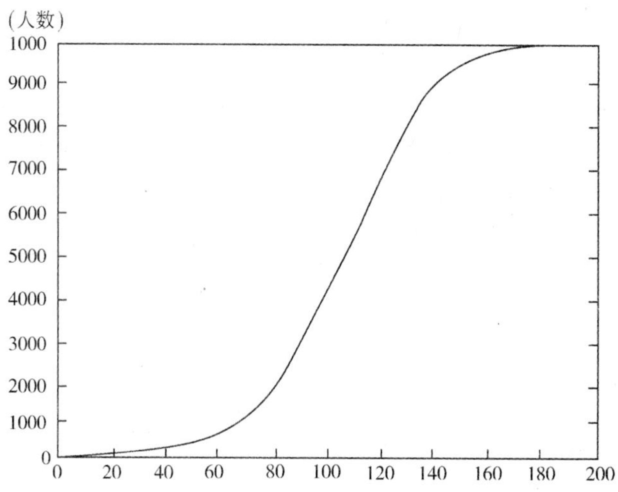

图4－13（下）　小世界结构集群中的缄默知识的共享与转移

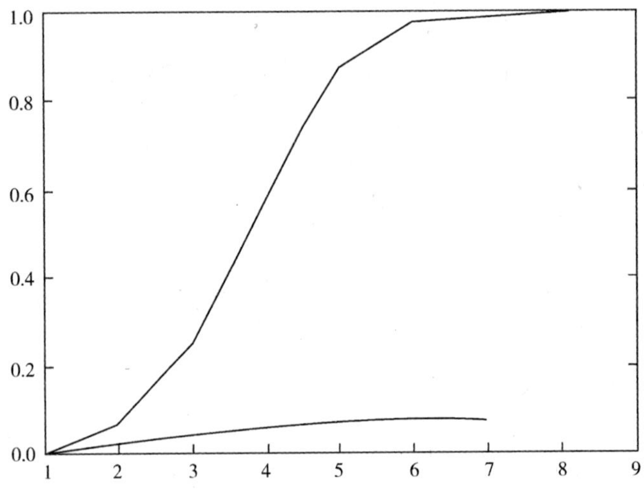

图 4－14　焦点个体对缄默知识共享与转移的影响

三、结论

本部分运用复杂网络和动力学知识来分析创意产业集群网络中缄默知识共享与转移现象。通过对缄默知识在规则结构、随机结构、小世界结构和 BA 结构创意产业集群网络中共享与转移的数值仿真，发现缄默知识在小世界结构和 BA 结构创意产业集群网络的共享与转移远快于其在规则创意产业集群网络中的共享与转移速度，而且小世界集群网络中的远距离关系和 BA 结构集群网络中焦点个体在缄默知识共享与转移中作用较大。在进行数值仿真时假设缄默知识的转移率在不同集群网络中相同，但实际上缄默知识的转移率对于不同的集群网络是不同的，这还需要进一步地进行实证研究。

参考文献

[1] Aldermanm Daviesh. Porter's Competitive Advantage of Nations：Time for the Final Judgement [J]. Journal of Management Studies 2000（37）.

[2] Affe A，Trajtenbergm，Henderson R. of Geographic Location of Knowledge Spillovers as Evidenced by Patent Citations [J]. Quarterly Journal of Economic，1993，108（3）：577-598.

[3] Aydogana & Lyon. Temporary Architectures of Learning: Knowledge Governance in Project Ecologies [J]. Organizational Studies, 2004, 25 (9): 1491-1514.

[4] Albert R. Barabási A. L. Statistical Mechanics of Complex Networks [J]. Reviews of Modern Physics, 2002, 74 (2): 96-97.

[5] Baptista R, Swanm P. Do Firms in Clusters Innovate More? [J]. Research Policy. 1998, 27 (5): 525-540.

[6] Becker Gary S. & Murphy, Kevin M. The Division of Labor, Coordination Costs, and Knowledge[J]. Quarterly Journal of Economics, 92 (4): 1137-1160.

[7] Brown & Duguid 2001. This Place Gives me Space: Place and Creativity in the Creative Industries [J]. Geo Forum, 2003, 34 (4): 511-524.

[8] Brown & Duguid 2001 Creative Cities: Conceptual Issues and Policy Questions [J]. Journal of Urban Affaires, 2001, 28 (1): 1-17.

[9] Canielsm C. Knowledge Spillovers and Economic Growth [M]. Cheltenham: Edward Elgar 2000 (11): 43-56.

[10] Capello R. Spatial Transfer of Knowledge in High-Technology Milieux: Learning Versus Collective Process [J]. Regional Studies, 1999 (33): 353-365.

[11] Ellison & Glaeser. Product Comp Llexity, Innovation and Industrial Organization J] . Research Policy, 1999 (26): 689-710.

[12] Eugene L. Seeley. Cultural Industries and the Production of Culture [M]. London and New York: Routledge, 2005: 3-15.

[13] Florida Richard. The Rise of the Creative Class[M]. New York: Basic Books, 2002: 45-49.

[14] Grossman G. M. , Helpman E. Trade, Knowledge Spillovers and Growth [J]. European Economic Review 1991 (35): 517-526.

[15] Grant R. M. Toward a Knowledge-based theory of the Firm [J]. Strategic Management Journal Special Issue, 1996 (17): 109-122.

[16] Grant R. Prospering in Dynamically-Competitive Environment: Organizational Capability as Knowledge Integration [J]. Organization Science 1996, 7 (4): 375-387.

［17］ Hamel G. Competition for Competence and Interpartner Learning within International Strategic Alliances［J］. Strategic Management Journal，1991（12）：83-103.

［18］ Huber G. P. Organizational Learning：The Contributing Processes and the Literatures［J］. Organization Science，1991（2）：88-115.

［19］ Hamel G. Competition for Competence and Interpartner Learning within International Strategic Alliances［J］. Strategic Management Journal，1991（12）：83-103.

［20］ Inkpen A . C. Learning through Joint Ventures：A Framework of Knowledge Acquisition［J］. Journal of Management Studies，2000，51（1）：1019-1043.

［21］ J. C. Huang S. Newella. Knowledge Integration Processes and Dynamic Swithin the Context of Cross-functional Projects［J］. International Journal of Project Management，2003（21）：167-176.

［22］ Keller. Geography Localization of International Technology Diffusion［R］. Nber Working Paper，2000（1）.

［23］ Krugman P. Geography and Trade［M］. London：MIT Press，1991.

［24］ Keeble David and Wilkinson Frank. High-Technology Clusters，Networking and Collective Learning in Europe［C］. Vermont，USA，Ashgate Published Limited，2000.

［25］ Khanna T.，Gulati R.，Nohria N. The Dynamics of Learning Alliances：Competitive，Cooperative，and Relative Scope［J］. Strategic Management Journal，1998（19）：193-210.

［26］ Lawson C. and Lorenz E. Collective Learning，Tacit Knowledge and Regional Innovative Capacity［J］. Regional Studies，Jun. 1999（33）：305-317.

［27］ Maskell P. and Malmberg A. Localised Learning and Industrial Competitiveness［J］. Cambridge Journal of Economics，1999（23）：167-185.

［28］ Maskell Malmberg. Cultural Creative Cluster Perspectives：European Experiences［N］. The Cultural Creative Spaces Conference. Beijing. 19 to 21 October，2000.

[29] Newman M. E. J. The Structure and Function of Networks [J]. Computer Physics Communications, 2002, 147 (12): 40-45.

[30] Pratt, A. C. The Cultural Industries Production System: A Case Study of Employment Change in Britain [J]. Administrative Science Quarterly, 1997 (10): 84-91.

[31] Polnayi. Ambiguity and the Process of Knowledge Transfer in Strategic Alliances [J]. Strategic Management Journal, 1966, 20 (7): 595-624.

[32] Poter. Clusters and the New Economics of Competition [J]. Harvard Business Review 1998, 76 (6): 34-39.

[33] Polanyi M. Tacit Dimension[M]. New York: Doubleday & Co. , 1966.

[34] Von Krogh G. , Roos J. Five Claims of Knowing [J]. European Management Journal, 1996 (14): 423-426

[35] Steinle C. and Schiel H. When do Industries Clusters? A Proposal on How to Assess an Industry's Propensity to Concentration at a Single Region or Nation [J]. Research policy, 2002 (31): 849-858.

[36] Storper M. The Resurgence of Regional Economies Ten Years Later: The Region as a Nexus of Untraded Interdependence [J]. European Urban and Regional Studies, 1995 (2): 191-221.

[37] Simonin B. L. Ambiguity and the Process of Knowledge Transfer in Strategic Alliances [J]. Strategic Management Journal, 1999 (20): 595-624.

[38] Zaheer & Manrakhan. Entrepreneurship, Innovation and Industrial Development: Geography and the Creative Field Revisited [J]. Small Business Economics, 2001, 26 (1): 1-24.

[39] 彼得·F. 德鲁克，等. 知识管理[M]. 北京：中国人民大学出版社，1999：11.

[40] 贝蒂纳·比歇尔，斯特芬·劳布. 媒体选择与组织学习[M]. 上海：上海人民出版社，2001.

[41] 陈兰荪. 数学生态学模型与研究方法[M]. 北京：科学出版社，1998.

[42] 程艳霞．个体、群体、组织间知识转移影响因素的实证研究[J]．科学学研究，2009，24（1）：91-97.

[43] 葛昌跃，顾新建．面向企业集群的知识共享[J]．科学学与科学技术管理．2003：11-17.

[44] 哈耶克．个人主义与经济秩序[M]．邓正来，译．上海：上海三联书店，2002.

[45] 理查德·佛罗里达．创意经济[M]．北京：中国人民大学出版社，2006.

[46] 厉无畏，于雪梅．关于上海文化创意产业基地发展的思考[J]．上海经济研究，2005（8）.

[47] 厉无畏．创意产业概论[M]．北京：科学出版社，2006：236-243.

[48] 鲁若愚，陈力．企业知识管理中的分享与整合[J]．研究与发展管理，2003，15（1）：16-20.

[49] 梁琦．产业集聚论[M]．北京：商务印书馆，2004：78-80.

[50] 罗家德．社会网分析讲义[M]．北京：社会科学文献出版社，2005：39-45.

[51] 李勇，史占中等．企业集群中的创新传播动力学研究[J]．科学学与科学技术管理，2005（5）：77-80.

[52] 潘灶烽，汪小帆，李翔．可变聚类系数无标度网络上的谣言共享与转移仿真研究[J]．系统仿真学报，2006，18（28）：23-35.

[53] 上海科技局．2007 上海文化创意产业发展报告［R］，2007.

[54] 盛洪．分工与交易——一个一般理论及其对中国非专业化问题的应用分析[M]．上海：上海三联书店，1992.

[55] 谭建．企业集群网络知识传播研究［D］．武汉：武汉理工大学硕士论文，2007：28-36.

[56] 王铮等．区域间知识溢出的空间认识[J]．地理学报，2003（5）：35-41.

[57] 王子龙，谭清美．区域创新网络知识溢出效应研究[J]．科学管理研究，2004（5）：21-25.

［58］汪丁丁．知识与经济学[J]. IT 经理世界，2003（20）：113.

［59］汪丁丁．知识的经济学性质[J]. 读书，1995（2）：57-62.

［60］王开明．团队生产与团队协调：企业知识理论与主流企业理论的比较、综合与发展[J]. 经济评论，2002（6）：106-110.

［61］汪丁丁．知识沿时间和空间的互补性以及相关的经济学[J]. 经济研究，1999（6）：70-77.

［62］汪小帆．复杂网络理论及其应用[M]. 北京：清华大学出版社，2006.

［63］［日］野中郁次郎等．组织知识创新的理论：了解知识创新的能动过程[M]. 上海：上海人民出版社，2001.

［64］赵修卫．组织学习与知识整合[J]. 科研管理，2003，27（3）：52-57.

［65］张生式，李涛，段兴民．组织内部缄默知识传播模型研究[J]. 科研管理，2004（4）：21-25.

［66］张生太等．组织内部隐性知识传播模型研究[J]. 科研管理，2004，25（4）：28-31.

第五章 创意产业集群化：基于集体学习的视角

第一节 创意产业集群化：基于学习型区域的视角

近年来，世界各大城市的各种类型创意产业已呈现出高度集群化发展的趋势。而国内外的研究主要集中在概念的阐述和创意产业集群化的实用价值上，对于创意产业集群化现象形成过程的解释缺乏深入的理论支持，对于现今人们较为关注的创意产业地理集聚这一现象缺乏系统的因素分析。因此，本章主要基于学习型区域的视角对创意产业集群化的形成过程进行理论分析，探讨创意产业集群化的偏好特点。

一、引言

近十年来，各种类型的创意产业在世界各地蓬勃发展，并呈现高度集群化发展的趋势。众多发达国家的大城市如纽约、东京、伦敦等早已经成为世界公认的创意产业集群发展中心，一批发展中国家的大城市如中国北京、上海等地也在创意产业领域取得较大的成就。根据上海创意产业中心抽样调查显示，截至2009年底，已建成78家创意产业集聚区，建筑面积达到235万平方米，在空间结构上也呈现出日益明显的高度集化趋势。此外，杭州、长沙、西安、南京、成都等一批文化历史悠久的历史名城也出现了创意产业集群化发展的大趋势。

“创意产业”（Creative Industry）一词源自英国，1997 年由布莱尔首相上台后首次明确提出，意指“那些从个人的创造力、技能和天分中获取发展动力的企业，以及那些通过对知识产权的开发和创造潜在财富和就业机会的活动”。具体包括广告、出版业、建筑艺术、艺术和古董市场、时尚设计、手工艺品、音乐、电影与录影、表演艺术、交互式互动软件及计算机服务、电视和广播等。此外，还包括旅游、博览馆和美术馆、遗产和体育等。而国内外关于创意产业及创意产业集群化研究，主要是从创意产业区发展的角度，最早起源于新文化经济（Lash 和 Urry，1994；Scott，1997；Throsby，2005）和产业群落（Porter，1997）理论，国外对创意产业区的研究发端于艺术家进入阁楼居住和创作而日益形成特色文化区，从现有的文献资料来看，国外创意产业区理论研究主要集中在解释创意产业空间聚集的区位选择，Scott（2005）明确提出“创意城市”形成的空间动力：生产者网络、地方劳动力市场和创意领域，还有一些地理学者（如 Markusen 和 King，2003；Hotton，2000）分析了创意产业区的空间分布。地理集中性被认为是创意经济时代的重要特征，尤其那些老牌城市被认为比较适合发展创意产业的地域（Florida R.，2002），这与创意产业的现实集聚特征比较吻合（Sagnia B.，2002），创意产业发展高度依赖本地独特的发展环境，具有鲜明的地域特点（Scott A.，1999），同时，地方声誉和传统的品牌对创意也会产生催化效应（Drake G.，2003）。另外是与集聚有关的因素。多数学者如 Graham 研究发现，创意人群认为地方（locality）本身就能产生视觉刺激，它和地方密集的社会和文化活动一样，可以成为产生创意的主要来源。Richard（2005）研究发现，美国创意人群偏好具备“3T”（即“技术”、“人才”和“包容性”）特征的居住地；David Powell Associates LTD（2003）在工作报告中也指出，创意人群更关注可供得起的房租、上乘的交通联系、接近健康的地区和客户、用于聚会和交换思想的艺术中心或类似的地方、更好的设施、独立的咖啡馆和餐厅、犯罪率低（社会治安好）等环境因素。而目前国内对创意产业区的研究主要集中在介绍国外理论和发展经验阶段，对国外理论的介绍集中在创意城市和创意阶层（诸大建、王缉慈、任雪飞等）和地区再生的意义（阮仪三、王伟年等）等领域，只有地理学家王缉慈等简单分析了创意产业区三种主要空间产出以及一些以北京、上海为案例的空间集聚研究。这些研究对创意产业集群化发展的经济空间动力机制和创新模式产出的研究还未曾涉及或理论研究不够。从以上对于创意产业集群化的理论研究可以看出，目前，国内外的研究主要集中在概念的阐述和创意产业集群化的实用价值上。对于创意产业集群化现象形成过程的解释缺乏深入的理论支持，对于现今人们较为关注的创意产业地理集聚这一现象缺乏系统的因素分析。因此，本书主要基于学习型区域的视角对创意产业集群化的形成过程进行理论分析，探讨创意产业集群化的偏好特点。

二、学习型区域的基本内涵

在知识经济和经济全球化的背景下，伴随着学习型社会、学习型经济和学习型组织等概念的提出，Florida 在《未来》杂志上发表了《迈向学习型区域》一文，首次提出学习型区域的概念。他认为，在全球化、知识资本化的新时代，由于有效形成学习型区域，区域本身正变为知识创造和学习的焦点。学习型区域的功能是知识和观念的收集和储存，同时也是提供促进知识、观念和学习流动的根本环境和基础。

学习型区域是建立在区域信息化、网络化的基础上，各区域主体在能动响应各种挑战和机遇过程中，形成具有柔性化的网络组织的区域。它强调区域是否有对外界环境变化进行整体性快速与柔性反应的能力，以及区域内现代企业、市场、政府、公众以及其他主体之间是否具有互动与协同关系，更强调学习是学习型区域获取上述能力与关系的关键。这里的“学习”包括个人学习、组织学习和制度学习。前者指个人通过正式或非正式渠道获取知识、技能等，通常指的是终身学习，而不仅仅是学校的学习或培训。通过学习，个人可以获得更好的工资和就业机会，而区域则得益于一个更柔性化的、具有先进技术的劳动力。但是，个人的终身学习只是建立一个学习性组织或区域组织的一部分，更重要的是在全球化过程中，在企业网络的推动下形成的组织学习。组织学习即企业、政府、地方和公众在跨区域的组织环境中联系起来，将本地知识与全球化的知识融合与创新，以获取全球竞争力。制度学习是区域在全球化、网络化、知识化的过程中，改善区域的联系，减少社会文化交流障碍，降低经济交易成本所采取的制度创新的过程。个人学习是营建学习型区域的基础，组织学习是核心，制度学习是改善个人学习尤其是组织学习的外部推动力。

依据区域发展阶段特征，改善社会、文化、组织、空间相互之间的联系，积极主动增进相互之间的信任（Trust），通过交互式学习（Interactive Learning），加强地方化学习（Localized Learning）和地方化联系（Localized Proximity），形成多重性、学习型区域网络与机制，实现传统区域向学习型区域转型。通过学习与创新，可以缩小并最终消除发达与不发达区域之间的内聚性差距。

三、基于学习型区域的创意产业集群化机理

1. 缄默知识溢出的空间局限

在信息、网络通信技术高度发达的今天，企业所拥有的显性知识可能以较快的速度被编码、传播，被其他企业所模仿。因此，随着经济全球化和商品国际化进程的加速，从某种意义上说，显性知识已成为各种创新主体的共有资源，甚至已成为一种公共资源。所以，这些知识的传播与扩散与地理临近无关，公司之间也并不需要一定接近。而缄默知识是情景类知识，是一种难以表达的个体性知识，属于行动者本身的主观类知识，镶嵌于行动者的行动及其环境之中，依赖于个体的经验、直觉，无法像显性知识一样可以脱离具体的情境、跨时间、跨空间传播，也无法通过逻辑的语言完全表达。同时由于它的个体性，它的传播离不开在场的知识主体，离不开与知识主体的不断交流、沟通。所以缄默知识的转移及获取通常只能在具体的实践中实现，是一种典型的“干中学”知识。所以面对面的交流和连续性、重复的接触与联系是缄默知识最好的传播方式。这类知识的传播还必须与个人、社会及环境相结合，所以缄默知识的溢出具有地方性特征，这就决定了它的获取具有

强烈的区域属性。因此，企业为了获取彼此无法言传的重要信息，往往倾向于空间上的地理集聚，并在频繁互动基础上形成较强的网络联系，由此获得面对面交流的机会，在相对有限的范围内使各自的思想信息可以不断碰撞、交流，从而使创新知识中隐性部分不可言传、难以传播的特性得到有效克服，因此，创意产业集群化就可以被看做创新主体（企业）为获取缄默知识的一种特殊组织形式。

2. 知识学习与地域根植性的关系

创意产业是利用生产和组织模式（如文化企业）经营符号性商品与信息为主的那些活动，文化价值和智力产权是这些商品的基本经济价值来源。内容生产是文化创意产业的核心，原材料是个人的思想、技能、想象力和创造力，而创意、思想是依附于个人的。由此可见，缄默知识是文化创意产业中的主要知识，它们的传输必须通过面对面的交流和连续性的、重复的接触与联系。因而，也就决定了文化创意活动必须在地理空间上的集聚，这也是年轻画家同行之间的交流渴望集聚在同一地区的主要原因（Caves，2001）。因为画家必须要亲眼看到同行们的作品，不仅是出于人际交往的需要，也是与其他年轻的画家不断广泛接触交流机会，这也是现代艺术杂志中的彩图所不能够替代的主要原因。更为重要的是他们必须掌握当今最流行、最重要的观点，甚至新作品在展览馆中或是杂志上展示之前就应该对艺术新动态有所了解，在同行们之间开始讨论。因此，创意产业集群化的关键在于创意公司和人才在地理上的临近有利于集群内部通过社会关系网络维系知识流（信息流），有利于面对面的非正式交流形成缄默知识、实践知识和创意场域，有利于强化集群内部的学习和知识溢出，有利于创新和创造力的发挥。同样，创意产业集群化过程中所拥有的宽松、舒适的工作生活环境，充足的公共空间、多样的创意活动以及公共机构和专业中介机构，保证了隐性知识的溢出和分享。

创意阶层往往集中在城市，因为城市具有显著的创意环境和怡人性，包括时尚的街道风情、弥漫的创新氛围、同行关系网络以及多样性等，因此，重视知识和学习的文化创意产业认识到知识的空间性，为获得隐含性知识，或降低该类知识跨地域传播的较高成本，倾向于地理上的临近和集聚，形成产业（商业）集群、创意集群或文化艺术园区，如北京“798”、深圳大芬村等。研究文化创意产业及其知识创造和学习机制的地理学家，也认识到生产体系和地理氛围是文化产业中创造性和创新的逻辑，这一点可以从文化和艺术之“世界城市”的流变史获得佐证；有关地点与美学创新的关系，如民族/地域风格的形成，以及旅行、采风与创新的关联性研究，都有类似发现。

3. 基于学习型区域的创意集群知识溢出与知识分享

文化创意产业集群可被当做由艺术家和创意阶层、文化艺术公司、项目生产、社会网络、创意环境、知识、信息和创新机制等融合一体、占据一地的复杂生态系统，随着越来越多的创意集群或因自上而下的政策推动、或因自下而上的自发形成。托林和考夫曼（Todtling and Kaufmann, 1999）在对区域创新系统研究时曾得出结论：“知识的溢出构成了集群创新能力的本质特征。”因为只有具有专业化技能和共同实践的专业人士面对面的交流才能实现缄默知识的流动，而地理上靠近的产业集聚提供了这种可能。创新主体为了获得提高创意商业化成功率所需的缄默知识，只能通过在地理上与相关知识源邻近并与之进行频繁互动来实现。这一逻辑也体现在伦德维尔（Lundval, 1992）的互动学习论、费尔德曼（Feldman, 1994）的创新地理学以及冯·希培尔（VonHippe, 1994）的“黏性信息”（Sticky Information）概念中。希培尔认为，在信息转移的过程中存在着黏性信息，因此这些信息转移的交易成本过大而难以转移。技术转移中“知识黏性”是因为表现为技术诀窍、经验、技能等缄默知识的存在。由于其难以言说、难以编码等特征，以专利技术、设计图纸或者关键设备等形式进行流动是不可能的，而只能依赖于开发者个体实现流动，因此，这使其转移成本往往很高，制约和影响着技术转移。杰夫（Jaffe, 1996）认为：知识溢出是指模仿者通过与知识创新者之间的信息交换而获得知识（知识收益），而知识创新者所得的补偿低于创新知识的价值或根本没有得到直接的补偿。杰夫的研究还表明，知识溢出的发生更可能在地理上相互靠近的地区内，而不是跨区域的自由流动。能激发新思想、新方法产生和应用的隐含经验类知识交流，可以促进学科交叉和产业融合，使新产业和新产品不断呈现。在创意产业集群化过程中，知识和信息可以在上、下游之间迅速而准确地传递，同时由于地理上的接近上下游之间的合作也变得更加容易。这样的合作实质上使得分散的企业合成了一个整体，一个更加具有创新能力和更加灵活的整体。企业能够较大程度地获取技术创新所需的各种知识主要来源于这种集群内知识的外溢效应，从而使得企业加快了创新的速度，犹如“站在巨人的肩膀上”进行。同时，这又进一步提高了整个创意产业的创新水平，形成了一个较强的正反馈过程。缄默知识通过非正式交流在集群内企业之间得以传播，形成区域性的缄默知识。由于根植于区域内共同的社会文化背景这种缄默知识，集群外的企业很难轻易模仿，因此它成为整个创意产业的核心竞争力。在集群内部，非正式交流网络的形成以及知识溢出机制的存在，相关行为主体间的知识整合与碰撞效应被强化，激发和聚集了集群内部的创新活动。

“缄默知识论”认为，非编码化知识（缄默知识）的传播和扩散在产业聚集内有利于促进技术创新。持这种观点的学者在解释创意产业集群化的形成时主要用不同类型的知识传递的特征。显性知识由于网络及信息技术的发展易于在更大的地理空间交流与扩散，因此基于显性知识之上的创新活动通常对区位选择的要求相对不是特别严格。然而，由集群成员长期以来共同经历的生产过程、时间、心理和认知体验构成的缄默知识是不能编码、难以扩散的，但占据整个集群知识的绝大部分，并且是对创新极为重要的。通过私人之间的交流及人员流动等形式建立稳定和持续的关系，为集群创新主体在组织内部及不同组织之间的隐含经验类知识准确、快速地传递与扩散提供了基础条件，集群缄默知识从而得以形成，并且在集群空间上这种知识具有黏滞性。因为这类知识很难通过教育学习传播，它们常常存在于艺术家、工程师和技术人员的大脑中，具有较强个人属性。只有在实践中积累经验或通过区域内的人才流动，才能获取这种隐含知识，通过在“干中学”，使得隐含经验类知识才能在整个地区传播开来。自我激励动态过程的学习→创新→竞争优势的不断演化才能形成，而不可能经历学习、掌握编码化知识后再应用到实践中去。根据阿罗（Arrow K.，1962）构建的“边干边学”模型，边干边学是经验的产品，具有递增的生产力，随着经验的逐渐积累，单位产品成本随总量增加逐渐递减。所以在资本投入扩大的同时，作为一个整体，知识水平也随之变化，收益递增经济就有可能出现。缄默知识也通常具有社会根植性，隐藏在特殊的地区或文化里，它与艺术家特殊的生活环境、历史根基以及文化蕴涵有关。一方面，区域内个体、企业间的相互信任以及长期形成的合作关系，有利于知识的传播和扩散，促进了创新；另一方面，在地理上不断集聚的缄默知识和交互作用的思想增加了个体、企业外部学习的机会，加快了创意转移、扩散的速度，也促进了信息的循环和反馈，降低了交易成本，推动了创新。

4. 创意产业集群化的学习过程

Todtling 和 Kaufmann 认为："知识的溢出构成了集群创新能力的本质特征。"而知识溢出通常是通过集群内各行为主体的互动学习来实现的，集群内部各成员通过正式或非正式互动学习，外部吸收的知识技能以及研究开发活动所产生的知识技能得以在集群内顺畅地流动，从而促进并提高了集群成员创新能力。因此，集群学习是实现产业集群动态创新能力提高的一条重要途径。

就集群学习的范围而言，集群内部学习在以往的研究中被过多地关注，缺乏对集群区际网络学习的足够重视。正如 Wilkinson（1999）研究发现，由于集群中个体或企业长期的集体学习和连续的知识积累，集群可能会被一条日渐没有竞争力的轨道锁定，因而对于"创新环境"的持续成功而言，就非常有必要向外部知识源学习。他们继而在对剑桥地区的实证研究中发现：在当地高科技企业的外部创新资源投入、合作研发和科技人才三个方面区际和国际网络起着非常重要的作用。Belussi Arcangeli（1998）也指出，具有结构刚性的网络容易使静态学习陷入误区，而成员频繁变更、关系类型重组及空间范围扩大等高度弹性网络具有适应动态环境的学习能力。鉴于此，我们认为，创意产业集群化过程就是集群学习过程，可以将集群学习分为集群内部学习和区际学习。集群内部学习通过集群内部个体或企业与大学、研发机构、教育机构以及技术传播组织和商会之间的合作关系、技术人员的内部流动、"干中学"等途径，主要依靠地理临近性来获得集群整体的显性知识与隐性知识的提升，从而衍生出集群异质性的竞争力；集群区际网络学习则是使集群处在一个开放性的系统之中，由集群内少数几个龙头企业或机构（一般是技术力量比较雄厚）充当"桥梁人物"，将集群外部新的知识及技术引进，通过消化吸收转化为集群内部企业可以接收的方式，通过能力提升、持续培育、改进和重构异质性能力的知识基础，从一次性突破转化为持续过程，整合和提升异质性能力，实现多项特定能力的循序衔接，从而获取持续竞争优势。集群内部学习、区际学习如图5－1所示。

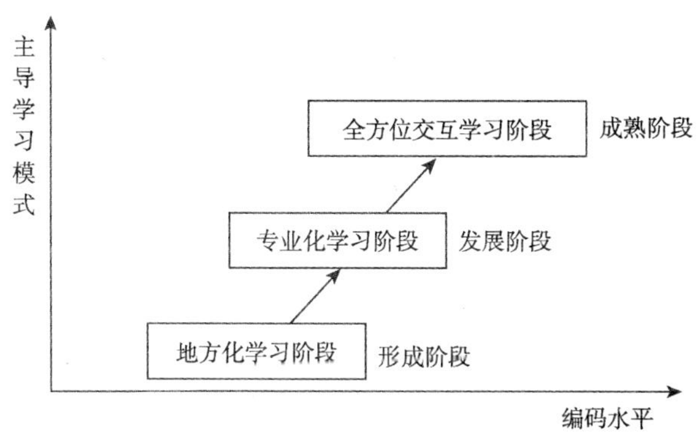

图5－1　创意产业集群化主导学习模式演进

创意产业集群作为知识系统的集合，其主导学习方式在不同阶段的发展也呈现出不同的演进特征。一般来说，集群的演进过程大体经历成长、发展和成熟三个阶段。与这三个阶段相对应，创意产业集群中的主导学习模式也呈现出地方化学习、专业化学习和全方位交互学习阶段。

（1）地方化学习阶段。在创意产业集群的成长阶段，以个人技艺为主导的生产系统在特定地理区域不断形成和加强。同时，基于“弹性专精”模式的企业间也开始形成生产活动一体化的网络。在这一阶段，在“干中学”、“用中学”等多种动态社会化过程的支撑下，有关实际操作方面的隐含的非正式知识在地方的传播起着基础的作用，这时实际操作知识产生了非常重要的创新来源。在集群形成阶段，集群中以艺术家或个体艺人为主体，在具有共同的语言、社会文化和技术背景的生产环境下，人际网络关系非常有利于形成，表现为有利于技巧形式的隐含知识和特有专长的积累，由此有利于特定区域所独有的专门知识形成，人际关系、信任、共同的语言和信仰也加快了信息传播和知识的共享。这一阶段的学习可以称为地方化学习。例如，北京宋庄画家村在早期形成阶段大多具有这样的特征，当年，陈文波、黄锐等一批艺术家灵感一现，计上心来，寻找到了相对偏远、租金便宜、适合艺术创作的“798”废弃厂房，很适合开设画廊、设计室、艺术展示空间、工作室等，也非常适合他们发挥艺术灵感、创作艺术作品。后来越来越多的艺术家们不断被“798”的艺术创作氛围所吸引，使得“798”逐步壮大，从而造就了“798”创意产业园区的辉煌和知名地位。事实上，在集群形成的早期阶段，区域内特有的主体间历史形成的社会接近性作用巨大，知识在区域内的编码化程度被直接降低了，易于实现知识的面对面交流互动，研究也表明产业的早期阶段集群倾向性较高。

（2）专业化学习阶段。专业化学习依赖于集群中生产的垂直分化程度和同一生产阶段上企业间的竞争状况。在专业化学习阶段，大量的中小企业依“弹性专精”原则，既有合作又有竞争，聚集于同一生产过程的不同阶段，集群中主体间的学习表现为现有知识存量的持续改进，以及与特定生产阶段相联系的高度专业化“垂直式”学习和专业化学习的不断涌现。在这一阶段的学习过程中，地理接近性及艺术家之间的个人联系同样受空间因素影响，对专业化学习来说，十分重要的是集群内经常性的劳动力流动、顾客—供应商关系、竞争过程、互补信息和专业化服务等。专业化学习是在地方化学习基础上的演进，基于地方化的专业化学习作为主导学习机制离不开企业对特定环境的认同，因此，从学习过程中获得的知识在这一阶段同样是高度依赖背景的，是与地方的文化环境因素相密切联系的。例如，宋庄原创艺术与卡通产业集聚区位于北京通州区宋庄镇，从1994年开始，陆续有艺术家到宋庄租房，到2010年迁入宋庄的艺术家已达4000多人。随着艺术家的聚集，宋庄逐渐被称为“画家村”。目前，入驻画家村的文化创意企业有中国最大的动漫企业三辰卡通集团、日月星画材制作公司等近123家，形成了一个产值320亿元以上，集现代艺术作品创作、展示、交易和服务为一体的艺术品市场体系。

（3）全方位交互学习阶段。在集群发展的第三阶段，基于不同学习能力的企业间知识梯度在集群中逐渐形成，使创意产业集群呈现出基于不同知识位势的企业间梯级关系。低位势企业间、高位势企业间、低位势企业与高位势企业间以及企业与集群外部的学习活动频繁，知识联系紧密，学习形式多样，呈现出全方位交互学习的特点。例如，经过十几年的发展，北京宋庄现有4000多位艺术家在集聚区内进行生活与创作，其人员构成由原来单纯的画家、策展人、艺术评论家演变成为现在的雕塑家、行为艺术家、观念艺术家、摄影家、独立制片人、DV艺术家音乐人、自由作家等，成为当代中国艺术的世界之窗。与此同时，艺术家的聚集也带动了相关产业的发展。集聚区内现有文化相关制造企业近130家文化相关服务企业200多家，有宋庄美术馆、北京当代艺术馆、东区艺术中心、上上美术馆等42家艺术馆以及176家画廊集中展览面积达26万多平方米，艺术品经营面积达25000多平方米，年销售额超过400亿元。

四、结语

从知识类型的角度可以看出，在创意产业集群化过程中，不同阶段学习模式的演变也是一个知识类型的转换过程，集群主体学习能力的形成是其主要表现。在一些创意产业集群内，随着时间的推移，有的隐性知识已经被开发成标准化的技术和可大规模生产的产品，成为显性知识。同时，集群中新的隐性知识还在不断涌现。由于缄默知识具有地方性和不易交流的空间黏性特点，创意产业集群化的重要作用表现在可以通过区域特定的社会网络，促进与本区域内各类主体的联系，进行面对面的交流，进而获得对其自身核心技术有特殊意义的隐性知识。

创意产业集群化起始的地方化学习阶段是一个“隐性知识—隐性知识”阶段，诀窍和个人技巧通过观察、模仿和练习在个人与个人之间传播是其基础；发展阶段则是一个“隐性知识—显性知识”学习过程，这时起始的隐性知识逐渐转转成可以在集群内部成员之间自由交流的显性知识；创意产业集群化的成熟阶段，有两种知识类型学习阶段，即“显性知识—显性知识”的一体化学习阶段和“显性知识—隐性知识”的内部化阶段，把分散的不同的显性知识予以综合，形成新的显性知识的能力被称为一体化学习；而内部化学习则是运用显性知识，集群个体、企业不断丰富其自身的隐性知识基础的过程。创意产业集群化发展演变过程中的知识学习是一个螺旋式上升的过程，在这一过程中，知识类型的转变对于其创新实现和特有竞争优势的形成发展至关重要。

第二节　创意产业园区的网络式创新能力及其集体学习机制*

创意产业园区的可持续发展依赖于创意产业持续的创新能力。通过组织间的互动实现知识的产生、传递与积累是创意产业中创新所具有的新特点，这被称为网络式创新的创新模式，其基础是知识，尤其是隐性知识，其实现途径是集体学习机制。在结构功能主义的分析框架下，本部分将创意产业园区的学习行为做了自觉性与结构性的划分，在此基础上构建了知识、学习与网络式创新能力之间的相互关系模型，分析了集体学习的主要过程及其基础。据此本部分试图阐释一种更为系统和动态的网络式创新能力评价和培育体系。

一、引言

创意产业园区已成为地区乃至国家经济发展中人们日益关注的热点问题，成为众多地区特色经济的代名词，如杭州的动漫产业园、北京通州宋庄的画家村等。但是，通过活跃在各地的创意产业园区现象，不难发现创意产业园区在发展中也存在着一些问题，这使得创意产业园区的发展难以突破制约“瓶颈”而总是停留在粗放经营的层面。创意产业园区的可持续性问题因其与地方经济的休戚相关而备受关注。

创意产业的创新能力始终是支撑创意产业园区持续发展的决定力量，但创意产业的创新及其背后的行为机制具有自身的新特点。如何正确地认识和看待创意产业的创新能力对于整个创意产业的长远规划和健康发展密切相关，对于地方政府、创意产业园区的管理机构和其中的参与者都有着重要的意义。

---

* 此部分内容已发表于《科技与经济》2009年第3期。

与一般的个人发明和实验室创新不同，在创意产业园区，创新的主要特点体现为通过组织间的互动实现知识的产生、传递和积累的过程，这种新的特点被称为网络式创新（Steinle 和 Schiel，2002）。创意产业的知识基础与集体学习机制成为理解创意产业网络式创新能力的关键。在创意产业园区，知识作为重要的战略资源构成了能力的基础，集体学习机制对于园区内知识资源的整合与创造是动态实现网络式创新的途径。

二、网络式创新能力的知识基础与集体学习

1. 知识创造的创意产业化与网络性

目前，许多学者认为缄默知识与创意之间存在重要联系。Schanner（2001）通过对知识创新的最终源泉和驱动力的研究对隐性知识做了更为清晰的诊释，他认为隐性知识可以分为两种类型：物化了的隐性知识和自我超越的隐性知识（尚未物化的隐性知识）。物化的隐性知识是建立在行动经验基础上的，表现为经验、诀窍、惯例等具有一定成型意义的隐性知识；自我超越的隐性知识是建立在审美情趣基础上的，它属于想象力层次的知识，表现为直觉、灵感、幻想等尚未物化成型的并能始终保持自我跃进性能的萌芽性感知和意识，尽管它尚未成为一种真实的客观事物存在，但始终保持超越的内在冲动与趋向，为完整性知识的创新提供了基本的思维跃进的能量，因而是知识创新的真正源泉，是组织保持其核心竞争力的知识发源地。

对于创意产业而言，保障产业竞争力的关键在于促进创意的萌生。知识管理学理论证明，知识的交流才能生产新的创意。正如联合国经济合作与发展组织（OECD）在 1996 年发表的《以知识为基础的经济》报告中指出的那样，当代的创新活动是由厂商和用户在交流编码化知识和隐含经验类知识的过程中相互作用所推动的。笔者认为，现代创意的诞生主要集中在创意产业化组织与网络内部。前者是地方风俗、文化惯例、道德观念等缄默知识交流与异质碰撞互动的场所，后者却是显性知识的传播与创意转换的平台。它们最明显的特征就是都很好地保障了各种知识的顺畅流动。根据日本学者野中郁次郎（2004）的研究，他认为知识创造的源点是人与人知识的交换、交

流。因此，要实现知识创造，必须要在组织内建立知识流动机制，实现知识共享。他提出了知识转化的四种模式，并提出了 SECI 模型（The SECI Model）（详见图 4－3），该模型认为缄默知识与显性知识之间是可以互动转化的，是一个不断更替创造的循环过程。

其中，模型之组合化（Combination）模式说明，知识的组合可将显性知识转化成为更复杂、更多样的显性知识。在这个阶段，关键问题是知识的传播、扩散与系统化的过程。在外表化阶段所产生的新知识在进入组合阶段后，就超越了各自的群体本身，而在各个群体间进行有系统的相互交流与扩散。由此可见，创意的产生、应用、传播、扩散及其再生，自始至终都与网络交互平台有着密切关联。所以，创意产业园区的形成和发展具备知识网络性的内在特质。创意产业园区作为产业空间组织一直以来都是知识特别是隐性知识的主要传播源和生产主渠道，事实证明创意产业化组织内部各部门之间频繁的前后和侧际联系，可以在实际生产过程中通过“干中学”模式积累出很多新知识。虽然缄默知识是高度个人化的知识，主要隐含在个人经验思想之中，很难被规范化，难以通过传统媒体进行传递，但却可以通过创意产业内部人们近距离面对面交流的方式实现知识交流与溢出，从而产生创意。而且创意产业内特有的“信任”机制也能保障这个过程的顺利完成。

在创意产业化运作过程中，除了必要的资金、土地等初级生产要素之外，知识要素的交流与碰撞才是关键。特别是在创意诞生时期，一般是以难以传播交流的缄默知识形式出现，但由于隐性知识的专属性，这在跨行业的过程中障碍重重，必须借助于非正式的方式进行交流。所以建立在创意产业园区内部高效的生产系统上的各种复杂的非正式的要素流动渠道是激发创意的重要保障。Allen Scott（2006）把这种学习和创新效应的结构称为“创意场”（Creative Field）。他认为，企业间生产网络与各种弹性的劳动力市场是创意生产系统的重要特征。有研究证实（Edquist，1997），它们的联系和相互交流的多面向过程是产业综合体中新思想、灵感、洞察力直至创意产生的一个关键要素。

2. 网络式创新能力的集体学习

国内外相关文献在论述地区发展、创意产业的创新时突出强调了集体学习机制，大量的实证研究表明，集体学习对于创意产业园区的创新与整个区域的经济活力有着显著的关联性。但似乎忽略了创意产业中集体学习机制为什么会存在，集体学习与创新能力的内在机制等问题。实际上，也几乎未将创意产业园区作为一个系统的整体来看待。本节正是基于将创意产业园区视为整体的能力体系，从创意产业结构的层面探讨集体学习的前提和基础及其对创意产业网络式创新能力培育的启示。

创意产业中知识、学习与创新能力之间是相互联系的，主要通过两类学习连接起来（如图5-2所示）。

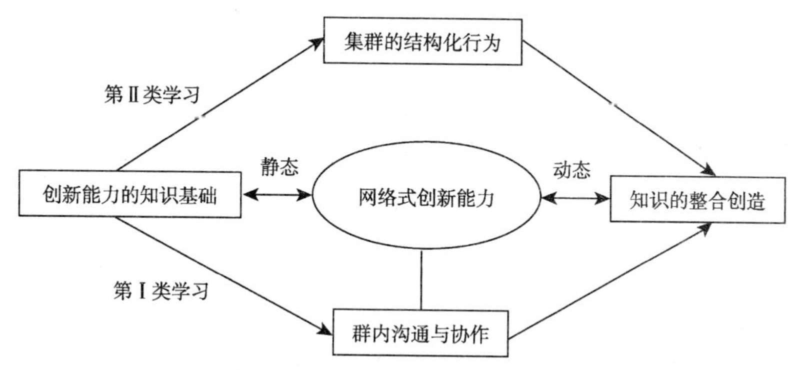

图5-2　创意产业园区知识、集体学习与网络式创新能力之间的相互关系

其中，知识是能力的基础，创意产业能力的基础主要体现在创意产业中的隐性知识；而能力又依赖于组织中事物结构化的方式，这种结构包括规则、关系和位置。在企业中，能力所依赖的结构突出表现在组织路径和业务流程中。创意产业园区也是由规则、关系和位置结构化的组织，知识一方面根植在结构化的组织路径之中，另一方面知识也可以通过正式或非正式的园区内企业与机构间的沟通与协作产生、传递和积累。这样，在创意产业中，知识的整合与创造有意识行为与结构化行为之分，即创意产业园区内企业从不会到会（即能力的提升过程）的学习过程中，有两种不同的学习机制，对此我们将创意产业园区内的集体学习区分为第Ⅰ类学习和第Ⅱ类学习。第Ⅰ类学习是园区内个体间（这种个体即包括园区内的企业、机构，也包括个人）的学习，也就是说，知识在个体之间的有意识的交流中扩散，通过群体成员间的互动行为沉淀下来。这种互动的前提是现有的观念、语言和概念来形成知识，这种形式的学习的核心是个体间传递现有观念和概念。关键的一点是个体间在创意产业背景下学习，但创意产业本身不是学习互动的内在因素，也就是说，即使不在创意产业内，组织或个人之间的这类学习也能够有效地发生。但是，创意产业园区内企业与机构的地理接近性也加强了这类有意识的学习行为，这种学习既可以是通过面对面的沟通实现隐性知识的传递，也可以是通过正式的研究计划实现显性知识的互动和扩散。第Ⅱ类学习被理解为是系统的学习。这里组织路径构成创意产业园区系统本身的一部分，个体（一般的是指园区内的企业和各种机构）遵照组织结构化路径学习，即创意产业园区中的成员，依照组织的结构化路径，就能够获得其他成员已经获得的知识，而不需要在实际的经验中形成对这些知识的理解。知识储存或编码在组织结构化路径中（路径就是编码化的事情），从这种意义上说，组织路径相当于高速公路上的指示牌，个体相当于一个学徒，指示牌使成员的学习变得熟悉，顺利地从一端到达另一端。组织路径影响着个体如何从直接经验中学习以及如何从其他人的经验和实践中学习。第Ⅱ类学习是创意产业园区本身结构化的方式引起的企业及机构间的学习，自发的、无意识的过程成为第Ⅱ类学习的一个显著特征。因为隐性知识在解释园区内企业如何能做而不是有意识地去做更为重要，因而第Ⅱ类学习在解释隐性知识的产生、传递和积累方面也就显得更为重要。两类学习的区分体现了专业化经济中网络对于主体行为的两个方面的作用，两类学习的区分主要是基于这样的假设，即创意产业的竞争优势是由于创意产业园的网络关系对于资源的配置作用，这种网络关系对于行为的影响可分为两个方面，即外在的促进组织间的协作和内在的路径依赖性。两类学习突出了第Ⅱ类学习是因为第Ⅱ类学习是一种创意产业园内参与者之间结构化的行为方式；而对于第Ⅰ类学习，即使不在创意产业园区内，企业与机构间也同样有这类学习行为，如没有地理集中特征的战略联盟中的组织间互动。这两类学习都有别于将学习等同于知识的简单传递或扩散，后者将学习与实践隔离开来，认为学习就是知识从“知道的大脑”到“不知道的大脑”的传递或扩散过程。实际上，互动特征与路径依赖成为理解创意产业园集体学习机制的关键。区分第Ⅰ类学习与第Ⅱ类学习主要体现了创意产业园及其结构化的方式在集体学习中所发挥的作用。组织路径在这一过程中突出了出来。因为不在创意产业园背景下，虽然具有不同的特征，但企业间同样存在第Ⅰ类学习的过程；而第Ⅱ类学习构成了创意产业园区这种组织形式特有的集体学习过程。在这种区分下，更能清楚地看出集体学习与网络式创新能力的互动特征。

三、创意产业园区集体学习机制的存在基础

创意产业园区通过集体学习能在园区内企业间和机构间传播、创造和积累新的技术和组织知识，尤其是隐性知识，这种本地化的集体学习机制已经成为成功的创意产业园区显著的共同特征。而这种机制的存在基础在于技术的外部性、丰富的社会资本以及创意产业园区内的网络关系。

1. 技术外部性

创意产业园区的集群化发展在很多方面有助于创意的产生与产业的发展，其作用机理涉及多方面。其中，以集体知识创新和转移功能和作用最为明显，有的学者将其称为集群的“技术外部性”（Technological Extemalities）。早在1890年马歇尔就指出，当产业在空间集聚时会形成地区外部性。这种外部性包括人力资本的积累和提供面对面的交流机会等方面，它能够保障和促进高度专业化的劳动力和新思想的形成。施蒂格勒（Stigler，1961）也认为，一系列企业之间通过交流来交换信息就会产生类似于外部性的收益。目前，对集群的创新理论研究大多强调了地理上的靠近性，认为紧凑的地理空间给具有共同实践和专业化技能的专业人士面对面的交流提供了可能。企业、知识机构、中介机构之间的频繁互动，有利于人力资本与信息的汇集，产生知识外溢效应，促进了相互间的模仿，降低了创新成本，加快了创新（Lucas，1988；Bresehi S.，2000；JedKolko，2002）。安纳利·萨克森宁（Saxenian A.，1994）通过对美国两大著名科技基地“硅谷”和“128公路地区”的比较研究，为新兴地区的高速崛起和老牌产业区竞争力的逐渐削弱提供了全新的观点。他提出，“硅谷”的发展得益于厂商间网络化的竞争合作形式，这

种灵活的产业体系促进了集群的共同学习，达到了不断自我完善的目的。而“128 公路地区”自给自足的分散化组织结构，使企业被孤立化和边缘化，妨碍了企业的适应性和创新能力。他的研究说明，企业的发展需要外部环境的支持，而这种支持正是集群能提供的。藤田等（2002）将集群现象归结为交流的外部性，他们认为信息的交流有距离衰减效应（Distance Decay Effects），因此企业距离会受到信息交流强度的影响。而企业的空间集聚就是由于信息的便捷交流带来的集聚力与高度聚集引发的各种相关成本上升而产生的排斥力相互作用的结果，实际上就是交流的意愿与交通等额外成本之间的均衡结果。进一步而言，在创意产业的集群化发展中，企业获得的收益与企业间相隔的距离、各个企业拥有的异质信息量的多少，以及信息传送过程中中介物的多少有直接的关系。如果企业间区位的距离变得更近的话，它们所获得的利益也会增加。假设各个企业拥有不同的信息，随着企业数目的不断增加，各企业因为交流所获得的利益也越来越多。当企业聚集在一起的时候，由于所需的中介物减少，所以信息的质量也会有所提高。

我国学者王缉慈（2001）把这种外部性效用总结成两个方面：其一为邻近效应，指地理上的邻近降低了信息的搜索成本和交易成本；其二为社会化效应，即形成集群学习与合作的氛围并共担风险。

2. 社会资本外部性

经济或社会活动都是在一定的社会背景下运作的，所以创新的个性化也不能脱离其社会环境而独立存在，个人的创造力是受其所处的社会背景所左右的。自 20 世纪 60 年代以来，社会学家、心理学家以及管理学家就一直对决定技术创新的成因尤为感兴趣。McClelland（1967）、Hofstede（1980）及 Mmeryd（1983）等学者的研究都分别证明了社会制度、人群的行为模式、价值观等因素对创新者的影响。在他们研究的基础上，90 年代初德国柏林科学技术研究院通过对德、美、日三国创新经济行为的研究认为，文化对个人创新行为的影响主要表现在其创新“是个人主义还是集体主义”、“是甘冒风险还是回避风险”、“是过程导向还是结果导向”、“是长期导向还是短期导向”。研究认为，人类文化传统的这四个方面共同决定了社会个人或集体的创新个性，并决定着创新的成败。所以，在创意产业研究中存在许多类似这样的声音："创新方法不是地理的而是文化的，地理邻近性只是反映了人们面对面交流的需要"（Foachim，1997）。当前的集群理论研究（N. Asindhu，2002；F. Xavier Molina-Mokes，2004；Montserrat Pallares-Barbera，2004；王缉慈，2001；鲁开垠，2006）就借鉴了许多如"根植性、"社会网络"、"人文环境""机构稠密性"等经济社会学概念，试图从社会关系层面来解释创意产业园区的创新机制。社会学家弗朗西斯·福山（Francis Fukuyama）曾言，"组织中人们之间的彼此信任，蕴涵着比物质资本和人力资本更大而且更明显的价值，高信任度的社会，创新的可能性更大"。本书认为，社会资本外部性的社会性解释应是当社会资本存量达到一定限度即社会个人或单位由于互相信任而形成一种潜在的行为准则时，可以很大程度上抵消由于的网络成员的机会主义行为，并对网络的生产作业起到协调沟通的作用。本书把这种社会资本对创意产业园区的影响解释为社会资本的外部性。

社会网络是社会资本外部性的重要表现，它是以网络成员共同的价值观为基础的交流渠道体系。但社会网络具有一定的排他性和地方性，正如Partha（2000）所言："个人建立的渠道具备外部性，它们是地方性的外部性，信任的产生导致外部性，但它们也是地方性的外部性。"社会资本的存在使得社会网络组织成为一个相对稳定的封闭体系，这种现象造成了网络内外信息交易成本的极大差别。归纳而言，以地缘、业缘、朋友缘为依托的社会关系网络及其信息交互渠道是一种重要的社会资本，可以在知识流通和创意产业的发展方面起到重要的作用。因为这些渠道不仅可以加强显性知识的传播与扩散，而且更重要的是可以加强缄默知识的传播与扩散，并通过缄默知识的快速流动进一步促进显性知识的流动与扩散。

总而言之，创意产业园区内丰厚的社会资本，有利于模糊各单元之间的边界，提高各种知识和人才的流动效率，使创新资源在一定程度上实现了共享。针对"机会主义"及"隐性知识的黏滞性"这些其他信息传播方式（计算机网络、通信网络）很难对付的问题。创意产业园区能通过在知识层面提供大量交流机会和其稳定的人际关系很好地解决。所以，不论是技术外部性还是社会资本外部性，都是创意产业提高效率的有利因素。

3. 网络关系

网络既是一种关系又是一种结构。网络式创新过程的实现需要一定程度的正式的组织间关系和非正式的人际关系。在共同的社会文化背景下的网络关系（包括组织间与人际间的社会关系）在网络式创新过程中具有指导和协调等功能；指导功能涉及对创新的最终成果、使用方法和市场战略等决策在方向上的把握；协调是使创新的各个阶段同步。这种社会关系的存在为合作和集体努力做大“蛋糕”实现双赢提供了基础，起到了提高合作效率和合作利益的作用。这种集体的合作构成了创意产业的一种结构化行为方式。

四、创意产业园区的集体学习过程与内在机制

由于网络关系对于行为的不同影响，创意产业园区的这种本地化互动创造和发展知识的过程包括“自觉”和“不自觉”的机制，即第Ⅰ类学习与第Ⅱ类学习。前者的例子有园区内企业间及与科研机构的研究合作，后者的例子则包括具有特定知识和技能的员工在本地人才市场上的自发流动、科研机构及大企业的溢出效应等。这两种集体学习机制涉及创意产业中企业间知识的产生、传递与积累，支撑着创意产业的持续创新——网络式创新。

首先，根据集群理论，在集群内部企业的结构组成和联系应该是有机的，众多小企业与大企业存在一种共生关系，在产品研发、融资决策、生产流程等方面扮演着互动与互补的角色，形成一个专业化与协作性并重的弹性专精生产体系。这种系统功能在于增强对市场动态变化的适应能力，可以根据外部信息的变化快速地调整生产流程与产品设计，进而保持集群整体的竞争力。对于创意产业而言，其产品需求的多样化和个性化以及对生产应变的高要求更需要有集群化的弹性生产体系加以保障。与弹性生产体系相联系的还有劳动力市场的弹性化。很多具有代表性的创新集群都有劳动力高流动性的特征，创意产业更是如此，许多从业人员都有从事非全职、临时、兼职的工作经历，始终可以使创作生产团队处于一个不断调整的状态之中，为实现项目的多样化提供必要条件。

其次，目前，很多创意产业园区的兴起往往与其周边大学、技校、研究

机构、设计中心、展示中心等科技源或者文化场所有紧密的联系。这些机构都凝聚着很强的科技创新实力或大量的文化资产，能通过溢出效应为周边的创意产业提供大量的人才、知识以及其他资源，从而形成一种其他地区所不具备的正外部性影响。譬如，以同济大学为中心的赤峰路四平路建筑创意设计区，以大学的丰厚资源为支撑，形成了符合自发市场行为的完整创意产业链，具有很强的竞争实力。

再次，在园区体系中，任何一家企业都可能成为周边企业的消费者和生产者，从而形成一个极其复杂的厂商顾客关系网络，而地理的临近性为这种网络的沟通提供了极大的方便。在园区内部，两者的交流途径有很多种方式。从面对大众的各种类型的产品推销会、展示会、推广讲座以及其他一系列商业宣传活动，到企业之间的正式的商业谈判，甚至是员工私下无意识的交流聊天，都可以成为客户与厂家创意与技术的交流机会。创意产业的一大特征就是消费者的参与和沟通。Charles Landry（2002）提出创意产业生产链说明了消费者在创意产业中的重要作用，创意产品的生产过程是“关键顾客反馈—创意产生—产品生产—市场区分—市场传播—关键顾客反馈”的循环过程。其中，关键顾客的反馈对创意产生有着直接的关系。对创意产业这个人人皆有创意，行行都有创新的产业来说，消费和生产的界限越来越模糊，消费者往往在产品生产领域扮演着重要角色。这些“体验先驱”的存在，不但为产品开拓市场，还为时常为产品提供最及时的信息反馈，这种厂商与用户的互动已经成为产品价值创造的一种公认的重要途径。从这个意义上说，园区中凝聚的众多产品用户，是创意产业发展的宝贵资源。

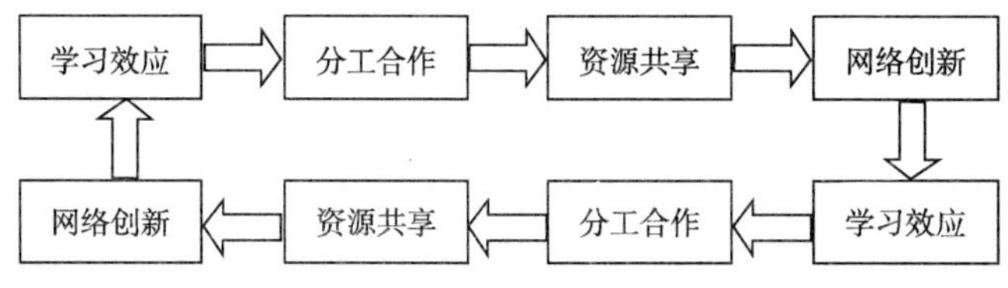

图 5-3　园区内集体学习机制自增强系统

创意产业园区的集体学习机制内在地反映了创意产业中企业间的竞合博

弈图景（见图5－3）。竞争和合作都是园区内企业获取长期竞争优势的一种行为方式，这种行为方式受到创意产业结构的影响。在创意产业中，分工协作、地理的接近性和对创意产业整体的依赖，创意产业的存在培育了内部的合作行为。但合作并非意味着缺乏竞争。尽管园区内企业或个体对于创意产业整体存在依赖性，个体企业所有者关心的仍然是企业自身的利益得失，而非创意产业的总利益。并且在创意产业中，地理空间上的接近性同样使得企业对于竞争压力的感受更为直接，园区内的企业总是有足够的竞争动机。互补的创意产业结构促进了合作，合作本身指向共同的利益。重叠的结构加剧了企业间的竞争，但在竞争的背后出现了自发的第Ⅱ类学习行为，可见结构和规则的作用使得个体私利能为公共利益服务，不仅个体企业在竞争中能够从中取利，创意产业整体的创新能力也在园区内企业的良性竞争中得以提升。

五、创意产业园区的网络式创新能力及其评价和培育

如前所述，相比于显性知识，隐性知识构成了创意产业竞争优势更为重要的基础，而创意产业内对于隐性知识的整合机制主要依赖于第Ⅱ类学习行为，这更多的是一种结构作用下组织间自发、无意识的互动过程，创意产业结构化的方式内在的影响着集体学习过程，创意产业本身构成学习中的一个方面，对于网络式创新能力的作用是内在的。这种能力本身嵌入于创意产业的结构化方式中，在结构化行为作用下的集体学习带来了知识的扩散、融合和创新，是创意产业中知识的整合与更新过程，是组织从不会到会的过程，也是网络式创新能力发展的重要过程。因而，创意产业的网络式创新能力的评价更应该从知识投人、知识存量和流量、知识产出、组织间协作和网络结构等主要方面来展开。这里重要的不是信息的多少而是获取和选择相关信息并转化为知识并对知识资源进行整合和创造的能力，所以分析创意产业中的知识扩散和创新能力超越了诸如信息的可获得性，对动态的组织间互动的考察显得更为重要。从两类学习的影响因素来看，影响创意产业网络式创新能力的主要变量有社会资本存量和网络结构因素两个方面。

创意产业的网络式创新能力同样主要体现为创造性模仿能力与自主创新

能力。创意产业的创造性模仿能力是创意产业创新能力的重要方面，而自主创新能力是在此基础上更高的阶段。笔者认为，在创造性模仿阶段，创意产业内隐性知识的扩散程度更高，例如，通过劳动力的流动和非正式的组织间互动，第Ⅱ类学习行为在这一过程中发挥着重要作用。而自主创新能力对于知识的显性化要求更高，在网络式创新背景下，更多地依赖于第Ⅰ类学习。另外，在创意产业创新能力的发展过程中需要强调知识产权的界定与保护问题，清晰的知识产权界定可以使创造性模仿能力沿着健康的方向发展，进一步演化为创意产业的自主创新能力。

创意产业创新能力的发展具有相当的政策效应，但从两类学习的前提、过程及其效应来看，我们得出了一个似是而非的结论：第Ⅰ类学习是企业与机构间有意识的行为过程，但社会资本是长期累积的过程，并非有意识地培育就能获得；而第Ⅱ类学习作为结构作用下的自发过程，对于管理者而言却能相对容易地引导和建构。也就是说，从政策含义来看，有意识的行为却很难有意识地引导和加强。因此，寻求政策的导向作用不应该忽视管理者在结构优化方面的作用。尤其是对于园区内的竞争行为，良好的制度环境使得个体的私利动机也能为创意产业整体的公共利益服务。

从相关文献来看，大多认为管理者应该从协调企业间行为，培育信任关系，加强企业及机构间的正式合作来培育竞争优势、促进创意产业发展。例如，有的学者将学习行为做低水平与高水平之分，有的将产业园区网络做“静态网络”与“动态网络”之分，都暗指或明示了只有建立在有意识的合作基础之上的学习对于创新能力起着决定作用，在此基础上的学习与创新才是应该倡导和培育的。但管理者直接针对企业行为的政策往往适得其反，因为园区内个体企业所有者关心的仍然是企业自身的利益得失，而非创意产业的总利益。我们无意于否定自觉的合作在创意产业发展中的积极作用，但是从根本上而言，创意产业创新能力的提高有赖于创意产业结构的优化和机构的培养，积极的政策应包括培育合作和优化结构两个方面。政策应寻求建立和优化创意产业中的企业家网络、劳动力网络、投入—产出网络和技术网络，鼓励园区内企业及机构间的互动，消除集体学习的障碍以加强创意产业的创新能力。集体学习的障碍可能涉及对于知识溢出、组织间的互动与合作以及劳动力的流动等方面的限制，在这里政策的一个重要作用就是通过优化创意产业结构、培育本地的公共机构消除这些障碍以便于知识的扩散、积累与新知识的产生，以提升创意产业的网络式创新能力，实现创意产业的持续健康发展。

第三节　创意产业集群化：基于互补性资产与产业链整合视角*

创意产业的发展规模和程度已经成为衡量一个国家或城市综合竞争力水平高低的重要标志。本部分借用企业理论中的互补性资产概念，从产业经济学的产业链理论角度，对创意产业的产业链结构进行试探性研究，认为创意产业的产业链结构呈现出网络状特征。并从产业链的价值形式和知识形式两个方面，总结了创意产业链整合的实现模式。提出发展创意产业集群须培育本地企业的互补性资产，尤其是外部的互补性资产，实现在全球价值链上升级，最后以“蓝猫”动漫产业的产业链分析及整合作为实证案例。

一、引言

以动漫产业为代表的当代创意产业已成为后工业时代美、日、欧等发达国家和地区促进产业结构转型与升级、驱动经济社会发展的新引擎。例如，美国迪斯尼公司经过多年的经营，形成了以影视娱乐、媒体网络、主题公园和消费产品为一体的价值经营体系，全球雇用员工超过 10 万人，2004 年的营业额超过 300 亿美元。日本的动漫产业占据世界市场的几乎 2/3，韩国的网络游戏产业占据全球网游市场的 1/3。

发展创意产业是近年来全国各大城市的一个热门话题，北京、上海、长沙、深圳、杭州、大连等市纷纷挂牌成立创意产业基地。然而，国内的理论

* 此部分内容根据已发表于《中国软科学》2009 年第 5 期内容改写

探讨和实践经验都十分不足。如2007年7月北京大学产业集群研究团队在深圳调研创新集群的过程中，了解到深圳环球数码媒体科技有限公司历时5年制作并发行、总投资额高达1.3亿元的中国首部全三维数字动画魔幻电影《魔比斯环》，却以不足500万元的票房收入而收阵。类似案例还有，北京电影学院动画学院历时6年制作的国产动画片《小兵张嘎》迟迟不能在国内上映，上千万元投资找不到商业回报的出路。与此形成鲜明对比的是，国外动漫厂商经常以廉价甚至免费赠送动画片的手段进入中国市场，然后以推广衍生品及形象授权来获取高额利润。实践经验告诉我们，很多企业实现了成功的创意突破并显著提升了现有的产品，但经常无法对成功创意的产品进行商业化，导致产品创意最终失败。因此，成功的创意不仅需要上游企业研发的竞争力，而且需要与市场相关的下游活动。

二、互补性资产与创意产业集群

1. 互补性资产

成功的创新不仅需要上游研发的竞争力，而且需要下游市场相关的活动，下游的价值链活动在本质上一般是非技术性的，但对新技术的商业化却是必需的，可能决定了技术创新的利润（Teece，1986）。企业要想从技术创新中获得经济收益，必须拥有能够将创新引入市场的额外资产。例如，分销渠道、服务能力、客户关系、产品供应商关系以及互补性产品，Teece（1986）在分析很多创新发起企业不能获得来自创新的利润的原因时，认为创新的商业化“需要创新的专业知识与其他能力或资产一起使用，服务（如营销、竞争性制造）和售后支持几乎总是必需的。这些服务只能从互补性资产中获得，是专业化的”。日本动漫产业的主导盈利模式是通过衍生品来开发和挖掘潜在的市场价值空间。如《千与千寻》和《幽灵公主》在日本国内票房收入均超过1亿美元，并借助于迪斯尼的发行渠道成功打入美国电影市场，但超过80%的商业价值都是在衍生品阶段实现的，传统的“电视播放+影院放映”途径所产生的商业价值不足2%。这说明，动漫产业的商业回报和再投资能否实现，很大程度上取决于动漫产业下游的衍生品开发及后续的价值环节。

而深圳环球数码公司及其动画影片《魔比斯环》，历时5年，前后共有400多位中外动画设计师参与，总投资超过1.3亿元，其中制作成本高达8000万元，《魔比斯环》完成之初，在内容、题材、档期、宣传力度、与其他影片的市场竞争等，完全模仿好莱坞的动漫电影盈利模式，由于受到了美国垄断电影厂商的阻挠，在海外市场未能成功上映；而在国内市场，这部长达90分钟的动画电影平均每分钟的制作成本接近100万元，而影院票房收入不过500万元，国内各大电视台收购价也不超过80元/分钟，同样在DVD发行和新媒体开发（如手机娱乐终端）上的收入也是寥寥，可谓杯水车薪，远远难以收回投资。《魔比斯环》动画片的商业化失败除了公司本身的战略和市场定位以外，更多的还是互补性资产的欠缺，例如，他们没有开发衍生品，没有相关的书籍、漫画、宣传物，甚至在电视台播出这个价值环节上，也未能获得相应的商业回报。互补性资产的所有权，特别是当它们专门用于创新的商业化时，决定了谁能从创新中受益。因此，企业在开展技术创新活动时，如果只有研发技术，而欠缺与技术创新相互补充的资产，那么这项技术创新一定不会成功。Teece（1986）在他的概念性框架中区分了三种不同类型的互补性资产：通用的、专业化的和共专业化的。通用的互补性资产不是专门用于创新，而且可以通过市场交易获得，一般性目的的制造设备属于这种类型。专业化互补性资产表现出创新对互补性资产的单边依赖，共专业化互补性资产则表现出双边依赖。由于互补性资产的单边和双边依赖的差异并不是本研究分析的重点，因此，本书的专业化互补性资产统指专业化和共专业化的互补性资产。专业化互补性资产的建立通常需要很长的时间，因此是路径依赖和独特的。这些资源通常是有价值和难以模仿的，因此是竞争优势的一个来源。

2. 互补性资产和创意产业集群

对于创意企业来说，如果要实现新创意成功的商业化，必须组合必要的技术和非技术价值链活动，新创意产品商业化一般需要如衍生品开发、制造、分销以及服务系统等互补性资产的支持，一旦新创意获得了成功，主导企业一般还需要提供相应的后续技术来维持销售和实现成长。若主导企业能够与相关企业通过契约协定，让对方使用自己的专业化资产，这样主导企业根本不用进入新的技术领域就能通过其他进入企业利用自己的资产来收获新创意的商业利润。这样企业之间形成一种动态网络，这种动态网络可以使企业关注其核心能力并与产业价值链上的其他企业结成合作伙伴。因此，根植于企业间关系网络的企业可以优先利用新兴机会，而且还可以使企业产生关系租金，如果相互独立分离则不会产生（Dyer Singh，1998）。此外，由于与主导企业的合作可以获得合法性，因此能够产生积极的声誉效应，拓展其下游价值链，提高其创新性产出成功商业化的概率。而主导企业可以专注于核心能力开发，专注于新的创意产生，既保持了现有的市场地位，又避免了重复，如与分销、制造或品牌声誉有关的商业化投资。

除了创新性企业的内部需要持有制造、营销、顾客服务、财务资源等众多特质互异的互补性资产之外，地理邻近的其他相关企业的互补性资产也可以利用，这就是互补性资产的外部化。即有助于原创企业的创新产品和创意产品实现市场成功的其他相关企业的互补性资产，包括专业营销企业的互补性资产和其他从事衍生性产品研发、制造和营销企业的互补性资产。这也是外部互补性资产成为创新集群（Innovation Cluster）、创新性集群（Innovative Cluster）和创意集群（Creative Cluster）研究的基础。国外实践如好莱坞娱乐业、布里斯多尔历史自然纪录片产业、斯德哥尔摩的音乐产业等都证明创意产业集群可以为发挥创意活动的商业价值提供完善的外部条件，例如，专业化的培训教育和灵活的人才市场、多样化的市场需求和相关产业支撑，以及频繁的信息交流。当代新经济的显著派生特征是在地理空间上的专业化地方集群，在这些集群内相关的行为主体之间形成紧密的关系网络。在关系网络中，由于企业之间的专业化分工，那些内部互补性资产不足的企业都可能从地理邻近的其他企业那里获得互补性资产。这种情况下，企业间合作允许参与者集中于他们各自的比较优势，反过来又提升了拥有互补性资产的主导企业的新产品开发。集群内主导企业和新创意发起企业之间的企业间合作体现了有益的劳动分工，充分利用了资产之间的互补性。这主要体现在专业化分工产生的规模经济、技术和知识传播扩散过程中的外部经济性，以及空间集聚引起的低运输成本，成为集群竞争优势的基本来源和地方经济发展的重要动力。

三、产业链整合与创意产业集群

创意产业是具有原创性、具备明显知识经济特征和高度文化含量的一种产业，它将具有原创性的产品规模化、产业化，使之产生经济效益，它以创意为核心，借助高新技术将创新性思维直接转换成具有高度经济价值的产业。创意产业中的许多行业也正是在“微笑曲线”的两端，即新技术、新产品开发，品牌、服务等的推陈出新中发展起来的。在曲线左端，可以通过在传统产品上复合具有文化或其他创意的内涵使其增值；在曲线右端，可以通过使体现文化、精神、品位的品牌和服务商业化提高附加值创意。在纵向一体产业链中，知识完全固化在产品上，除去产业链上、下游之间的投入产出关系，产业链上的知识主要以隐性知识的形式存在于一个个独立的企业内部。模块化产品生产分工、价值链分解的背后是知识分工，网络状产业链不仅存在模块之间的知识分工，在整个产业链上也存在知识的共享产业的价值链，可以用图5－4、图5－5简单地表示。

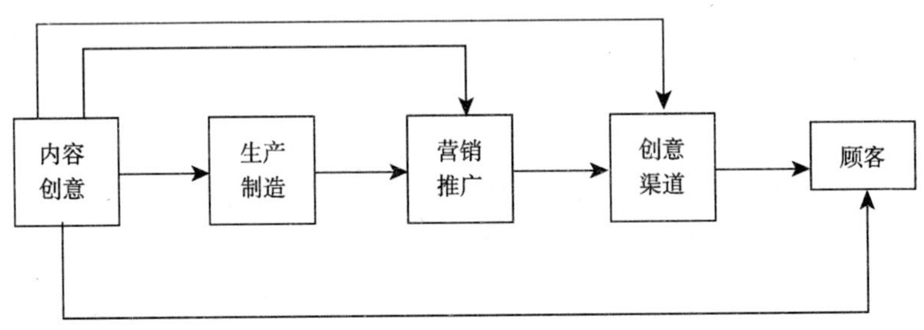

图5－4　创意产业价值链

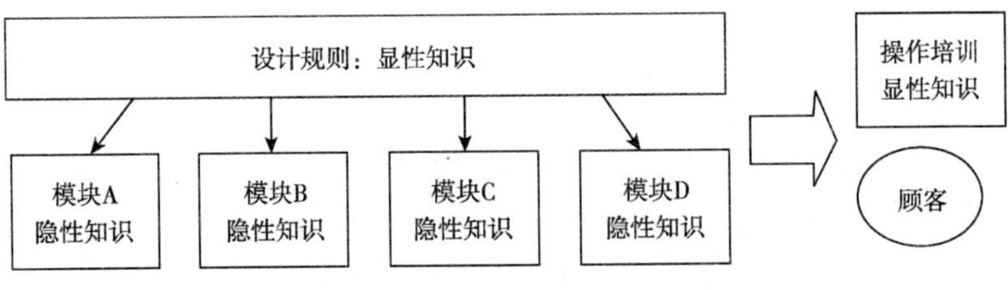

图5－5　网络状产业链知识分工

国内外创意产业发展的实践证明，形成完整的产业链是创意产业成熟的标志。产业内各种互补性资产的整合，使不同企业之间相互配合形成一定的产业链，才能为整个创意产业的发展提供源源不竭的动力。相对于其他行业而言，创意型企业更加注重产业链的延续和相互之间的配合，即互补性资产的开发，例如，一个漫画可以衍生出电视、电影，然后是网游，接着是书籍、玩具，并进而衍生出广告、服装、时尚消费等其他更多的产品。因此，必须从创意产业链的价值形式和知识形式两个方面对产业链上的互补性资产进行整合。

（一）创意产业链上互补性资产的价值整合

1. 创意产业价值链内部整合

创意产业高度增值的空间在“微笑曲线”的两端，尤其是在右端品牌、服务以及靠近右端的渠道，价值链有很大的延伸空间。主要体现在三个方面：

（1）渠道拓展，传播渠道是创意产业价值中重要的环节，如果没有通畅的传播渠道，再好的创意内容也无法转化为最终消费品，进而创造价值。如世界传媒业巨头新闻集团将传播渠道定为其战略环节，展示出了掌握越多的信息传送形式、赚取的利润就越大的经营理念，即渠道制胜的盈利模式。新闻集团的传播渠道包括广播、电视、报纸、杂志、图书、网络等。在2007年财务年度收入中，内容制作部分的营业额和利润只占到这个集团的1/4左右，而传播渠道部分的营业收入占整个集团近70%，利润占了整个集团的3/4左右。新闻集团在同时重视内容和渠道两者的前提下，发展中心更倾向于传播渠道。

（2）品牌衍生，以品牌为基点，辅加上各种经营手段以获得最大的利润，来延长产业价值链，利用品牌开发各种衍生品，获得更广泛的盈利空间。如迪斯尼集团就是一个成功运用该模式的典型企业。迪斯尼不断推出一部部制作精美的卡通片，每一部影片推出后都要大力宣传去扩大票房收入，并通过发行拷贝和录像带，获取第一轮利润。然后是后续产品的开发，主题公园是其一，每放一部卡通片就在主题公园内增加一个新的人物，在电影和公园共同营造出的氛围中，让游客高高兴兴地去参观主题公园，迪斯尼由此获取第二轮利润。接着是与品牌相关的消费品，迪斯尼在世界范围内进行知识产权交易，建立了大量的迪斯尼商店，通过授权销售品牌商品，迪斯尼获取第三轮利润。迪斯尼公司就这样用一两年时间打造一个关键产品——一部全球知名的儿童电影。接下来的两三年里，利用“利润倍增器”挖掘电影、电视、音乐 CD、主题公国、玩具、服饰等相关产品的利润。

（3）服务定位。通过出售满足消费者需求的服务来掌握控制终端客户，从而获取利润。随着经济、社会的发展，利润沿着价值链发生了转移，相对于制造环节，销售环节获取的利润更加丰厚，但是随着经济、社会的进一步发展，在某些价值链中，销售环节也变成了无利润区，价值的创造主体和获取主体发生了进一步的分离，制造和销售产品的企业所能获取的利润十分有限，而大量的利润都在消费环节中产生，利润由产品的销售环节转向了消费环节。例如，对于手机行业来讲，在整个产品使用期间，制造手机和销售手机的企业所获得的利润与使用手机过程中通信服务商所获得的利润比大约是 1:10。同样，随着生活水平的迅速提高，个性化需求不断强化，人们已不再仅仅满足于一般的同质化产品，而是对产品的异质化要求越来越高。与此同时，技术扩散速度越来越快，一项新技术往往在很短的时间内就会变得很普通，这就使得产品本身的异质化空间越来越小。在这种情况下，企业仅仅从产品本身追求异质化已经远远不够，还需要从服务上体现出自身的与众不同。对提供精神消费品的创意产业来说，重要的利润来源在于顺应价值的下游化转移趋势，通过出售让顾客得到精神体验等个性化服务来掌控终端。因此，服务是决定产品异质化程度的重要环节，从本质上讲，它是企业对自身产品的一种价值增值。消费者之所以购买某种服务，是因为这种服务具有体验价值，能够提供感官上的享受。

2. 创意产业价值链外部整合

（1）价值链外部整合模式。由于靠纵向一体控制一个长而复杂的产业价值链而获得最大利润已经是不现实的事情，尤其不适合创意产业的发展，产业价值链的解构与重新整合就成为了必然。首先是对传统价值链的解构。把连在一个链条上的供、产、销的一个个的链环拆解下来，从中选择那些本企业居于竞争优势的环节加以保留，然后再把分离出来的链环以业务外包模式交给其他具有优势的合作伙伴，与之形成一种战略联盟。原始价值链经过这样的解构，原来拥有整个链条的企业可能只会保有其中某个或某几个链环，或者每一个链环都会成为一个单独的企业，集中于专长，凭借比较优势将业务集中到具有利润空间的某个环节。常见的模式有兼并收购和虚拟价值链两种。在创意产业企业迅速壮大的过程中，横向并购、纵向并购以及混合并购都是可采用的手段。横向并购是生产或经营同类产品的企业之间发生的并购行为，其目的是为了提高规模效益和市场占有率，从而在这项核心业务的市场上居于霸主地位；纵向并购一般是跨国性集团在产业价值链整合中采取的手段，而大多数中小型的创意产业企业是不会有资本支持采取这种方式的，混合并购指并购对象和并购企业不处于同一行业，通过并购主要是发展企业多元化战略，其实这种手段与上文中提到的渠道拓展是结合在一起的。数字时代消除了新闻出版业、广播电视业、娱乐业、信息产业、家电制造业的传统行业壁垒，使众多关联产业共同整合在创意产业中，电信运营商、传统媒体、终端制造商、服务提供商、广告纷纷被整合到新的价值链获取更多的利润。

虚拟价值链是价值链不同环节上的企业为了为实现某一战略目标形成的战略联盟，以此来聚合彼此的核心专长，合作创造更大的价值。虚拟价值链基于“双赢”与“合作”的经营管理，通过整合价值链系统中联盟企业的分散资源以及共享信息，扩大市场份额，提高运作速度，分担市场风险，实现优势互补，并且能间接实现多元化、寻求新增长点的目的。

（2）价值链外部整合的增值机制。不管是外包、兼并收购，还是虚拟价值链的协作，创意产业链上互补性资产的整合最终都是实现以创意企业为核心协调下的网络组织模式。在创意主导企业协调下的网络组织模式中，主导企业在网络组织中发挥着领导作用，体现出很强的网络组织控制力。创意企业周边的制造商需要来自主导企业的技术、加工工艺等诸多方面的指导和监督。因此，在主导企业和周边制造商的互动过程中，体现出制造商对主导企业的依赖关系。但随着制造商自身技术、能力的提升，在双方交易关系中的作用地位会越来越突出，对网络组织的贡献也将越来越大。制造商为了更好地赢得主导企业的信任，获得更多的外包业务，必须不断地提高竞争力，包括改善产品质量、缩短设计和制造的周期、降低成本等。各制造商竞争力的提高反过来使得主导企业整合后的终端产品竞争力也得到提升，从而双方形成一种良性循环，提升了整个产业链的价值。创意产业中的企业根据规模、性质、产品等的不同，在网络组中，有的扮演主导企业的角色，更多的则是主导企业周边的制造商。周边制造商在服从主导企业制定的系统设计规则指导下，独立地确定内部的个别设计规则并自由地发挥对本部件的设计，不必考虑其他制造商的设计思路。因此，协调通常只会发生在系统整合商和周边制造商之间，而制造商之间几乎不用协调，从而降低了协调的成本。此外，由于系统整合商可以自由选择周边制造商也降低了机会主义的风险。因为模块化的设计方法使得对某一个模块进行调整时，并不影响其他模块的设计，也就不会对经过模块化整合的最终产品造成很大的损失，从而极大地降低了各模块制造商要挟的机会主义行为。

在创意产业集群内，关于“集群创新”的动力机制，有学者认为，产业的柔性集聚体实质上是一个知识创新体，高度专业化的技能和知识堆积，既竞争又协作的相关企业与竞争者，密集分布的中介机构与精于经营的客户在地理上集中，为集群内企业提供了实现创新的重要来源与物质基础，同行之间的相互比较带来竞争压力，进而转化为创新动力。特别是对创新极为重要的隐含经验类知识（Tacit Knowledge）蕴藏在人们的大脑中，个人属性较强，知识转移往往不是在市场中发生，而是依赖于非市场化的交流完成，即通过企业间的人才流动和私人交往方式来实现。如图 5 –6 所示创意产业集群技术创新之轮沿着从右到左方向滚动的力量，包括市场需求、政府激励、市场竞争、地域文化、企业间交互联系等。但所有的这些辅助力量都是在以主导企业的治理转换中完成的。

（二）创意产业链上互补性资产的知识整合

在创意网络状产业链中，知识是最主要的资源要素，产品关联和资产关联都让位于知识的关联，知识的不可分性对于产业链整合的影响大于产品和资产的不可分性。在创意产业链中，创新知识的拥有者主导产业链互补性资

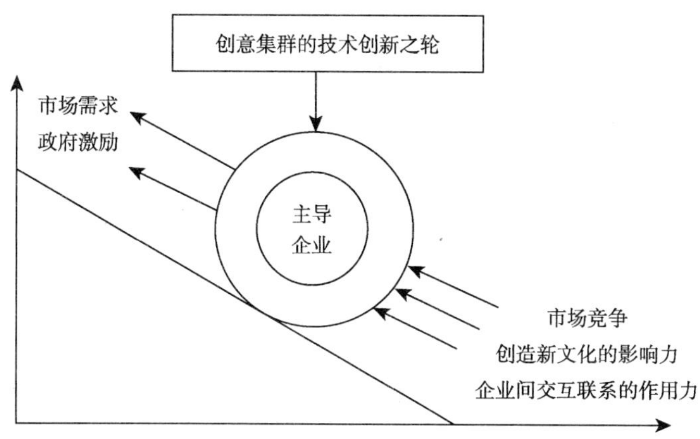

图5－6　创意集群的创新机制

产的整合，这些主导者可以是单个的创意企业，也可以是由多个企业结成的联盟，通过拥有知识优势的“舵手”，借助辅助资源，进行知识的整合，知识联盟就是很好的整合模式。

知识联盟是企业为达到增强或创新企业核心能力的战略目标，与其他企业或组织结成的以知识共享和转移并共同创建新知识为主要特征和手段的高级战略联盟形式，以结盟伙伴间学习和创造知识为基本特征，强调联盟伙伴间的信任和创意产业链整合的实现模式密切联系，更重视在学习伙伴能力基础上的共同创新，重视自身的学习能力，期望通过建立学习型组织，使在联盟中获得的新知识能够顺利地在组织内传播，并转化为企业核心能力。企业知识的主要来源来自企业的内部，企业自己投入资源生产知识，如技术知识、决策常规知识。这种自力更生策略有其局限性。这是因为它不仅需要花较长的时间，而且需要花费较多的资源。在重视专业能力、产品生命周期较短、竞争极为激烈的创意产业中，一个企业想完全靠自己获取关键性的资源、能力以及技术是风险相对较高的策略。再加上由于隐性知识越来越多，一家公司采取自力更生的策略来获取所需要的全部知识也日趋困难，而由企业外部通过市场交易以及合并、收购其他企业的方式来获取隐性知识也存在种种障碍。利用市场交易进行知识转移会因为信息的不对称问题造成交易成本较高，而且当一家企业想从别的企业获取隐性知识时，它必须和对方有直接的、密切的关系，允许它的员工、装备、构思、文化等超越企业的边界。在这种情况下，仅仅依赖市场交易，大量的隐性知识就无法顺利转移。通过知识联盟，隐性的知识通过社会化、外在化、组合化、内在化的过程更好地实现知识共享与知识分工。而且创意产业领域需要艺术、技术、经营、管理等各种知识，并且知识获取、更新的速度较快，单靠企业自己内部学习是无法满足需要的。相关企业集聚的创意集群为企业的成长和发展提供了外部支撑环境。另外，从经济学的成本收益出发，知识联盟是企业获取新能力和新知识的一种最佳形式。它目标明确，组织形式灵活，又能够创造隐性知识移动的条件。

四、实证研究：以“蓝猫”动漫产业群为例

《蓝猫淘气 3000 问》是国内影响面最广和市场运作最成熟的动画片，创造了世界最长动画片吉尼斯纪录，“蓝猫”品牌也被业内称为“中国动漫第一品牌”。“蓝猫”品牌的飞速发展除了“蓝猫”形象本身的魅力以外，还离不开经营者们精明的产品衍生发展模式。“蓝猫”产业群的组建形式为：依托“蓝猫”卡通形象为品牌资产，通过商标分类授权的形式与其他众多公司形成股份公司，借助外部科研力量组建虚拟研发网络，采取委托研发或者买断技术的形式，依靠采取 OEM 形式或者由品牌授权公司制造。为了分散单一品牌可能遭遇的风险，“蓝猫”在品牌运作上采取多品牌策略，推出了“淘气”、“菲菲”、“甜妞”、“肥仔”、“鸡大婶”、“咕噜噜”等子品牌。此外，还有以“蓝猫”品牌注册的保健食品、玩具、日化用品、服装等各类公司，几乎囊括动画所有衍生产品的种类。这种动漫衍生产品的多元化扩张模式和整合营销模式被业内称为“蓝猫模式”。

(一)从“蓝猫”的成长总体上看,“蓝猫”的成长经历了三个阶段

1. 创业起步阶段

1997 年，一门心思搞动画的“蓝猫”之父王宏在制作全动画教育教材受挫后，遇到北京三辰公司董事长孙文华，两人立即合资成立三辰影库公司，开始制作由《十万个为什么》改编而成的《蓝猫淘气 3000 问》。

2. 品牌打造阶段

1999 年 12 月，北京电视台首播《蓝猫淘气 3000 问》，随后，中国内地和香港、台湾的 1020 家电视台也同步播出，“蓝猫”迅速成为亿万儿童心目中的国产动画第一品牌。“蓝猫”卡通形象被广泛认可后，三辰集团又扩大了以蓝猫为中心的“教育娱乐”品牌，先后制作了以“动感”创造“感动”的三维环保卡通《青春号》。开发《蓝猫快乐活动幼儿园系列教材》，用多媒体促进幼儿教育跨越式发展，以教育部重点课题“电影课”为依托，推广“蓝猫”杯“校园电影”，推出“三辰影库”，成为国内最大的教育信息资源库。

3. 品牌经营阶段

“蓝猫”品牌不断得到强化的同时，趁电视台热播“蓝猫”卡通片，三辰集团迅速跟进，在北京成立了蓝猫产品营销公司，大规模组织“蓝猫”衍生产品的开发并建立专卖网络，推动蓝猫走出卡通荧屏，由此迅速形成覆盖上、中、下游盈利点的完整产业链，其品牌延伸到图书、音像、文具、鞋服、自行车等 16 个行业 6600 多种商品（见图 5 －7）。如今这部动画片仅品牌授权的年收入就达 1600 多万元，且呈现出上升态势。

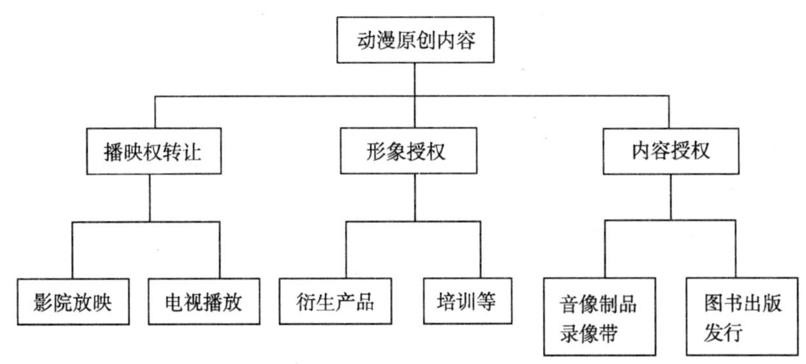

图 5 －7　动漫产业以知识产权为核心的价值流向

目前、三辰集团正在北京创建一个以政府为主导、企业为主体、以数字艺术为基础、以动漫游戏为核心的国家级文化创意园区，该园区集人才教育与培训、技术研发与服务、龙头企业集约发展、中小型企业孵化和国际经济技术合作以及创意社区等多功能于一体，具有极强的示范作用。

（二）互补性资产、产业链整合与“蓝猫”产业群成功的因素分析

回顾“蓝猫”的成长过程可以发现，它开拓了一条国产卡通走向市场化的经典路径，提供了一种在更高平台上进行品牌节目运作的创意产业发展的规范模式，探索出了最大限度开发衍生产品的有效方法，在打造有价值的产业链等方面提供了可供借鉴的成功经验。

1. 内容创意，独辟蹊径

动画形象承载的是一种文化品质，作为一种媒介，必须把握形象的内核，并将其融入产品，进行衍生。“蓝猫”的形象，不仅整合了图书、音像、玩具等传统行业，同时吸纳了软件、动画、游戏等新兴行业，最终形成更为广义和一体化的产业概念——创意产业，从而具备了嫁接创意和产业的双向能力。

“蓝猫”动漫在内容上将基本创意定位于卡通和科普的结合，首推“动画娱乐 + 知识传播”的新文化样式，把科普作为卡通题材，把卡通引入科普领域，既提高了科普的感染力，又增强了卡通的教育功能，融合了有益和有趣两大元素。通过“蓝猫”和“淘气”两个顽皮、可爱、好奇的卡通形象的经历，把上下五千年、宇宙星空、海洋环境、人体秘密、交通安全、消防安全等节目内容与中小学课程中的主要知识点对应起来，从而在带来乐趣的同时，把知识传授给孩子，适应了当今青少年科技教育的需求，填补了我国动画的一个空白，极富前瞻意识。

2. 互补性资产开发

“蓝猫”选择的是大众化、平民化和家常化的文化定位与技术路线，电视动画片靠数量取胜，“蓝猫”要在市场上站住脚，关键是能否形成持续发展的产品和品牌，做到每天播出 1 集，连播三五年，给卡通衍生产品以足够的发展空间。例如，“蓝猫”在电视台播出到 100 集、200 集时尚无广告跟进，而当播到 210 集时，娃哈哈集团看准了“蓝猫”的规模化效应，及时跟进，与“蓝猫”签订了 3 年的合同；播到 240 集时，招商银行与“蓝猫”结成战略合作伙伴；播到 270 集时，迪斯尼授权商、汕头添乐公司开始开发“蓝猫”系列文具等。“蓝猫”动漫的主导企业三辰集团将数字艺术视作自己

卡通创作的根基，先后建立了三个先进的动画制作根据地：在长沙，拥有一个近千名动画人才的国家级动画产业基地；在北京的全三维动画制作中心——北京绿手套数字技术有限公司（台湾西基动画公司作技术支持），拥有3D动画艺术、技术等多方人才达100多人；在杭州，最新合资成立了三辰卡通（杭州）动画制作公司。

3. 产业链条整合，成熟运作

主导企业三辰集团除了艺术创作的流水线作业外，还依托卡通品牌进行衍生产品的产业开发，也成为令“蓝猫”成功的一大创意。通过资源重组，在激烈的市场争夺中逐渐积累品牌内涵，储备文化商机，成功地打造出一条以卡通形象为龙头，跨行业、跨地域的“艺术形象—品牌商标—生产供应—整合营销”的“产业生态链”。

首先，精心打造产业链。主导企业三辰集团于2001年介入卡通形象衍生产品的产业开发，先后与相关厂商合作生产蓝猫系列音像制品、文具、玩具、童装、食品等产品。为此，三辰集团树立了打造跨行业产业链的大产业观，把创意、技术、营销等环节紧密联系在一起，形成一个“上游开发、中游拓展、下游延伸”的完整产业链，把广泛的儿童消费品产业整合进动画产业链中，从而永久获得该链条的上游资源支持，实现儿童消费、家庭及学校教育与卡通文化的整体融通，并以代理的形式在全国发展了2000多家专卖店。利用“蓝猫”的品牌优势，构建起一个跨越六个行业的“蓝猫”产业群。

其次，主导企业三辰集团还把产业链延伸到游戏产业，以教育为定位，以玩出“智性”、学得“趣味”为原则，开创了现代教育成长的新型方式。作为原创动画企业，主导企业三辰集团高度重视来之不易的产业链条，不断投入巨资，苦心积累原创节目资源、形象资产和品牌资产，慎重挑选在每个行业处于领先地位的企业集团进入自己的产业链，展开战略合作。在横跨图书、音像、文具、玩具、童鞋、服装、钟表、食品、饮料、电子用品、医药等十几个行业的漫长产业链上，开发出了数千种衍生产品。

再次，对于卡通产业来说，品牌形象一旦受到损伤，就意味着失去了根基。因此，主导企业三辰集团采取专卖的商业运作模式，在迅速实现扩张的同时有力地保护自己的品牌，2002年春节过后，三辰集团开始面向全国大规模招商，在全国铺开了“蓝猫”专卖店的推广格局，国内“蓝猫”专卖店数量在高峰期达到近2400家。随着产品的热销与知名度的提高以及产业链条的延伸，“蓝猫”不断遭遇“假猫”。例如，饮料类中“蓝猫”商标被河北某企业抢先注册，使得“蓝猫”饮料的推广无法在全国铺开，迫使三辰集团一度中断了饮料领域的发展。为此，2004年，三辰集团进一步整合终端渠道，在全国创建中心店，在此基础上，三辰集团高度明晰了责权制度，使专卖店只能通过区域销售公司订货，各专业公司必须承认和保护区域销售公司的统管权。通过这种运作模式，三辰集团在产品的更新和搭配上为专卖店提供了更好的服务，减少了中间环节，提高了配送效率，降低了物流成本。同时也和授权商的关系更为紧密，有效防范了一些只顾个体利益的公司扰乱“蓝猫”游戏规则。

五、结语

从上面的分析可以看出，如果缺乏互补性资产，再好的创意也不能创造财富，这也证明了辅助实现商业回报的互补性资产在创意产业发展中的重要作用。创意产业基地或园区成功的关键是发展产业集群，只有加大知识产权保护力度，激励本土相关文化创意产品的原创，促进企业互补性资产的培育，由此企业外部互补性资产不足的问题可以得到解决。可以预见，在我国，大量与海外发行销售机构之间有合作经验的专业营销企业将从创意产业中衍生出来，当它们为相关创意企业提供生产者服务之时，我国创意产业才能健康发展，实现在全球价值链上升级。因此，一方面，需要培育内部互补性资产，加强培养和引进专业从事创意产业前期的市场调研和策划、后期的发行渠道与品牌营销的创意企业和相关人才，不断向国际大公司学习、吸收、积累、借鉴和提高，在创意设计和市场行销两个环节加大资本投入力度，超越当前创意不足和市场受阻的困境；另一方面，需要形成本地创意企业的外部互补性资产，培育具有国际竞争力的产业集群。创意产业是以人才创意为本的文化产业，这个产业具有高度的劳动密集与创意导向，因此人才及其素质成为产业发展的关键。此外，创意产业的发展需要良好的人文环境和舆论环境，需要创意文化为产业聚集人气。整个产业链上各环节的价值实现不是孤立的，也不一定就是线性关联的，而是各环节之间的多重联系以及资源的整合，才使得创意产业网状产业链上的价值得以实现。

参考文献

[1] Bassett K., Grieeiths R., Smith I. Cultural Industries, Cultural Clusters and the City: the Example of Natural History Film-making in Bristol [J]. Geoforum, 2002 (33): 165-177.

[2] Banks M., Lovatt A., O'Connor J., Raffo C. Risk and Trust in the Cultural Industries [J]. Geoforum, 2000 (31): 453-464.

[3] Capello R. Spatial Transfer of Knowledge in High-Technology Milieux: Learning Versus Collective Process [J]. Regional Studies, 1999 (33): 353-365.

[4] Christopherson S., Storper M. The City as Studio; the World a Back Lot: the Impact of Vertical Disintegration on the Location of the Motion Picture Industry [J]. Environ-ment and Planning D: Society and Space, 1986 (4): 305-320.

[5] Department of Communications Information Technology and the Arts. The National Office for the Information Economy, Creative Industries Cluster Study Stage One Report [EB/OL] http: //www. Culture and Recreation. gov. au/cics/, 2001.

[6] Drake G. This Place Gives Me Space: Place and Creativity in the Creative Industries [J]. Geoforum, 2003 (49): 511-524.

[7] David Powell Associates LTD. Working Paper 3: The Views of Creative Industry Practitioners/Small Businesses in the Kings Cross Area [EB/OL] http: // www. Kings cross london. com.

[8] Florida R. The Rise of Creative Class[M]. New York: Basic, 2002.

[9] Florida R., Tinagli I. Europe in the Creative Age [EB/OL]. http: // www. Creative class. org/acrobat/Europe in the Creative Age2004. pdf, 2004.

[10] Grant R. Prospering in Dynamically-competitive Environment: Organizational Capability as Knowledge Integration [J]. Organization Science 1996, 7 (4): 375-387.

[11] J. C. Huang S. Newella. Knowledge Integration Processes and Dynamic Swithin the Context of Cross-functional Projects [J]. International Journal of Project

Management 2003 (21): 167-176.

[12] Keeble, David and Wilkinson Frank. High-Technology Clusters, Networking and Collective Learning in Europe [C]. Vermont, USA, Ashgate Published Limited, 2000.

[13] Lawson C. and Lorenz E. Collective Learning, Tacit Knowledge and Regional Innovative Capacity [J]. Regional Studies, Jun. 1999 (33): 305-317.

[14] Maskell P. and Malmberg A. Localised Learning and Industrial Competitiveness [J]. Cambridge Journal of Economics, 1999 (23): 167-185.

[15] Porter M. E. The Competitiveness Advantage of Nation [M]. New York: Free Press, 1990.

[16] Porter M. E. Location, Competition and Economic Development: Local Clusters in a Global Economy [J]. Economic Development Quarterly, 2000 (14): 15-34.

[17] Power D., Hallencreutz D. Profiting from Creativity? The Music Industry in Stockholm, Sweden and Kingston, Jamaica [J]. Environment and Planning A, 2002, 34 (10): 1833-1854.

[18] Sagnia B. Strengthening Local Creative Industries and Developing Cultural Capacity for Poverty Addeviation [R]. Sixth Annual Conference 17-20 November 2005 of International Network for Cultural Diversity, Dakar, Senegal, 2005.

[19] Scott A. The Cultural Economy of Cities [M]. Sage: London, 2000.

[20] Scott A. The Cultural Economy: Geography and the Creative Field [J]. Media, Culture and Society, 1999 (21): 807-817.

[21] Steinle C. and Schiel H. When do Industries Clusters? A Proposal on How to Assess an Industry's Propensity to Concentration at a Single Region or Nation [J]. Research Policy, 2002 (31): 849-858.

[22] Storper M. The Resurgence of Regional Economies Ten Years Later: The Region as a Nexus of Untraded Interdependence [J]. European Urban and Regional Studies, 1995 (2): 191-221.

[23] Scott A. J. On Hollywood: The Place, The Industry [M]. Princeton,

Princeton University Press, 2005.

[24] Scott A. J. Creative Cities: Conceptual Issues and Policy Questions [C]. The 5th Intern-ational Conference on Industrial Clusters and Regional Development, Beijing, 2006.

[25] Scott A. J. Capitalism and Urbanization in a New Key? The Cognitive Cultural Dimension [J]. Social Forces, 2007, 85 (4): 1465-1482.

[26] Teece D. J. Profiting from Technological Innovation: Implications for Integration, Collaboration, Licensing and Public Policy [J]. Research Policy, 1986 (15).

[27] 保罗·克鲁格曼：地理与贸易[M]. 北京：北京大学出版社，中国人民大学出版社，2000.

[28] 彼得·F. 德鲁克，等. 知识管理 [C]. 北京：中国人民出版社，1999.

[29] 杜静. 基于知识整合的企业技术能力提升机理和模式研究 [D]. 杭州：浙江大学硕士学位论文，2003.

[30] 何建平，李蕾蕾. 深圳动漫产业的发展路径及其本地—外部因素分析[J]. 当代电影，2005 (6): 113-117.

[31] 鲁若愚，陈力. 企业知识管理中的分享与整合[J]. 研究与发展管理，2003, 15 (1): 16-20.

[32] 汪应洛，李勖. 知识的转移特性研究[J]. 系统工程理论与实践，2002 (10): 8-11.

[33] 王缉慈，王敬甯. 中国产业集群研究中的概念性问题[J]. 世界地理研究，2007 (6): 89-97.

[34] 王缉慈，梅丽霞，谢坤泽. 企业互补性资产与深圳动漫产业集群的形成——基于深圳的经验和教训[J]. 经济地理，2008 (1): 49-54.

[35] 徐占忱，何明升. 知识转移障碍纾解与集群企业学习能力形成研究[J]. 情报科学，2005 (4): 659-663.

[36] 徐占忱. 区域企业集群主导学习模式的演进路径分析[J]. 科技进步与对策，2009 (10): 29-32.

[37] 薛红志，张玉利．突破性创新、互补性资产与企业间合作的整合研究[J]. 中国工业经济，2006（8）：101-108.

[38] 赵修卫．组织学习与知识整合[J]. 科研管理，2003，27（3）：52-57.

[39] 中野晴行．动漫创意产业论[M]．北京：中国传媒大学出版社，2007.

第六章　创意产业集群化的可持续发展：创意产业园区

第一节　创意产业园区的形成与发展：基于集群效应视角*

创意产业园区所表现出来的强大竞争力和在区域经济中扮演的重要角色，越来越引起人们的关注。本部分从集群理论角度，探讨了园内企业的产业关联性以及业务关联性所形成的协同效应，根据产业链的分工以及因长期合作所建立的信任基础，形成了非正式的合作契约，在这些个体、企业之间，既有相互竞争，又有基于资源共享和专业分工形成的协作。本部分重点考察了集聚效应的空间要素间的关联机制，力图解释基于集群效应的园区经济整体动力机制。

一、引言

近年来创意产业发展迅速，创意产业园区如雨后春笋般发展起来。政府大有继在郊区建造工业园区的大潮后，掀起在城市建造和改造“创意产业园区”的第二波热浪。借鉴创意产业发达国家经验的“造园运动”，深圳、上海于2004 年即带头建立创意产业基地，随即北京、南京、杭州、苏州、青岛等城市

---

* 此部分内容已发表于《经济问题探索》2010 年第 3 期。

纷纷打造创意产业园区。但是，值得我们注意的是，全国各地陆续出现的众多创意产业园区，多数是一种跟随现象，尤其是在只追求数量增加的思维模式的影响下，园区规划建设者对园区企业持续竞争力和区域特色产业优势的培育并没有给予应有的关注，这已经影响了创意产业园区的可持续发展。

尽管英国人是最早提出“创意产业”概念的人，但是艺术家社区或者说如今创意产业园区的早期雏形，仍需追溯到美国。广为人们熟悉的有伦敦出现过的激进的切尔西（Chelsea）和当前的豪斯顿（Hoxton）艺术村、纽约一度疯狂的格林尼治村（Greenwish Village）的“西村”（West Village）和“苏荷”区等。中国的创意产业园区也始于当代的艺术家社区，出现于20世纪90年代，尤以北京圆明园画家村为代表。随后，在中国的大江南北，相继出现了大大小小不同形式的画家村，如上海浦东五莲路的上海画家村，北京通州的宋庄、大山子的“798”工厂等。由于这一群体的产生正逢20世纪90年代中国社会经济转型和体制变革的大背景，因而，许多研究都从制度和群体两个维度着手，探讨了画家村产生的时代背景和社会基础、艺术家的群体特殊性和生活方式，以及艺术创作与产业市场化的关系等。并且，基于研究者所选取的不同研究对象，形成了许多特色案例。如今，创意产业园区的发展已经引起学术界和政府有关部门的关注，创意产业园区的发展问题已经成为当前区域经济研究中亟待深入探讨的课题。然而，有关创意产业园区产业组织形式与产业竞争力以及它们与区域经济增长的关系，目前，我国学者尚未有成熟的研究，仍然处于探索阶段。笔者认为，创意产业园区发展必须遵循经济规律，从培育区域企业竞争优势和产业竞争优势角度出发，构建地区环境优势，促进区域经济增长。本部分基于发达国家优势产业地理集中的规律和集群发展的内在机理，讨论如何把创意产业园区建设成为一个有序的、自组织的耗散结构，以推动地区经济持续健康发展。

二、集群效应与创意产业园区发展的关联机理

国内外关于集群的研究表明，集群内部的协同效应和自强化机制极大地提升了产业竞争力，从而促进了区域经济的快速发展，事实上，基于集群协

同效应的创意产业园区同样具有显著的竞争优势。创意产业这一知识型企业的创新过程需要大量的隐性知识的输入，隐性知识的获得及传播是有一定的地域范围要求的，随着距离的扩大，对于隐性知识获得和传播的有效性将会逐渐减弱。这就客观上要求创意主体在地理上的集中，而大量创意主体的集中又加强了隐性知识的交流，从而促进技术的创新、扩散。同时，这种连接区域内各个行为主体的环境和网络关系能够加强不同行为主体之间的信任关系，降低了创意主体和企业之间的交易费用，因而，又进一步加强了集中的凝聚力，有利于个体或企业间进一步学习，有利于创新能力的提高。由此可见，创意产业这类知识型集群除了追求规模经济和范围经济更是为了追求一种特殊的区域创新环境，以增强个体和企业的学习创新能力。

1. 集群效应与产业竞争力

波特认为，集群是指在某一特定领域内互相联系、在地理位置上相对集中的公司和机构的集合。作为介于市场和科层制组织之间的“中间性体制组织”的集群，有助于中小企业克服市场的交易分散性和不确定性风险，降低中间产品的交易成本，同时，也可以避免垂直一体化的科层组织的低效率。集群对于产业竞争力的影响表现为：①资源集聚效应。集群吸引了专业化供应商和专业人才，聚集了专业化信息，形成了专业化市场。集群所形成的这种资源集聚效应为集群内企业的生产和销售提供了有效的支撑。②分工与协作效应。集群内部形成的专业分工与协作，降低了交易成本，创造了外部经济和集体效率（Collective Efficiency）。同时，在集群内部，企业或个体间通过集体学习和“干中学”，促进了创新或创意的产生。③区域集聚效应。由于地理位置接近，集群内部的竞争自强化机制将在集群内形成“优胜劣汰”的自然选择机制，刺激创新和新的创意不断产生以及新企业衍生。④资源共享效应。公共物品共享使资源在集群内具有更高的运用效率，而区域品牌共享大大增强了集群内企业的比较竞争优势。值得指出的是，集聚效应产生的前提是集群内企业或个体围绕关联产业和产业链形成有机的分工与协作关系，而这正是创意产业园区发展中应该给予高度关注的地方。

2. 创意产业园区发展有赖于集群效应的形成

创意产业的发展不仅是个人和单个企业的行为，也是需要集体的互动和企业的地理集聚，但是，企业或个体在地理位置上的集中和公共物品的共享并不必然产生聚集效应。创意产业园区的发展有赖于园内企业的产业关联性或者业务关联所形成的协同效应。集群作为一种特殊的组织形式，集群内企业依据产业链的分工以及因长期合作所建立的信任基础，形成了非正式的合作契约。在这些企业或个体之间，既有相互竞争，又有基于资源共享和专业分工所形成的协作。罗伯特·巴泽尔（1998）指出集群内协同有四种形式：资源或业务行为共享、营销与研发的扩散效益、企业相似性、企业形象共享。与孤立的投资项目相比，协同可以创造远高于资本成本的收益。波特（1997）将业务单元之间的关联分为有形关联（基于价值链中技术、共同客户资源的共连（不同价值链之间管理技巧和知识技能的共享）、竞争性关联（实际或潜在的竞争对手）。从实际发生的共享行为及其创造竞争优势的方式分析，有形关联可进一步分为生产关联、市场关联、技术关联、采购关联、基础设施关联（财务、法律、人力资本等）。波特认为，当共享行为对成本状况与差异化驱动因素产生影响时，共享能带来竞争优势。但是，协同效应是在一定支撑条件下产生的，它是由组织结构而不是技术或企业规模决定的，产业关联性以及源于共同利益的相互依附和相互信任是最基本的条件。创意产业园区发展必须从产业组织形式着手，去寻找有效途径。集群作为实现企业间有效协作的组织形式，是推动创意产业园区发展的必然选择。集群的组织形式及其机制对于创意产业园区的发展具有重要的影响。

三、基于集群效应的创意产业园区发展目标与模式

1. 创意产业园区发展的目标定位

基于集群效应与创意产业园区的关联机理分析，笔者认为，创意产业园区的发展目标应定位于建设具有集聚效应的特色创意产业园区，或者说专业化创意产业园区。由于特色创意产业园区的产业特色鲜明，园区内企业有明显的产业关联性，从而能较好地在企业或个体间形成专业化分工与协作，建立起彼此间基于信任与承诺的非正式联盟。同时，关联企业或个体的竞争与合作又推动着创意产业园区内企业或个体创新或创意的不断产生，从而形成

产业发展的“自强化机制”。在这一特色创意产业园区内，每个企业或个体都因与其他关联企业或个体相互接近而享受集聚经济效应的辐射。应当指出，特色创意产业园区的形成是建立在“根植性”的地方文化和制度之上的，因而其特色是难以模仿的。这样的创意产业园区具有以下鲜明的特色和优势：

（1）市场竞争优势。在创意产业园区中，一般会有众多的相关企业或个体汇集其中，形成完整的产业业态，构成了产业链。园内企业既有分工又有竞争，这种相互的关联使得产业的价值链得以分解。创意企业专注于价值链的某个具体环节，从自己的相对优势出发，集中于自己的专长，从而充分发挥出自己的竞争优势。另外，园区内企业之间相互之间的竞争压力有利于构成企业的持续创新动力，从而使企业的资源与要素随时处于有效的利用状态。这将使园区内创意企业的竞争力得以持续提高。

（2）区域品牌共享优势。基于人文历史或者专业化市场等因素而形成的区域品牌是园区内企业可以共享的无形资源。随着创意产业园区品牌的发展和品牌的知名度、赞誉度和忠诚度的扩大，创意产业园区忠实客户的队伍不断扩大，同时园区品牌的知名度也成为区内每一个创意业者分享的资产。

（3）降低了交易成本及风险。创意产业园区将创意产业的供应商、生产商和销售商都聚集于同一空间，可以降低交易伙伴之间信息不对称的程度，减少交易伙伴及环境的不确定性。交易者的专用性资产、交易伙伴及环境的不确定性及信息不对称的程度的减少，能起到降低或节约创意产业交易成本的作用。另外，创意产业园区能为创意产业提供较好的制度环境和包括商业道德在内的创意产业园区文化，由于创意产业园区的固定性和长期性，创意产业园区交易通常不是一次性的，从而对园区内企业的机会主义行为具有约束作用，降低了交易风险。

（4）降低创新成本。创意产业的特征就是不断创新，而创新的结果则是不确定的，因此具有一定的风险，创意产业园区则通过企业之间的网络关系，达成分担创新风险的激励机制。

（5）有利于知识溢出。创意产业园区实现了创意企业与资源的空间聚集，尤其是在园区内创意产品生产的关键要素——创意人才的聚集。这种聚集会产生一个知识转移的过程，特别是与个人技能密切相关的隐性知识，也由于这种空间接近，而能够实现转移和共享。创意产业园区使得包含人力资本和知识资本在内的知识创新得以加速扩散，而且有着很强的自增强性。

2. 创意产业园区发展模式的思考

国内外经验表明，创意产业园区的形成主要有三种模式：一是依托大学发展创意产业园区。澳大利亚的昆士兰创意产业园就是依托昆士兰科技大学发展起来的，美国的“硅谷”，中国的“中关村创意产业基地”、上海的天山软件园区和时尚产业园区等都是依托当地的大学资源建立起来的。二是通过改造旧厂房、仓库培育创意产业园区。如美国纽约的“苏荷”、北京“798 工厂”、杭州的 LOFT 等创意产业园区。三是政府开辟新区创建创意产业园区。如上海浦东张江高科技园区内的文化科技创意产业基地、长宁区的多媒体产业园区也是新建立的。基于集群形成方式的多样性，笔者认为，创意产业园区的发展不宜照搬某一成功的模式，而应根据区域内已经具有的产业集聚基础或者可能形成的集群来加以引导和扶持，以提高园区的竞争力。创意产业园区可以是围绕为大企业提供配套服务而形成的共生圈，也可以是中小企业“抱团成堆”。从国外创意产业集聚区发展经验中我们发现，创意产业的企业呈现出“少量的大企业、大量的小企业”的特点，小型化、个性化、扁平化的特征，适合创意产业企业灵活设计、灵活经营、灵活发展的要求。因此，特色创意产业园区的发展模式可以有多种选择：

（1）以市场为依托，发展特色产业园区。波特认为，集群成功与否最终取决于市场。马歇尔在研究英国原生态产业区 Yorkshire 和 Lancashire 时发现，市场的自发力量可以促成集群产生，即消费者对消费品和劳务的需求通过市场刺激了生产的集聚。如在上海的特色创意产业园中，依托同济大学的赤峰路现代设计街，依托东华大学的天山路时尚设计产业园区，依托交通大学的天山路和乐山路软件园区以及依靠传统布局，在原产业基础上建立相应的创意产业基地，如河南南路上海城市广场，原是小商品、旅游纪念品的展示和交易中心，现发展为以旅游纪念品设计、制作为主的创意产业基地，这是特色创意产业园区发展的一种可选模式。

（2）在产业链上寻求优势环节，发展特色创意产业园区。地区特有的经济、技术、社会、文化基础决定了该地区的竞争优势。在产业链上基于优势环节形成企业集聚是发展特色创意产业园区的又一可选模式。这一模式一方面园区内部技术的溢出效应以及专业化程度的提高、规模经济的扩大使若干企业获益；另一方面，企业之间横向和纵向的联系，也给企业带来成本上的节约。正是基于企业之间的依存和联系，企业非常需要这种集群环境。目前，从上海发展现状来看，一些园区如八号桥、春明都市产业园、时尚产业园等已有一定的产业链基础，企业之间的联系也较为密切，且这些园区大多是自发形成的，更能凸显集聚效应。

（3）基于人力资源集聚，发展特色创意产业园区。科技和艺术的交融，科技发明与艺术创造的结合，是创意产业的最大特色之一。创意阶层是创意产业中最重要、最活跃的人力资源，既包括科学和技术精英，又包括人文和艺术精英。创意产业的集聚发展对具有卓越创造力和想象力的创意人才具有很强的依赖性。受人才区位的影响，创意产业一般倾向于接近高等院校和研究结构密集的文教区，以便得到人才和智力支持。美国的波士顿、纽约、洛杉矶、芝加哥等创意产业集聚区，大多集中了一批世界著名的大学。如波士顿拥有哈佛大学和麻省理工学院，纽约拥有哥伦比亚大学和纽约大学，芝加哥拥有芝加哥大学和伊利诺伊大学，洛杉矶拥有加州大学洛杉矶分校和南加州大学。以哈佛大学为例，由于哈佛大学在全世界享有盛誉，吸引全世界的精英到此学习，许多中上阶层人士也愿意选择到哈佛大学周围居住。同时，哈佛提供的优秀商业人才吸引了全世界的优秀投资者，助长了管理咨询产业、观光旅游业等文化创意产业的迅速发展。我国上海长宁区天山路的时尚产业园区是依托上海市服装研究所、东华大学和上海工程技术大学服装学院而建立的，天山路和乐山路的天山软件园区和乐山软件园区则是借助上海交通大学的技术和人才优势而发展起来的。

（4）依托现有或具有形成可能的企业集群，发展特色创意产业园区。按照波特（2001）的观点，集群有外生的，但更多的是内生的。因此，创意产业园区建设要优先选择现有的或具有形成企业集群可能的区域，要充分考虑具有支撑产业发展的独特优势的地区。单纯靠优惠政策吸引和扶持一批所谓的创意型企业难以达到创意产业园区发展之目的，更为重要的是，在经济全球化时代构建的优势将会减弱。从国外创意产业集聚区发展经验中我们发现，发展创意产业要重视创意人群的区位要求。一般来讲，越是愉悦的氛围越能激发人的灵感。从外观上来讲，创意园区不仅仅是一个建筑物，更重要的是它独特的历史背景和丰富的文化底蕴能够给创意人员一种强烈的感官感受，这不是通过模仿就能够形成的。目前，上海创意园区如八号桥、四行仓库、滨江创意产业园等不仅从建筑外观的表现上而且从园区内的发展来看，都各具特色，且入驻企业也都借助厂房的结构特点进行了改造，风格迥异，气氛活跃，有利于激发创作灵感，这是一般办公大楼所不具备的。

（5）基于丰富的文化资源，培育特色创意产业园。创意产业是先进技术与先进文化高度联姻的产物，其产品具有一定的文化性、前瞻性和创新性特性。这不仅要求当地具有丰裕的自然历史文化资源，而且要求创意产业相关利益者（生产者、销售者和消费者）具有一定的文化水平和艺术修养。而城市在长期的历史形成过程中积累了丰富的传统文化遗产，为创意产业集聚化发展奠定了基础，提供了可能性。许多创意产业集聚地就是在城市的旧城改造中形成和发展起来的，如美国纽约的“苏荷”区，原是纽约的旧工业区之一。上海龙华路 2577 号院，这个 130 年前的建筑群落如今正成为“2577 创意大院”，沙泾路 10 号、29 号的原远东地区最大的宰牲场——上海工部局宰牲场将成为“外滩 18 号 + 新天地 + 田子坊”式的时尚广场。

四、结语

创意产业园区是我国区域经济发展中一种探索性组织模式，也是一项复杂的系统工程，创意产业园区的发展仍然存在许多需要深入研究的问题。

很多地方政府都已意识到，地区之间的竞争不仅是经济实力的竞争，同时也是这个地区文化底蕴的竞争。在经济发展的同等条件下，一个具有浓厚的文化底蕴的地区无疑更具有吸引力。在当今社会，无论是企业间、城市间和国家间，竞争已经转变为原创力和创意之间的博弈，创意已经成为了一个区域发展的核心竞争力，创意产业的发展规模和创意行为的渗透程度也成了衡量一个地区综合竞争力的重要标志。而且，从国际经验上来看，当人均 GDP 超过 5000 美元之后，经济活动的商务成本和人力成本将不断提高，经济发展将主要依靠基本要素的创新。这包括科学技术的创新和商业模式的创新，而经济发展进程也将从投资驱动阶段向创新驱动阶段转变。因此，很多地区把发展创意产业指定为本地区发展的政策之一。然而，我国创意产业园区的兴建是在参考了国外创意产业发展的现状兴起的，这些创意产业发达国家的"造园"运动所取得的成果，也是我国很多创意产业园区兴建的一个主要立论，这些创意产业园建造之初的主观愿望是能够整合以园区为平台，实现资源的共享。实际上，我国国内创意产业园区有很多是政府的政策因素在起着主导作用，导致现行的经济发展条件下，很多地方的创意产业园区过多，资源分布不均衡，甚至没有资源。甚至是一些地区的创意产业园区成了一种圈地运动和房地产运动。因此，政府在看到创意产业的发展带来良好的社会效益和经济效益的同时，也一定注意不要盲目投资，重复建设，为了面子而去做一件不符合经济人理性的决定。

第二节　创意产业区竞争优势的演进：从"聚集效应"到"创新网络"*

本部分从创意产业区生命周期的角度出发，基于对聚集效应本质的探讨，揭示了创意产业区从基于聚集效应形成的静态优势向创新网络获得的动态优势演进的内在机理，并进一步探讨了创新网络的动态竞争优势以及培育创新网络的关键环节，为创意产业区持续发展提供理论指导。

一、创意产业区生命周期的演进规律

由于创意产业区源于个人创造力的开发，对文化的生产功能关注，使其形成独特的空间和竞争优势，因而一经出现，就受到了政府部门和学术界的关注，不仅主宰着当今发达国家的精神文化生产、消费和生活，也日益成为目前发展中国家城市化、现代化和工业化发展的新模式。当前国内外对于创

* 此部分内容已发表于《财贸研究》2009 年第 3 期。

意产业区的研究还刚起步，理论研究远远滞后于实践发展。已有研究主要集中在产业发展对地区经济增长的作用、个案研究等，相比之下，关于创意产业区竞争优势和创新作用机理和动力机制的研究较少，理论探讨不够，已成为妨碍学科发展的一个大问题，实际需求十分迫切。

与任何事物的产生、发展一样，创意产业区也有一个产生、发展和逐渐演进的过程。对创意产业区进行生命周期演进分析的理论依据来源于产业和产品的生命周期理论，需要指出的是，创意产业区是近几年才出现的新产业空间形态，它最初是以文化区的形式出现的，艺术家和文化人在其发展中起到了重要作用。但创意产业区的类型可以是多种多样的，既可以包括创作型的艺术中心和软件中心，也可以包括消费型的时尚展览和娱乐中心区。为此，作为一种基于研发、设计和精神创造的高端产业形态，创意产业区的生命周期与一般的产业区演进规律是不一样的。虽然当今世界上的大多创意产业区还处于萌芽和发展阶段，但是西方一些发达国家的创意产业区已发展了十多年，通过自我演进形成了具有典型特征的生命周期演进规律。如凯夫斯（2004）对纽约艺术中心的空间逻辑研究表明，现代艺术品市场的空间分布必然具有一种自我毁灭的特性，这一过程在纽约已重复了多次。1982 年以来，纽约东区不到十年就经历一次这样的循环。但应看到，在艺术中心经历了衰败—繁荣—丧失创造力—高档消费区等阶段以后，也使一个创作型的创意产业区演进成了一个高档的时尚消费创意产业展览区。这种“开始是艺术，结束是商业”的生命周期演进规律在市场经济自发型创意产业区中普遍存在。更为重要的是，作为生命周期规律，创意产业区可以经历萌芽—形成—发展—成熟—停滞—衰退阶段，但与一般产业区不同。经验表明，创意产业区似乎永无真正意义上的衰退期，创意产业区的生命周期演进规律和过程如图 6 – 1 所示。

一般产业区生命周期理论对衰退的理解是经济、创新能力和企业数量衰退等，代表的是已失去了经济活力。而图 6 – 1 表明，创意产业区作为创作中心的活力是衰退了，但是留下的却是一个经蜕变的新创意产业区，也即成熟的消费型创新中心及时尚、高度开放和交易创意等，对创意经济的贡献甚至比原来意义上的创作中心更大。进而言之，当创意产业区由创作中心演变成

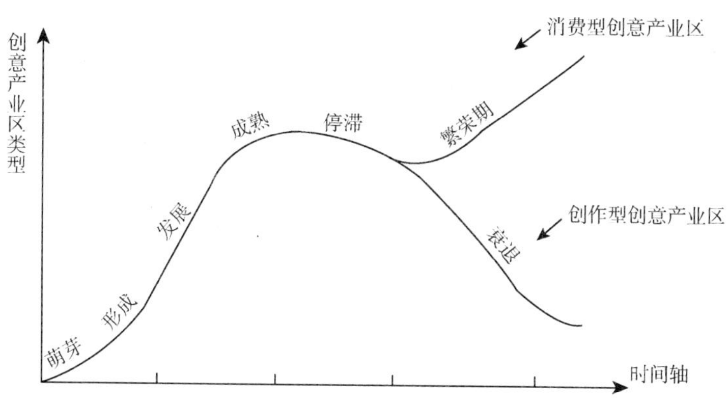

图 6-1　创意产业区的生命周期演进规律和过程

一个高档和时尚的商务中心时，由于其之前的文化品位和声誉效应，也使得商务展览中心的生命周期进入新的蜕变发展期，从而打破生命周期的演进规律。从另一个角度来看，它也可被视为创意产业区高级类型及对原生状态的转换和升级：创作型创意产业区转变为消费型创意产业区。需说明的是，经蜕变后的“消费型创新中心”也是创意产业区，以创意产品和服务展览、销售和休闲旅游等为主要经济发展方式，代表着创意产业区与一般生产型产业区不同的特征之一。

在创意产业区发展演进过程中，创意产业区的萌芽阶段是简单的聚集效应，区位选择趋于廉价的租金、宽敞的创作空间和激发灵感的空间氛围等。由于创意阶层属“自由人士”，属“独来独往”者和“炫酷一族”，因此，在创意产业区显现阶段，创意阶层之间没有太多的联系，聚集也是纯属物理上的聚集。然而，随着创意产品或服务市场需求量的上升，由于创意阶层的“不善交际”，聚集区内出现了各种各样的中介组织和支持机构，成为创意阶层和市场之间联系的纽带，弹性分工由此发生。通过中间组织，创意阶层之间开始彼此交流激发和创作灵感，从而形成了良好的竞合网络。一旦竞合网络产生，创意产业区就会进入良性发展期，吸引更多的创意产业入驻，更多的创业人士在此创意产业区中寻找发展的机会，从而推动创新的不断产生，形成创新网络模式，使创意产业区进入成熟期，并创立声誉。当声誉不断增加，创新不断循环而得到自我强化，创意产业区随之进入鼎盛时期，在全社会形成创意氛围，创新不断产生，随即形成创意城市。即创意产业区发展的系统形态是随着演进阶段的不断深入而从初级阶段发展到高级阶段。并且，这种发展不是简单的线性上升，而是具有系统演进螺旋形上升的性质。

因此，从创意产业区生命周期特征来看，创意产业区在诞生阶段一般基于“聚集经济”所形成的竞争优势，但这种优势在进入成熟期开始削弱。创意产业区生命周期理论表明，并不是所有产业区都能保持长期的竞争力。如何保持创意产业区竞争优势，延长创意产业区生命周期，就成为一个迫切的研究课题。笔者认为，竞争优势的基础不同对于创意产业区生命周期有决定性影响，基于这样的预设前提，本书将首先论述创意产业区由聚集经济形成的静态优势向创新网络获得的动态优势演进的内在机理，进而探讨创意产业区内创新网络的动态竞争优势以及创新网络的培育。

二、基于聚集效应的静态竞争优势分析

创意产业区竞争优势的基础是一系列具有相互依存关系的个体、企业聚集在某一空间区位形成的“聚集经济”，主要基于创意产业区内要素禀赋在特定地理区位集中而在生产成本、运输成本、廉价劳动力成本、交易成本、信息成本等方面获得的成本优势，从根本上说是一种静态竞争优势。

1. 聚集效应的内涵

德国人韦伯最早系统地阐述了聚集经济理论。韦伯认为，聚集实质上是工业企业在空间集中分布的一种生产力布局形式，聚集能够使企业获得成本节约的聚集经济，但只有把存在着种种内外联系的工业按一定规模集中布局在特定地点，才能获得最大限度的成本节约。韦伯的聚集经济理论尤其强调了工业企业在空间上的规模化，将聚集经济视为一种规模经济效益，或者说聚集能够享受专业化分工的好处。

然而，分工的深化意味着专业化与多样化并存，专业化经济和多样化经济是分工经济的两个维度。经济学家常用“范围经济”概念来解释这种多样化经济，一般认为它源于交易费用。美国经济学家艾伦·斯科特将新制度经济学提出并发展起来的交易成本赋予“空间”意义，认为交易成本在生产过

程空间纵向分解或纵向一体化中起着决定性作用，因为生产过程在空间上的纵向分解，导致交易费用增加，而相关的厂商或企业通过空间聚集可以减少交易费用，从而享受范围经济效益。斯科特对范围经济的理解更多从交易成本的角度，实际上范围经济更一般的内涵是生产或交易上关联企业之间的一种协同效应。对外部范围经济的追求，也是企业地理空间聚集的重要诱因（冯云廷，2001）。

因此，聚集经济本质是一种外部经济，确切地说，聚集经济主要是由与专业化相对应的规模经济和与多样化相关的范围经济共同作用而形成的一种复合经济效应。与此相关联，企业聚集通过共享合作和共同行动还可获得额外的好处，被称为“集体效率”（Connective Efficiency）。集体效率有两个来源：一个是外部经济，另一个是共同行动。聚集一旦在一个地方形成，就会引发螺旋式的自增强机制。原因主要在于聚集会引起交易成本降低，交易成本的降低可以导致企业的垂直化解，并引起进一步的聚集。

2. 创意产业园区的聚集效应

创意产业区从一开始出现就显现出了巨大的群落性聚集效应。实践证明，最初艺术家们选择租金便宜的阁楼和老仓库，看似是被这些地区的低成本所吸引而聚集，事实上，更深层次的原因是这些地区靠近市中心，文化积淀非常明显，且可以方便地获得信息、资源、公共产品和服务，获得“正外部性”经济。

创意产业区的发展是多文化的碰撞与交流而产生的火花，因此，聚集对于创意产业区的发展是必需的。创意产业区的形成在于提供创意产业发展所需的各种信息、人才、发明和市场需求，由此把相关的各种企业、研发机构、大众传媒、工作室、艺术家俱乐部、服务机构、教育培训机构等组合在同一个空间。这样不但降低了开发的成本，更重要的是能形成许多新的生产力组合。花建（2006）把创意产业区的这种聚集效应比喻成孵化创意和生产力的“蜂房”。他认为，创意产业区的建设者和管理者应该建筑这样一个蜂巢：真正的动力来自成千上万个小单位，蜂王的使命不过是鼓励和协调，勤奋智慧的蜜蜂们自然会有巨大的创造力。纵观国内外创意产业区发展的过程，无不显示着群落性聚集效应。如英国谢菲尔德的文化产业区以产业聚集的“簇群效应”为主，包括31栋文化类和创意类的建筑（千禧年博物馆、大学科技区、图书馆、BBC电台、艺术家村、油画陈列室、创业投资公司、版权中介公司、电影院和娱乐中心等）组合在一起，形成相互聚合、渗透激活的“引爆效果”。加拿大首都的渥太华—卡尔顿科技园区，聚集了以大学为基础而连接信息、软件、游戏等相关产业，并获得政府对信息和软件产业开发的大力支持，充满了科技和研发的气息。台北市的华山艺文特区，以非政府、非营利的“第三部门”主办，吸引了大量文化人、艺术家、会展工作室和设计师等，成为举办各种创作、会展和交流的“艺文之家”。

3. “聚集效应”局限性及其演进的内在机理

从上述有关聚集效应的论述可知，聚集效应很容易形成，只要具备一些要素条件，最普遍的原生态创意产业区一般都发源于聚集经济优势。可是，并非所有创意产业区都能保持长期繁荣，实际上很多创意产业区一度是非常成功的，因为空间聚集所获得的外部规模经济和外部范围经济，但是这种优势很容易被伴随空间聚集而生的“拥挤成本”等因素所削弱，最终使创意产业区失去竞争力。

一般来说，产业内的企业相对于产业区外的企业而言，竞争优势主要来自两个层面：由聚集经济产生的成本优势和由创新网络带来的技术创新优势。在产业发展的初期，产业区内的企业通过彼此之间的协作和专业分工可以获得生产效率上的改进，这种竞争优势是基于聚集经济而形成的。聚集经济优势归根结底还是基于要素资源集中所获得的低成本优势，这种优势很容易被削弱和模仿，而一旦聚集经济优势丧失，企业会选择转移到更有聚集经济优势的地区。Allen Scott（1997）认为，一个地区性的创意产业可能会因为生产系统的分化和锁定（Lock-in）效应而导致发展停滞。由于路径依赖（Path Dependence）的作用一旦创意产业朝某个给定的方向变化，则再进一步的质变的可能性就会被预先占用，这样会使产业的创意受到局限，使创意处于危险的境地，印度婆罗门画家文化风格的锁定、法国电影的衰落就是最好的例证。因此，随着创意产业区的演进，市场在不断成熟，竞争必然更加激烈，单纯的成本优势是不够的，必须转变竞争优势的基础，提高创意产业区的学习与创新能力，以赢得动态的竞争优势。在实践中，许多原生态的创意产业区都昙花一现，而硅谷的“创新网络”获得了长期的繁荣，从根本上是创新活力的差异所致。在经济全球化背景下，地方性知识和能力的积累与创造将是地区优势的根本（贾根良，2001），因此，如何保持产业区的创新活力以及“知识基础”对于创意产业区的持续发展是关键性的。一般来说，在进入成熟期后，创意产业区往往会因为创新内源力的缺乏而丧失竞争优势，如何培育创意产业区内创新网络，使创意产业区竞争优势的基础由聚集经济向创新网络演进，是创意产业区获取长期繁荣的关键。

由此，我们可以总结创意产业区演进规律：创新网络所带来的技术（创新）优势比产业区内企业由于深入的分工协作带来的成本优势更持久，因为聚集经济带来的静态竞争优势（如要素条件、分工协作）很容易随外部环境的变化而削弱，而动态的竞争优势是基于地方化知识和能力体系，难以复制和转移，故可以获得更长久的“超额利润”。因此，从创意产业区持续发展的角度来看，基于聚集经济的静态优势向基于创新网络的动态竞争优势演进是经济全球化背景下创意产业区的客观发展趋势。

三、基于创新网络的动态竞争优势分析

创新网络（Innovative Networks）是指多个企业特别是中小企业为了获得和分享创新资源而在所达成的共识和默契基础上相互结成的合作创新体系（徐华，2001）。创意产业区作为一种地方根植性网络，一个关键性特征就是内部个体、企业、供应商、顾客以及其他机构间的互动、互补，通过给予产业区内个体、企业广泛尝试机会、降低创新成本与风险、增强集体学习机制、扶持企业衍生，赋予产业区创新活力，最终形成地方化知识和能力体系，成为创意产业区长期竞争优势的基础。

创意产业区内创新网络竞争优势的基础是地方化的知识和能力体系，包含产业区既存的核心能力、专用资产（资源）和组织学习能力。产业区创新网络的既存核心能力包括聚集网络已经存在的知识和技能；产业区资产是知识和技能的载体，以使核心能力能够得到充分利用；学习能力是产业区动态演进的关键，包括网络内知识的积累和技能的共享以及能够使这些知识和技

能成为一个整体的集体学习机制，比如产业区内企业交互式学习的规则和惯例。产业区核心能力和资产相对来说是稳定的，其变动取决于产业区学习能力的高低。

1. 资源（资产）共享以及能力互补优势

由于创意商业化的复杂性使得它们难以被单个企业完全控制，通过创新网络的建立，技术和市场的信息能够在产业内企业间便捷传播。网络环境为个体、企业提供了一个信息交流的平台，让创意产业区内个体、企业以较低成本获得大量有价值的专业信息。

创意产业区中单个个体、企业的资金、人才和技术等创新资源有限，难以取得创意商业化技术突破，即使取得成功，创意也往往在开拓市场方面受到自身能力和资源的限制。但从整体来看，各个个体、企业拥有的创新资源具有一定的互补性，通过创新网络形成专业化分工，类似于把其他企业的技术专长嫁接到了自己的核心能力上，集中精力于自己的核心专长，最终创意产业区内个体、企业的成功创意商业化能力都得到增强。

2. 知识溢出效应

创意产生过程所需的大部分知识本质是隐性的，大部分的成功创意依赖于个体在组织中“干中学”所获得的这种隐性知识。由于隐性知识很难传递，个体需要在面对面的接触中来学习彼此的经验，这就要求个体、企业，如竞争者和供应商面对面的交流、碰撞，便于思想、灵感火花产生，而创意产业区作为地方根植性网络，内部个体、企业由于地理接近以及类同文化因素，加上人员频繁流动，更容易实现隐性知识的传播，获得知识溢出效应。

3. 集体学习机制

成功创意要以既有知识为基础，创造出新的知识，因此可以认为创新是一个复杂的学习过程。创新网络的根本优势就是集体学习机制——一种互动、开放式的学习过程。在创新网络中，个体、企业不仅能够利用知识外溢效应得到个体难以获得的知识，而且可以通过交互地沟通从而建立互利的思维方式和交易规则，增加彼此信任和默契。这种信任使得创意产业区内个体、企业能够分享创新所带来的未来收益，而不是简单地要求创新的现期回报，这是创新网络优势的一个重要特征。

4. 降低创意商业化的风险

由于创意商业化过程存在着诸多不确定性，在成功创意和商业化之间会存在着一定时间差，尤其是一些领域的技术改变非常迅速，产品生命周期很短，因此个体、企业在进行创意商业化过程中需要承担较大的风险。但个体、企业创意商业化过程这种不确定性带入网络环境下，由网络承担了创意商业化的组织功能，通过个体、企业间的分工协作，减少了创意商业化的不确定性，降低了个体、企业参与创意商业化过程的风险。

四、创意产业区内培育创新网络的关键环节

创意产业区本身都有其生命周期，但这个演进过程是复杂的，呈非线性轨迹，很多创意产业区维持了长期的繁荣，竞争优势不断强化，而有的却很快走向衰亡。要实现创意产业区持续发展，必须提高产业区自身的创新能力，尤其是利用网络组织对创新的支撑作用，推动创新网络的培育，促进创意产业区内部集体学习，增强创意产业区整体创新能力。创新网络的形成有赖于创意、研发和核心专长具有互补性的相关个体、企业的存在，而创意产业区一般都具备这样的结构基础，但它不是创新网络形成的充分条件。不是所有的产业区都能成功地从原生态自发演化成高级的创新网络，硅谷是自组织生成创新网络的典型案例，但大多数创意产业区缺乏创新网络的内在支撑要素，因此必须在尊重创意产业区成长规律的前提下，引入适当的制度安排与干涉，克服企业间的合作障碍，把握好培育创新网络这项系统工程的一些关键环节，从而推动创意产业区的升级和持续发展。

1. 倡导相互信任与默契的文化氛围

信任、类同文化等社会资本是个体、企业间高效率协作的重要支撑因素，对于维持网络内企业间协作具有特殊的“黏合”作用。因此，“区域工业战略的出发点是培养集体一致性和信任感，支持当地网络的构成和经营”（安纳利·萨克森宁，1997）。创新网络的构建有赖于众多个体、企业家基于相互信任与默契，建立起合作创新的理念。尤其是在产业区关键的成长期，随着网络的

迅速扩展，技术和组织复杂程度提高，必须有共同的价值观和社团组织，将日益增加的网络节点有机地联系在一起，保证新进入的企业和新信息可以融入整个产业区。共同远景和收益分享的形式使得网络成员能够超越竞争，把减少机会主义行为的成本降到最低，而把主要精力集中在创新过程中。聚集区的形成必然伴随着一系列制度和规则的建设，如知识产权法、反不正当竞争法、行业规范等，一方面，聚集区所在地（城市）政府会帮助集聚区进行制度和规则的建设，并将聚集区的制度和规则纳入整个城市的法制体系和公共管理体系；另一方面，聚集区成员也会自发地建立大家共同遵守的制度和规则。

2. 政府“穿针引线”，扮演好协调人角色

在创新网络的起步阶段，政府部门的适当介入是必要的。除了举办培训、展览、研讨活动、出台一些政策措施加以引导以外，在起步阶段充当协调人角色非常必要，但政府介入的实际效果与社会接受能力有关（徐华，2001）。社会接受能力是个体创意、企业研发能力、企业家精神和集体学习能力综合作用的结果。具有一定的创意、研发能力是创新网络的物质基础；企业家精神是对承担创新风险的偏好，是创新网络的人文基础；集体学习能力是企业间互动学习与交流，是创新网络的社会基础。经过培训、展览、研讨和政策引导以及政府部门适当的协调，具有企业家精神并有一定创意、研发能力的个体、企业一般就会合作交流。而当研发能力和企业家精神不足时，政府的介入就非常必要了。

3. 发挥高校、科研机构等“创新中心”对技术扩散和集体学习过程的推动作用

创新网络的培育需要创新中心的引擎作用，因此，要积极推动高校、科研机构与创意产业区内企业的合作创新，鼓励文艺家、科研人员和大学教授参与创意产业，这类人员的参与无疑能增强集聚区的知识资本，利用知识溢出效应、分享创新资源，使高校和科研机构成为创意产业区内创新的知识源泉。

4. 提高创意产业区内网络组织化程度

网络的力量基础在于内部成员紧密的合作、集体意识以及自律。因此，企业要突破企业边界的限制，同供应商、客户甚至竞争对手之间建立良好的网络关系，自觉扎根并参与本地网络的建设，对于创意产业区发展面临的一些共同问题（如具有共享价值的关键性技术或设备、知识等资源的引入）要通过集体力量来协调或解决（蔡宁，2003）。当然，创新网络是一个系统，创意产业区不单是生产区，还是一个生活区；不单是企业，还要引入各种娱乐文化教育设施以及金融、法律、物流、信息服务、技术辅导中心等配套体系以及行业协会等中介机构，为创意产业区内个体、企业合作创新起到必要的“黏合”作用和支撑作用。

5. 保持网络的开放性

在经济全球化的今天，知识更新速度非常快。要保持创意产业区创新的活力，就要不断更新内部知识等资源基础，及时从产业区外部引入新的信息和技术，因此，要保持创意产业区对新进入者的开放性以及新信息（包括新技术、需求变动等）的敏感，避免内部僵化，不断推进创意产业区持续学习和调整。

第三节　创意产业园区的可持续发展：基于资本与创意的矛盾

创意产业园的发展正面临着商业资本的挑战，其根源在于经济利益的驱动和政府认识上的误区。本部分分析了中国创意产业的“成园”现象背后的原因及问题实质，部分创意产业园区已经失去了其开创初期的艺术创作氛围，而是演变成了一个庞大的艺术品集贸市场。这种功能上的巨大变化，是商业资本逻辑与艺术创作规律之间的较量，将关系到我国创意产业园区的可持续发展。保持艺术与商业之间的适当张力，为创意产业提供可靠的艺术创作领地，是实现我国创意产业园区可持续发展的关键所在。

一、引言

2005 年 4 月 28 日，上海市首批 18 家“创意产业集聚区”由上海市经委正式授牌，随后北京也于 2006 年底首批认定 10 个文化创意产业集聚区，同时全国许多城市都将文化创意产业列为本市“十一五”期间的重点产业，从沿海到内陆许多大中城市都掀起了创建创意产业园的热潮。这一大潮快速席卷中国，北京、上海、广州、深圳、杭州、长沙、苏州、成都、昆明、南京等城市热情高涨，已拥有各自的创意产业基地，例如北京著名的创意社区“798 工厂”、上海的泰康路创意街、广州的信义会馆、深圳的 OCAT 中心、杭州的 LOFT49、昆明的创库等创意社区都成为国内创意界的风向标。创意产业在中国的发展趋势如火如荼，且颇具规模，已由自发的“创意社区”阶段发展到了政府和资本策划发展的“创意园区”阶段。

但是，创意产业园区发展是一项复杂的系统工程。创意产业园区的发展在我国还刚刚起步，尤其是在只追求数量增加的思维模式的影响下，园区规划建设者对园区企业持续竞争力和区域特色产业优势的培育并没有给予应有的关注，这已经影响了创意产业园区的持续发展。北京“798”创意产业园区是个典型的案例，当年，陈文波、黄锐等一批艺术家灵感一现，计上心来，寻找到了相对偏远、租金便宜、适合艺术创作的“798”废弃厂房，很适合开设画廊、设计室、艺术展示空间、工作室等，也非常适合他们发挥艺术灵感、创作艺术作品。后来，越来越多的艺术家们被“798”的艺术创作氛围所吸引，使得“798”逐步壮大，同时，又得到了政府的大力支持，从而造就了“798 创意产业园区”的辉煌和知名地位。然而，今天的“798”在功能上却发生了很大变化，它不再是原先的艺术创作圣地，而是演变成为了一个艺术品交易市场。现在见到的“798”的景象是一间又一间的艺术品销售店面，“798”已经成为了一个庞大的艺术品超市，正在进行疯狂的商业性开发。现在艺术家们再也找不到当初的艺术创作环境和先前的创意氛围去激发他们的创作灵感，再也没有了当初只有六毛钱一平方米的租房价格。高昂的房租使得这里的艺术家们从形而上的艺术创作重新回到形下的经济盘算之中，艺术创意的灵感被窒息。“798”已经不再是一个艺术创作的天堂，而是演变成了一个纯粹的艺术品集贸市场。

创意产业园区的发展已经引起学术界和政府有关部门的关注，创意产业园区的发展问题已经成为当前文化产业和区域经济研究中亟待深入探讨的课题。然而，有关创意产业园区产业组织形式与产业竞争力以及它们与区域经济增长的关系，目前我国学者尚未有成熟的研究，仍然处于探索阶段。学界最近的研究表明，从产业发展阶段的角度看，创意产业实际是文化产业发展到一定阶段的产物。而我国的现状实际上是在文化产业发展尚不充分的背景下又面临着世界范围内新兴的创意产业浪潮的冲击，创意产业园区发展必须遵循经济规律。本部分基于发达国家创意产业地理集中的规律和产业集聚发展的内在机理，讨论如何把创意产业园区建设成为一个有序的、自组织的耗散结构，以推动地区经济持续健康发展。

二、中国创意产业的“成园”现象及存在的问题

1. 中国创意产业的“成园”现象

20 世纪末期，欧美发达国家的创意产业日益兴盛。为了有效地推动该产业的发展，不少国家和地区纷纷推出了许多积极政策，其中之一就是营建创意产业园区。如英国的曼彻斯特把部分区域划分为“文化育成区”，其目的是为了协助小型文化企业解决生产空间难觅、成本昂贵等问题。这些区域即可被视为创意产业园区的雏形，但“创意产业园”这一概念却属于中国独创。国外只有“创意产业”一词，中国的“创意产业 + 园区”确实属于中国特色。由此可以看出，创意产业园模式可以理解为是中国特色的加入政府引导的商业产业圈，从诞生就决定着政府政策在其发展中的基础性作用。中国创意产业的“成园”过程可分为以下两种：

（1）在创意产业自由发展的基础上“成园”。创意产业自由发展集聚形成社区，形成规模之后获得政府承认发展为创意产业园区，是早期创意产业在中国发展的主要模式。这类创意产业园区多数是利用工业企业外迁后闲置下来的旧厂房或仓库改造而成。由于租金低廉，同时开阔宽敞的厂房空间及其所传承的工业历史感比较适合从事创意活动，早期这类园区吸引少数艺术家进驻，随后其他同行相继涌入。经过当地政府的扶持和认定，自发形成的创意集聚地“升级”成为正式制度框架下的创意园区。例如，上海的田子坊创意产业园、北京“798”大山子文化创意区、西安纺织城创意产业园区、成都“红星七号”创意产业园等均属于此种类型。这种自下而上的开发模式已经成为主流建园模式。以北京“798”地区为例，开始是一些艺术家和机构以及其低廉的价格租下了那里的许多厂房车间，将其改造为各种各样的工

作室和展厅，并且各自形成不同的风格，后来，随着越来越多的艺术家和机构在那里聚集，之后是时装店、餐饮店等商业入驻，形成具备创意气息的商业氛围，开始在大众消费圈闻名，“798”工厂逐渐壮大，并在工厂内形成了无形网络，艺术家、中介机构及其等效组织、展示机构、公共服务设施、金融机构等模块相互整合，在区域内形成了网络化的规模经济。在此之后获得政府认可，归入创意产业园区之列。该模式使“成园”过程带有延续性，所成的园区也更有历史价值挖掘，但园区带有缺乏规划、市场规律过于自由发挥、艺术家缺乏保护等缺点。

（2）政府或地产商规划开发新园，再引入创意产业“成园”。另一种创意产业“成园”的模式是由政府主导或是地产商出资，在挖掘城市中的可利用地段或是建筑，先开发新园，再吸引艺术家、设计工作室和策划咨询机构等创意实体进入，形成全新的创意产业园区。例如，上海新天地、莫干山路创意区等都属于此类。或者是将原有的工业园区冠以新名，并借此带动园区二次创业及产业升级。例如，上海现代纺织创意设计园区就是在原上海国际家纺园的基础上打造而成，旨在逐步由家纺产业向集研发设计、生产、零售、会展、时尚发布、海外市场拓展于一体的现代纺织产业服务区发展。这一模式主要依靠政府行为的介入，通过制度安排而形成。政府提供了包括土地、资金、基础设施等各类硬件要素上的支持，出台各类优惠政策和措施，吸引企业来“扎堆”，其构建性往往大于自发性。在一些新兴国家和地区，它们会从产业竞争的角度主动培养创意集群，如我国香港地区、台湾地区及新加坡、韩国等国家正在积极推动建立创意园区和振兴相关创意产业的战略或计划。提前规划产业发展目标，出台激励政策，介入产业辅导与产业孵化，培养重点产业，建设产业园区。然而，这类产业聚集区却又先天不足。由于是在政府提供要素供给基础上发展起来的产业聚集区，它们缺乏集聚区本身所应该具备的自组织和自增强的内在调节机制。随着竞争的加剧和市场的变化，原有的优势比较容易丧失。此外，以支持本地产业集聚区发展为目标的政府行为介入，还容易形成聚集区内部的政府与企业之间的“政治行政系统”，左右聚集区的发展方向，使聚集区发展可能偏离按市场机制进行自我更新与业务转型的轨迹，产生“政治性锁定效应”。

2. 存在的问题

据统计，我国目前除西藏自治区和青海省没有明确提出发展创意产业之外，全国其他29个省份都提出了发展创意产业的规划，甚至连一些中、小城市都在规划建设创意产业园，如四川什邡、福建南平、浙江义乌、江苏常州等，当然这其中很大一部分是有名无实。王志成、谢佩洪、陈继祥（2007）在统计分析的基础上论证了城市创意经营环境和城市创意资本基础是城市发展创意产业的两个主要影响因素。“城市创意经营环境包括创意氛围、商务环境和知识产权保护状况等要素，城市创意资本基础则由制造业基础、人力资本基础和技术资本基础等要素度量。”因此，从目前来看，我国绝大多数城市并不具备形成创意产业集聚的条件。

对于当前具备发展创意产业潜力的城市而言，创意资本的条件一般是客观具备的，而能否形成产业聚集的主要制约因素就在于创意环境的营造，包括创意氛围、商务环境和知识产权保护，它们其实是我国目前创意产业园建设中最突出的三个问题。在商务环境方面，目前最突出的问题就是满足创意产业特殊需要的金融支持的欠缺。创意企业普遍规模偏小、资金回报周期长、价值评估难以确定，创意项目很难取得银行贷款，而其他融资渠道和方式仍在探索阶段。此外，国内的创意产业园区几乎都是利用原有的工业厂房改造而来的，虽然很多世界著名的创意中心也来自旧厂房，但最初的主要理由是低廉的房租而并非“创意感”和“复古”。而国内创意产业园的建设，往往伴随着商业化的改造和炒作，从而极大地提升了房产的价格，较高的租金让很多创意企业望而却步，留下的只能是那些资金充裕高利润的商业、时尚业，或是一些已经有所成就的创意企业，将创意产业园作为展示的场所。因此，目前我国创意产业园建设中存在的问题从本质上来说主要是两类：一是部分城市本身不具备发展创意产业的基础，而盲目规划发展创意产业园；二是具备发展创意产业条件的城市，由于对创意产业的特性缺乏深入的认识，把规划发展创意产业集聚园简单化，简单理解为改造老厂房、老建筑，建立LOFT形式的创意家工作室，或简单沿用以前搞文化产业的办法。对这两类问题的解决，其实就落实在两个焦点上：一是创意产业集聚园建设的城市基础是什么；二是创意产业集聚园建设的突出问题是什么。

三、问题成因及实质：市场机制与政府治理的缺陷

1. 问题成因：创意与资本的矛盾

如上文所述，在“成园”过程中创意实体并非被完全保护和促进，同样会出现许多不同的问题，可看做是创意与资本产生的矛盾。

（1）经济效益和市场标准。在自由“成园”的过程中，一批艺术家在某地聚集，形成创意氛围，吸引大批相关机构和创意企业进驻，并开始引起社会关注。当创意社区在行内出名后，其他创意实体开始跟进，经济相对宽裕的创意公司的入驻无形中抬高了房价，当创意社区开始在消费社会闻名时，时尚商业实体的入驻彻底把原创意社区的工作区定位改变成了商业区，大幅度地拉动了社区内的房价。此时，把地产作为商品运作的地产商的介入宣告创意社区的彻底商品化，创意社区转化为创意产业园代表着社区商品化的过程。

而政府或地产商规划开发新园，再引入创意产业“成园”的模式决定了从一开始经济效益和市场标准即是“园”中的价值标准。艺术家、设计企业等创意实体从开始就是经过市场选择过的，没有积累起一定经济实力和行业地位的创意实体难以在园内立足，能立足的都是对市场有一定把握力的老牌创意实体，创意产业的更新活力在某种程度上首先被拒之门外，在达到足够高度时才能入园。而时尚商业可以说一开始就如鱼得水，特别是在地理位置优越的创意产业园区，时尚商业街的定位已远远大于创意工作区的定位，如上海新天地。此类“成园”模式可总结为是地产先行、创意随后的模式，由资本引领方向，创意成为商业的包装。

（2）沿袭传统工业园区的引资套路。创意产业主要指“那些源自个人创造力、技能和天分的活动，通过知识产权的生成和利用，进行创造财富和就业机会的产业”。由此可以看出，创意产业更多地属于只是经济时代的价值创造体系，是将个人的智慧与技能，创造性的思维赋予产品延伸和附加的价值。由此可以总结出创意产业的两点独特之处——独立性和自由性。由于在创意产业体系中创造价值的往往是个人或少数集体的工作成果，故创意实体

会出现独立且自由的特性，这种特性与要求行业规范统一的产业化进程相矛盾，这一矛盾可以看做是创意与资本的基本矛盾，直接导致了创意产业园"成园"过程的种种问题的产生。

理论上，创意产业园主要依托人力资本和知识产权，固定资产比重相对小得多，其投资回报也并不在于租金，更在于增加就业、专利和文化交融等综合效应。这是创意产业园与传统工业园区的区别所在。然而，各地在挖掘创意资源潜力的同时，也沿袭了传统的工业化发展模式，对区外资本寄予过高的期望，企图通过招商引资，甚至以承接跨国公司转移出的创意产业链上的劳动密集型制造环节为目标。实际上，这种制造业的发展套路并不能真正促进地方创意资源的富集与开发，相反，对创意人才培养与吸引的忽视，以及过分强调或依赖资本引入，可能会沦为全球创意空间中的制造车间。一些城市的动漫产业实际上就是被国外跨国公司的少数几个代工厂所控制。

（3）园区兴起异化的地产经济。创意需要资本的资助和鼓励才能得以实现和持续，但经济效益却不能成为创意的衡量标准，过于依赖经济衡量创意，会产生创意空间的被剥夺和创意尖端的被放逐与被压制，在该情况下，创意基本沦为了资本的包装纸，失去了其本色生命力。由政府推动、地产商鼎力支持的创意产业"成园"运动，自然以经济效益为主要衡量标准，大大激化了创意与资本的矛盾。

在以开发商为主的开发模式中，一些开发商以低于周边房租的价格与原厂房及仓库所有者签订合同，把政府的优惠政策当做筹码，实质上充当着通过转租赚取租金差价的"二房东"角色。一些原本不具备保留价值的老厂房也成为目标。与此同时，不少园区采取资本运作方式，投入大量资本精细装修，以此来提高租金或物业管理费用，实际上借创意产业之名发展房地产。此外，即使一些由文化创意艺术家开发改建的园区，随着知名度的提高，园区及周边地区的地租也快速上涨，使原来租金较低的区位优势日益削减。由于地租及相关配套服务价格增长过快，大大超过了小企业的利润增长速度，迫使企业不得不迁出园区，也使得小资本额创业者和普通市民的进入更为艰难。

2. 问题的实质：是否应该保持创意与商业的适当张力

创意有自己的创作规律，而商业也有自己的经营逻辑。两者既可达成某种程度的一致，又有彼此冲突的一面。创意与商业之间关系的这种两面性，要求艺术创意产业实践过程中必须适当保持创意与商业的张力。因为艺术创作是艺术家自由—个性—创造力系统相互作用的过程。只有符合创意创作规律，才能创造出不朽的、价值连城的创意作品。而资本经营需要遵循包括价值规律在内的经济规律，以最小的成本获取最大的利润，其经营符合的是资本扩张的逻辑。

首先，资本逻辑是否破坏了创意人的创意形象思维，资本逻辑思维是否取代了创意形象思维。创意的资本化经营，可能导致艺术创意作品的浅薄化、平面化、庸俗化。创意本为高雅文化，一旦被资本俘虏转化为大众文化，则其不再精英与高雅。创意创作一旦与资本媾和，势必导致创意由高雅走向低俗，从而创意丧失了自身的崇高性，变得浅薄而无价值。创意自身的价值降为一件普通商品的价值，创意品转化为可以买卖的普通商品，走向了浅薄与平庸，创意的生命力与价值连城不再风光依旧，而是走向了沉沦与低俗。因此，创意形象思维是意与形的结合、是意与象的结合，而不是与资本的结合，只有这样，才能创意和制作出上乘的创意杰作。

其次，创意创作思维是一种非理性思维，更多的是直觉、灵感、想象、顿悟等非理性思维形式，一个好的创意是从非理性思维中捕捉信息，再对信息进行编码、解码、重组、虚拟和建构，从而观念地创造出一个非真实的存在。而商业运作是以资本为纽带，追求利润最大化，是一种利益的盘算与计较。由直觉、灵感、想象、顿悟等引发的非理性思维需要的是创意创作者的自由与个性的张扬，是一种超功利性的思维，而资本的逻辑则完全是一种功利性思维。两种性质完全不同的思维，非此即彼，发生碰撞，难以长期达成默契，这就导致了艺术创意思维的式微，在资本逻辑面前被迫败下阵来。以北京“798”创意产业园区为例，“798”创意产业园区由创意家的殿堂变成创意超市，其根本在于“798”创意产业园区的资本运作，过分的商业炒作，抑制了艺术创意的生命力、艺术家创意灵感的激活和创意创造力的发挥，违背了创意创作的规律。现在的“798”已非昔日第一批艺术家初到时所苦苦追寻的艺术创作圣地，不能再作为他们的画室或工作室了，而是一个纯粹的艺术品交易市场，这是

“798”功能上的重大转变。艺术品交易依托的是画家、艺术家的创作灵感和创意，而这些又需要有一个灵感和创意生成的环境，显然现在的“798”已不再是这样的环境了。创意与资本并非像法兰克福学派批判的那样，势不两立，水火不容。然而，就“798”而言，资本的过分冲击，打破了创意与商业之间应该保持的张力，保持这样一种张力是“798”创意园区兴旺发达、实现可持续发展的生命线。而要维持这一张力，就应该为那些艺术家们重新开辟出一个像当初的“798”那样的艺术创作领地。

四、结语

创意产业“成园”是产业整合的过程，为中国创意产业的发展起了很大的促进作用，政府由最初的认可创意产业转型到主导发展创意产业，对中国的创意产业而言确实是福音。但也应认识到，“成园”过程在支持创意产业发展的背后也隐藏着可能限制创意发展的矛盾。在发展创意产业的同时也应认识到创意与资本的矛盾，如何调和这一矛盾，在保持创意的前提下发展产业，是值得思考的问题。

创意产业带有自身的特性，与其他产业不同，创意产业需要适合自身的衡量标准，需要足够的创作空间。创意的“成园”过程实质是产业化达到一定高度的表现，国内政府主推的创意“成园”运动确实大力推动了国内创意产业的发展，但这种发展模式和发展强度是否适合创意产业的特性，是个值得推敲的问题。为何创意产业发展已非常成熟的欧美国家都没有出现创意产业的“成园”运动，反而近几年才得以发展的中国创意产业“成园”如此如火如荼？是政府介入方式的不同，还是经济发展过热的体现？上述问题都有待思考，但有一个问题不可避免地需要解决：在已有创意产业园区，资本对创意影响的度的问题、创意产业化的度的问题必须把握，否则将影响到创意产业园区的可持续发展。

第四节 基于创意产业集群化的创意产业园区衰退风险

原生态创意产业园区具有自身固有的发展路径和演化轨迹，往往借助于集聚经济优势获得快速发展，但也面临集聚区高度商业化的高商业成本、创意动力和能力丧失、运行模式变革与技术跳跃冲突、空间约束与影响力期货诱惑等影响因素引起的园区整体衰退风险，应立足创意产业园区的长期发展，科学合理的利用地方性知识资源，从重视创意产业园区的区位选择与产业定位、培育创新网络根植区域网络体系、提供制度和环境条件保障等角度采取措施，防范创意产业园区的衰退。

一、引言

原生态产业集群竞争优势的基础是“集聚经济”，主要基于产业集群内要素禀赋在特定地理区位集中而在生产成本、运输成本、廉价劳动力成本、交易成本、信息成本等方面获得的成本优势。正如韦伯的“工业区位论”所描述的那样，三种集聚形式都会由企业间的物质联系的便利而产生企业生产成本的降低和增加利益所得。马歇尔的“产业区理论”也从地方具有专业技能的劳动力市场、可获性中间产品和技术及信息等视角分析了产业集群发展的内在机制。而亚当·斯密的“劳动分工理论”演化出专业化优势和规模化经济的集聚经济效应机理。齐尼兹的“市场结构论”提出了市场结构决定理论，概括出学习、创新和企业家群体三个影响产业集群发展的主要因素。随着人们对产业区集群认识和研究的不断深入，许多专家开始从“地方制度”视角研究产业集群发展问题。巴格那斯科借助于社会文化结构理论解释了第三意大利现象。皮埃尔提出了社区意识“黏合”观点，指出中介组织的出现和壮大促进了生产企业的紧密联合。杰夫和凯姆格尼分别从“知识区内外溢”和“区域集体学习”的角度阐述了知识传播和知识学习过程中的共同文化、隐形行动准则和合作方式对企业集群形成和发展的作用。

创意产业园区是近几年才出现的新产业空间形态，具有明显的原生态产业集群特征。国外有关创意产业园区的理论研究主要是从形成机制、网络关系、区域发展及区位选择等方面进行研究。许多学者从网络关系的角度来分析创意产业的生产网络、创意网络和社会网络。Scott（1997）分析了世界文化产业集群的全球网络关系及其作用；Yusuf 和 Nabeshima（2003）进一步从创意产业集群行业构成角度分析行业之间的联系程度和网络关系；Pratt（2000）则从创意产业集群形成和发展条件与辅助机构来探讨创意产业集群构成的外部网络组织。此外，还有学者从新文化经济的角度探讨创意产业集群生产网络的形成（Scott，1997）。同时，也有部分学者分析创意生产网络的竞争优势（Nesta，2003；Caves，2004；等）。由于创意产业在我国处于起步阶段，对创意产业园区的研究还处于实践探索和理论起步阶段。城市规划学者主要从创意产业区的旧城更新、产业遗产保护和文化旅游等方面来探讨创意产业区的发展。如阮仪三等（2004）借鉴纽约市休斯敦以南“苏荷”区的发展经验，指出对近代产业建筑不能单纯地保存而是要创造性地适当再利用，关键是迈向文化创意产业区的开发；于雪梅（2006）以北京“798”厂为例，探讨了旧厂房与旧仓库打造文化创意园区的途径；吴缚龙（2004、2006）探讨了创意产业区的发展对“新”城市主义的作用。经济学者更注重产业结构调整和升级、经济增长方式转变、城市竞争力、城市环境、城市再生等地区经济促进作用。如厉无畏和荣跃明（2004）等认为，产业集群化是文化创意产业发展的趋势，并起到促进产业结构升级和经济增长方式的转变。王伟年和张平宇（2006）认为，创意产业园区是城市再生的新模式；熊凌（2004）指出基础产业发展完善是创意产业（区）发展的根基。诸大建和黄晓芬（2006）、任雪飞（2005）等则从创意城市发展的角度来研究城市竞争力的提高。

创意产业园区与一般性质的产业集群一样，发展过程同样具有生命周期特性，按照生命周期理论，创意产业园区在诞生阶段一般基于“聚集经济”带来的竞争优势，但这种优势在进入成熟期开始削弱，原本具有独特竞争优势的创新能力和创新活力并不能保证创意产业园区的长期发展，创意产业园区也面临衰退风险，如何保持创意产业园区的原有竞争优势，延长创意产业园区生命周期，就成为创意产业园区发展过程中的一个迫切需要解决的问题。

二、创意产业园区的演进路径

虽然当今世界上的大多创意产业园区还处于萌芽和发展阶段，但是西方一些发达国家的创意产业园区已发展了十多年，通过自我演进形成了具有典型特征的生命周期演进规律。

从类型看，创意产业园区最初是以文化区的形式出现的，艺术家和文化人在其发展中起到了重要作用。但创意产业园区的类型可以是多种多样的，既可以包括创作型的艺术中心和软件中心，也可以包括消费型的时尚展览和娱乐中心区。为此，作为一种基于研发、设计和精神创造的高端产业形态，创意产业园区的生命周期也经历了萌芽—形成—发展—成熟—停滞—衰退阶段，但与一般的产业园区演进规律是有所差异的。一般产业区生命周期理论对衰退的理解是经济、创新能力和企业数量衰退等，代表的是已失去了经济活力。而创意产业区演进路径图（见图6－1）说明，创意产业区作为创作中心的活力是衰退了，但是留下的却是一个经蜕变的新创意产业园区（集群），也即成熟的消费型创新中心及时尚、高度开放和交易创意等，对创意经济的贡献甚至比原来意义上的创作中心更大。进而言之，当创意产业区由创作中心演变成一个高档和时尚的商务中心时，由于其之前文化品位和声誉效应，也使得商务展览中心的生命周期进入新的蜕变发展期，从而打破生命周期的演进规律。从另一个角度来看，它也可被视为创意产业区高级类型及对原生状态的转换和升级：创作型创意产业区转变为消费型创意产业区。需说明的是，经蜕变后的“消费型创新中心”也是创意产业园区（集群），以创意产品和服务展览、销售和休闲旅游等为主要经济发展方式，代表着创意产业园区（集群）与一般生产型产业集群不同的特征之一。创意产业园区（集群）无限创新的生命周期演进特征和相应趋势，由艺术中心到高档时尚消费区的生命周期演进过程，带来了经济和空间功能的再生和“蛙跳”式发展效应，因而具有跳跃式无限创新趋势。

三、基于聚集经济的创意产业园区衰退风险

1. 内聚力的阶段变化与集群聚集的演化效应

集聚经济（成本）与企业数量的关系类同于企业成本与企业规模之间的关系，呈现典型的“U”形曲线特征。起初存在积聚成本递减规律，达到一个最佳集聚点后，呈现出随着集群中企业数量的增加而积聚成本上升趋势，即企业空间集聚产生了“拥挤成本”（蔡宁和杨闩柱，2003）。集聚经济效应变化的主要原因是集群空间集聚向心力和离心力的相互作用的结果。蔡宁和杨闩柱（2003）详细论证了影响集群空间集聚向心力和离心力的要素，并分析了集群空间集聚随集群规模变化而变化的趋势，以及集群空间向心力和离心力状态值的变化规律。无疑，企业更多地会选择集聚经济优势明显的区域，以保证集群空间向心力大于离心力。也就是说，随着集群集聚优势空间作用力影响因素的变化，企业在追逐利益和发展诱惑下会做出驻守或迁移的合理选择，企业集群存在衰退的风险。特别是仅仅依靠聚集经济产生的成本优势获得竞争优势的情况时，极容易被模仿从而导致竞争优势削弱。现实中往往是，一旦聚集经济优势丧失，企业会选择转移到更有聚集经济优势的地区，最终企业集群所在区域会因此陷入长期没落，成为“问题区域”，面临着衰落甚至消亡的危险。

2. 创意产业园区衰退风险分析

（1）聚集区商业化带来的高成本。创意产业相对聚集在某个区域，给这个区域创造新的不菲价值（级差地价），既抬高了这个区域的进入门槛，也增加了这个区域的运营成本。从经济学角度来讲，当创意产业中的这部分运作成本在支出构成中所占比重。高于生产流程其他环节所节约部分，而增强竞争能力所需的支出又大于在此区域立足所能提供财力，其他部分降低成本已不能支撑新增加支出时，业主就会选择转移。典型的代表是“城市遗弃之地”——由于创意产业的成功，带动了周边商业的发展，逐渐成为繁荣的商业区，而由此带来的是地价的飞涨。例如，上海泰康路八号桥创意产业园区，

20 世纪 90 年代每平方米日租金仅为 0.3 ~ 0.4 元，随着创意产业的兴起，目前每平方米日租金已经接近 10 元。短短十余年间，价格上升了近 20 倍。如此一来，投资人就由单纯的创意产业主体向房地产商转变，甚至出现了“二房东坐地收钱，小房客自娱自乐”的现象。而创意人群难以承担而撤离，再去寻找新的乐土，形成了由边缘到主流又回归边缘的怪圈。在这方面，美国等发达国家也经历过类似的事情。这又证明了集群本身都有其生命周期，但这个演进过程是复杂的、呈非线性轨迹，很多集群维持了长期的繁荣，竞争优势不断强化，而有的却很快走向衰亡，关键在于是否可以保持集群整体的创新活力。

（2）路径依赖形成创意的丧失。外部性是创意产业集群化发展的成功保障，但是对于创意产业而言，外部尤其是地区“象征外部性”的过于强大会导致路径依赖，使集群丧失潜在的发展机遇，甚至有可能导致创意的丧失。

Allen Scott（1997）指出，创意产业存在一种“短时性”现象，即当大公司主导市场时，创意产品的种类将会减少，而当小公司的发展出现快速增长的时候创意产品的种类将大大增加。一般情况下，这两种状态之间将呈现互相转换的态势。目前，有很多理论可以证实上述情况的成立。诺特鲍姆（Nooteboom，1999、2005）在其“学习周期”理论的基础上分析了产业市场结构与知识创新的关系得出在创造性破坏所形成的新组织探索与交流互动的背景下，由于知识的隐含技术的离散、环境的变化等一系列条件，非一体化的产业结构可以通过产品的异化进行持续快速调整，“探索”出新组合从而更好地实现范围经济，使创新有效率即所谓的动态效率。而一旦知识被文献化和明晰化，产品进入巩固强化推广普及阶段时，产业则会把竞争性活动联合起来实现规模经济，产业结构会渐趋于垄断。同样，安伯那西（Abernathy，1978）也认为产业创新的发展过程应该是由灵活的个体企业进行产品创新的“流体状态”阶段，逐步转为由刚性的一体化大企业追求生产效率的“专业化状态”。他们都认为随着创新进入巩固化阶段以后，隐性知识的显性化导致模仿竞争逐渐激烈。厂家为了维护自身的利益，不得不采取一体化措施，力图借助规模和范围经济效应，提高生产效率以应对残酷的价格竞争，从而泯灭创意。尽管在通常情况下，创意产业将维持这种“短时性”现象，但是也有例外，因为一旦当这种短时性的逻辑应用到地区象征外部性之中时，产品的发展道路会受到外部性的影响。Allen Scott（1997）认为，一个地区性的创意产业可能会为生产系统的分化（Branching）和锁定效应而导致发展停滞。由于路径依赖（Path Dependence）的作用，一旦创意产业朝某个给定的方向变化，则再一步的质变的可能性就会被预先占用，这样产业的创意受到局限，使创意陷入衰退境地。Allen Scott 用印度婆罗门画家文化风格的锁定、法国电影的衰落以及 20 世纪 50 ~ 60 年代好莱坞电影业的巨变来论证了这个观点。

（3）运行模式变革与新技术投资诱惑。当新的科学发明和技术应用改变产业的运行模式和生产流程时，或是新技术装备投资冲动强劲时，创意产业就会以很大几率选择迁出，或者说迁出弹性较大。以创意产业中的传媒业为例，传统运行模式下，报纸编辑部与印刷厂在一起，这在很大程度上是由铅排印刷技术所决定的。随着激光照排技术、传版技术等在报业广泛应用，编辑部与印刷厂不一定非在一起也能获得所需要的运行效率，传版技术水平的提高使得传版已经成为一般技术手段；特别是报纸对印刷效率的追求，使得报业纷纷选择引进新设备，在地价相对便宜的地区建设大型印务中心。从 18 世纪开始，英国各大报社和小报馆纷纷搬进舰队街，最多时共计有 100 多家全国和地区性报纸在这条不长的街道上设立报社，像《泰晤士报》、《每日电讯报》、《独立报》、《卫报》、《观察家报》、《镜报》、《太阳报》等全国性大报和小报均把总部设在这条街上：其布局一般为编辑部在楼上、印刷厂在地下室和后街；这个传统被后来大多数报社所继承。这当然与报纸出版要求与印刷技术发展水平密切相关，铅排印刷已是当时能够给报业提供的最先进条件。在经历了 200 多年的光辉岁月后，舰队街终于在 20 世纪 80 年代暗淡下来。舰队街为什么衰落？这与默多克实施的并购行为有关。他收购了《泰晤士报》以后，决心用电脑技术和先进印刷技术改变《泰晤士报》的面貌，因而把设备运往了望坪街，并于 1986 年率先将新闻集团下属的《泰晤士报》、《太阳报》、《世界新闻报道》等报社移出了舰队街。凭着由此降低的成本使其各报销售成绩一鸣惊人，竞争模式的变化使其他各报社也纷纷搬出了舰队街，在伦敦外围房价便宜的地区建立报社和印刷厂到如今，曾名噪一时的报纸一条街已经名不符实。

(4) 空间束缚与影响力期货诱惑。当某个创意产业处在扩张期，原有区域的空间及其他条件有所束缚，就会寻求迁往新的区域；当这类创意产业处在影响力高峰期时，特别会选择地产价格更高的区域，以获得“影响力期货”。对创意产业相关的产业链其他环节而言，选择跟随、选择聚集是一种最优地选择，与产业链诸环节地理距离近，就可能意味着机会更近。当然，这些环节聚集在一起本身就形成市场效应与财富效应。从更大范围看，也有类似成功先例纽约曼哈顿东部有一条长约 6 英里的麦迪逊大街，其中大约 1 英里的街区汇集了 50 余家电台电视台、60 余家新闻媒体代理机构。此外，还有一些著名杂志社的广告部门或编辑部，以及许多家广告代理公司，更吸引了众多的传播公司、广告公司和传媒业的下游制作、代理、服务公司的进驻。但今天在经济、技术、文化条件已经变化的情况下，是否还能复制这样的聚集地，人们还是有疑问的。毕竟，有许多传统的和新的约束条件。为什么 CCTV 和 BTV 都没有在现台址所居的北京海淀区选择新的基地，而是选择在北京中央商务区（CBD）建设新台址，现在就可以预期会获取那块地升值所能带来的收益，其影响力创造了新的价值，或者说是获取了“影响力期货”，从节目制作、大型活动策划组织、硬件及新技术研发供应，到影视经纪人、保险、金融投资服务等，电视传媒还拥有庞大的文化产业链，对相关产业和区域的发展，会有强劲驱动力。

另外，我们提出创意产业发展应重视空间因素，在推动创意产业的空间重构、推动创意产业与城市的文化产业、创意经济相融合的同时，也应当警觉两个容易被忽视的问题：其一是对文化创意产业的“高估”，尤其是在中国这样的转型国家，在新的社会环境下文化的力量借由传媒迅猛释放，中国和世界过快的接轨，潮流的激荡引发了时尚、民意、大众心理的膨胀乃至超载。我们在看到创意产业繁盛的表象时，也应该清醒地知道如果只是单纯地以文化和创意所产生的符号价值，就可以带动一个区域或是城市的全面发展和推动民众健康地、优质地生活，并非一件易事。其二是政策和产业力量的快速迎合对地方性知识的滥用。从产业角度看，基于地缘的创意产业的发展显然是利用地方文化资源的特性，将一些知识、创意、资源进行商品化而后获得利益，在这个过程中加上政府策略的配合则发展更快。但是，政府常常比较迎合最新的城市发展议题，他们只关注能展示地区形象和吸引投资的产业规划，在对地方文化和创意产业的扶植上也是看重那些能快速带来经济收益的部门，而不愿意承担导致地域文化遗产扭曲发展的负面责任。

四、结语和政策建议

鉴于创意产业园区对区域经济发展的战略意义，如何针对地区比较优势采取有效的措施，支持特色创意产业园区的发展，就成为摆在地方政府面前的一个迫切需要解决的问题。建立特色创意产业园区，需要政府、企业、社会中介等多种力量介入，政府作用尤其重要。波特认为，政府的角色应该是着力改进影响产业竞争力的环境。在这方面，产业集聚作为一种新的思路将帮助政府重新定义和设计地区经济发展的途径和目标，建立特色创意产业园区就是政府公共政策付诸实践的好机会。不过，政府只为园区企业提供高质量的公共物品还是不够的，政府应高度关注的是特色创意产业园区的区位选择和产业定位，并为园区内企业培育形成战略协同的软环境。

1. 重视创意产业园区的区位选择与产业定位

创意产业园区发展有赖于企业间协作，因此，要构建和发展创意产业园区，就必须从产业关联性的角度去考虑特色创意产业园区的产业定位与集聚。虽然形成集聚效应是特色创意产业园区发展的目标所在，但是，特色创意产业园区在何地形成却也至关重要。构建创意产业园区的首要任务是考虑区位的选择。就集聚的区位而言，创意产业往往倾向于在具有深厚文化底蕴的"三 T"型创意城市集聚，即根植于创意城市。所谓"三 T"型创意城市，是由美国城市经济学家理查德·佛罗里达、爱德华·格里等人在研究城市产业变化、人口组成变化以及城市氛围变化的基础上提出来的。他们认为创意型城市必须具备"3T"要素，即技术（Technology）、人才（Talent）和包容（Tolerance），它们相互补充，缺一不可。一个城市高新技术越发达，高素质人才越密集，城市越开放和包容，那么创意产业在此集聚的发展水平就越高。

放眼世界，伦敦、纽约、东京以及香港等技术发达、人才密集和高度开放的国际大城市无一例外都是创意产业最集中、最发达的地区。特色创意产业园区的产业定位应该基于本地区已有和正在形成的产业集群。

2. 培育创新网络，根植区域网络体系

持续创新是创意产业园区的生命力。如果园区内出现技术创新停滞或者技术断层，园区就会衰亡。因此，把特色创意产业园区培育成创新网络，使园区保持持续创新的能力，这对创意产业园区乃至区域经济发展都具有战略意义。发展创意产业园区，要注意培育园区创新的文化氛围，并且从政策上运用各种手段建立风险投资、技术共享、信息交流等支撑体系。另外，知识是区域经济创新的重要元素。在知识经济时代，地区的知识和技能将是区域经济创新能力和企业竞争优势的关键（贾根良等，2001）。创新网络是个复杂的、动态的知识系统，内部各部门要素尤其是专业性知识与人才的流动园区内企业间的学习和创新，同时也会促进创新或创意的不断产生。创意产业作为跨行业、跨部门的产业，需要政府、企业和艺术家群体共同参与，尤其需要政府政策性的优惠、扶持、引导与投入。不少国家和地区近年来出台了一系列相关的政策和措施。英国政府提出发展创意产业时就成立了由布莱尔首相任组长的“创意产业特别工作小组”，将创意产业作为国家重要产业加以重点政策支持。新加坡则早在十多年前就确定了“创意新加坡成为文化复兴之城”的文化战略之后，政府在基金、税收、奖励、居住、表演等方面，都制定了多种优惠政策。政府区域经济政策，应该刺激和调整生活在区域经济中的许多公共机构和个人之间的各种联系，而不是直接管理。社会资本是企业间高效率协作的重要支撑因素。这些软环境建设对于维持园区内企业间协作具有特殊的黏合作用。

3. 提供制度和环境条件保障

创意产业的发展并不仅是一个独立的个人和企业的行为，更需要企业、非营利机构和个体艺术家等集体的互动，形成独特的集群发展环境。因此，创意产业园应该注重将创意人群的日常行为与工作方式结合、文化产品生产和消费结合，形成多样化的宽松环境，具有独特的本地人文特征。宽松的社会环境和政策环境，政府管理的透明度，社会亲和力、城市文化多样化、包容性，信息流动和创意产业基础设施等是影响创意产业在某个城市集聚的重要因素。实践表明，城市的开放性、包容性和多样性，是影响创意产业集聚的关键因素。包容在吸引创意人才以及支持高科技产业发展和城市经济增长方面具有关键作用。多样性可以提高一个城市吸引创意人才的能力。包容和多样性可以有利于高科技的集中和成长。有才干的人喜欢到具有开放和包容以及能提供较高生活质量的地方去。一个地方越是多样性和多文化，对他们越具有吸引力。能吸引这些创意人才的地方可以产生更多的创新，从而促进创意产业的集聚发展。

4. 加强知识产权保护制度建设

知识产权保护的制度建设要宏观与微观相结合，既要从整体的角度研究与知识产权制度有关的政策体系，又要从具体问题入手。也就是说，既要完善知识产权管理和执法体系、文化产业发展规划的知识产权管理、建立与知识产权制度有关的市场秩序等制度建设，也要关注创意产业园区、创意企业和个人的知识产权保护和利用问题。例如，在创意研发阶段，进一步完善有关知识产权保护和资助制度；在知识产权交易阶段，加大政府对保护和利用知识产权的公共平台建设和投入，加强公共信息网络建设和服务，重视对新兴的创意产业中小企业的知识产权服务，鼓励原创。建立知识产权交易平台和完善产权交易体系，为企业投融资和产权交易提供高效、便捷的规范服务，也是文化产业创新体系的重要一环。知识产权主管部门还可以在创意产业园区或企业里设立知识产权保护服务机构，对企业和产业项目提供的知识产权保护综合服务等。

参考文献

[1] Asheim B. Industrial Districts as "Learning Regions". Condition for Prosperity, European Planning Studies, 1996: 379-400.

[2] Abernathy. This Place Gives me Space: Place and Creativity in the Creative Industries [J]. Geoforum, 1978, 34 (4): 511-524.

[3] Breschi S. The Geography on Innovation: A Cross-sector Analysis. Regional Studies, 2000 (34): 213-229.

[4] Brecknock Richard. Creative Capital: Creative Industries in the "Creative City", 2005, http://www.brecknockconsulting.com.Au.

[5] Bazan L. and H. Schmitz Social Capital and Export Growth: An Industrial Community in Southern Brazil, IDS Discussion Paper, No. 361. Brighton: Institute of Development Studies, 1997.

[6] Bagnasco A. The Theory of Development and the Italian Case, http://www.vanzolini.org.br/seminariousp2000/bagnasco.pdf, 2000.

[7] Charles Landry. Creativity and Industry in the City, Brisbane, Creative Industry Forum, 2002, http://www.brecknockconsulting.com.au/.

[8] Capello R. Spatial Transfer of Knowledge in High-Technology Milieux: Learning Versus Collective Process [J]. Regional Studies, 1999 (33): 353-365.

[9] Dayasindhu N. Embeddedness, Knowledge Transfer, Industry Clusters and Global Competitivenes: A Case Study of the Indian Software Industry, Technovation, 2002, 22 (9): 551-560.

[10] Florida R. The Rise of the Creative Class: and How it's Transforming Work, Leisure, Community, and Everyday Life. New York: Basic Books, 2002.

[11] Florida R. Cities and the Creative Class. New York: Routledge, 2005a.

[12] Grant R. Prospering in Dynamically-competitive Environment: Organizational Capability as Knowledge Integration [J]. Organization Science 1996, 7 (4): 375-387.

[13] Hippel Eric. Democratizing Innovation, 2006, http://web.mit.edu/.

[14] Hutton T. The New Economy of the Inner City. Cities, 2004, 21 (2): 89-108.

[15] J. C. Huang S. Newella. Knowledge Integration Processes and Dynamic Swithin the Context of Cross-functional Projects [J]. International Journal of Project Management, (2003) 21: 167-176.

[16] Keeble David and Wilkinson Frank. High-Technology Clusters, Networking and Collective Learning in Europe [C]. Vermont, USA, Ashgate Published Limited, 2000.

[17] Lucas R. On the Mechanics of Economic Development. Journal of Monetary Economics, 1988 (22): 3-42.

[18] Lawson C. and Lorenz E. Collective Learning, Tacit Knowledge and Regional Innovative Capacity [J]. Regional Studies, 1999 (33): 305-317.

[19] Lash S. and Urry J. Economies of Signs and Space. London: Sage, 1994.

[20] Maskell P. and Malmberg A. Localised Learning and Industrial Competitiveness [J]. Cambridge Journal of Economics, 1999 (23): 167-185.

[21] Mitchell W. E-Topia. Cambrige. MA: MIT Press, 1999.

[22] Markusen A. and King D. The Artistic Dividend; The Arts' Hidden Contributions to Regional Development, Minneapolois. MN: Project on Regional and Industrial Economics, Humphrey Institute of Public Affairs. University of Minnesota, 2003.

[23] NESTA. Locating Economic Action: Projects, Networks, Localities, Institutions [J]. Environment and Planning A, 2001, 33 (8): 1329-1331.

[24] Nooteboom. Why Being Local just isn't Enough: The Media Cluster of Central London [J]. Business Strategy Review, 2005, 13 (1): 37-43.

[25] Porter M. E. The Competitiveness Advantage of Nation [M]. New York: Free Press, 1990.

[26] Porter M. E. Location, Competition and Economic Development: Local Clusters in a Global Economy [J]. Economic Development Quarterly, 2000 (14): 15-34.

[27] Power. D. J. Cultural Industries and the Production of Culture [M]. London and New York: Routledge, 2004: 3-15.

[28] Scott J. Allen. The Cultural Economy of Cities, International Journal of Urban and Regional Research, 1997, 21 (2): 323-339.

[29] Scott J. Allen. Creative Cities: Conceptual Issues and Policy Questions, 2006, http://oec.pku.edu.cn/.

[30] Scharmer C. O. Self-Transcending Knowledge: Sensing and Organizing Around Emerging Opportunities. Journal of Knowledge Management (Special Issue on Tacit Knowledge Exchange and Active Knowledge, 2001, 22 (17): 457-468.

[31] Steinle C. and Schiel H. When do Industries Clusters? A Proposal on

How to Assess an Industry's Propensity to Concentration at a Single Region or Nation [J]. Research Policy, 2002 (31): 849-858.

[32] Storper M. The Resurgence of Regional Economies Ten Years Later: The Region as a Nexus of Untraded Interdependence [J], . European Urban and Regional Studies, 1995 (2): 191-221.

[33] Scott A. Creative Cities: Conceptual Issues and Policy Questions, Spain: OECD International Conference on City Competitiveness, 2005.

[34] Scott A. The Cultural Economy of Cities, Internatinal. Journal of Urban and Reginal Research, 1997: 323-339.

[35] Yusuf and Nabeshima. The Creative City: A Toolkit for Urban Innovators[M]. London: Earthscan, 2003: 132-159.

[36] 阿弗里德·马歇尔. 经济学原理[M]. 廉运杰，译. 北京：华夏出版社，2005：213-243.

[37] 阿尔弗雷德·韦伯. 工业区位论[M]. 李刚剑，陈志人，张英保译. 北京：商务印书馆，1997：12-13.

[38] 安纳利·萨克森宁. 地区优势：硅谷和128号公路地区的文化与竞争[M]. 上海：上海远东出版社，1997.

[39] 保罗·克鲁格曼：地理与贸易[M]. 北京：北京大学出版社，中国人民大学出版社，2000.

[40] 彼得·F. 德鲁克等. 知识管理 [M]. 北京：中国人民大学出版社，1999.

[41] 陈倩倩，王缉慈. 论创意产业及其集群的发展环境——以音乐产业为例[J]. 地域研究与开发，2005 (5)：34-39.

[42] 陈祝平，黄艳麟. 创意产业集聚区的形成机理[J]. 国际商务研究，2006 (4)：23-28.

[43] 蔡宁，杨闩柱. 论企业集群竞争优势基础的转变[J]. 浙江大学学报：人文社会科学版，2003 (6)：42-48.

[44] 蔡宁，杨闩柱，吴结兵. 企业集群风险的研究：一个基于网络的视角 [J]. 中国工业经济出版社，2003 (4)：59-64.

[45] 杜静．基于知识整合的企业技术能力提升机理和模式研究［D］．杭州：浙江大学硕士学位论文，2003.

[46] 范霞．上海创意产业及其集聚发展研究［D］．上海：华东师范大学硕士学位论文，2006.

[47] 黄淑晶．创意文化园区经营管理策略之研究——从加拿人温哥华葛兰湖岛园区看华山创意文化园区［D］．台北：台湾中山大学硕士学位论文，2005.

[48] 厉无畏．创意产业导论[M]．上海：学林出版社，2006.

[49] 厉无畏，王如忠，缪勇．积极培育和扶持创意产业发展提高上海城市综合竞争力[J]．社会科学，2005（1）：5-14.

[50] 鲁若愚，陈力．企业知识管理中的分享与整合[J]．研究与发展管理，2003，15（1）：16-20.

[51] 刘云，王德．基于产业园区的创意城市空间构建——西方国家城市的相关经验与启示[J]．国际城市规划，2009（1）：72-78.

[52] 李世忠．北京"798"艺术创意产业园区可持续发展之关键[J]．商业文化：学术版，2010（1）：45-46

[53] 厉无畏，于雪梅．关于上海文化创意产业基地发展的思考[J]．上海经济研究，2005（8）：48-53.

[54] 厉无畏，王如忠，缪勇．积极培育和扶持创意产业发展提高上海城市综合竞争力[J]．社会科学，2005（1）：5-14.

[55] 厉无畏．创意产业导论［M］．上海：学林出版社，2006.

[56] 荣跃明．超越文化产业：创意产业的本质和特征[J]．毛泽东邓小平理论研究，2004（2）：18-24.

[57] 任雪飞．创造阶级的崛起与城市发展的便利性——评理查德·佛罗里达的《创造阶级的兴起》[J]．城市规划学刊，2005（1）：99-102.

[58] 盛垒．北京发展创意产业的战略意义、比较优势及其应对策略[J]．北京社会科学，2005（3）：67-75.

[59] 宋延鹏．文化与商业的平衡：政府在创意产业园建设中的角色[J]．现代城市研究，2007（9）：35-39

［60］王伟年，张平宇．创意产业与城市再生[J]. 城市规划学刊，2006（2）：22-27.

［61］吴缚龙．中国的城市化与“新”城市主义[J]. 城市规划，2006（8）：23-27.

［62］熊凌．香港创意产业的发展及经验[J]. 发展研究，2004（3）：43-44.

［63］徐华．论工业衰退地区创新网络的构建［J］. 中国经济问题，2001，（4）：57-61.

［64］亚当·斯密．国民财富的性质和原因的研究［M］. 北京：商务印书馆，1981.

［65］阮仪三，张松．产业遗产保护推动都市文化产业发展——上海文化产业区面临的困境与机遇[J]. 城市规划汇刊，2004（4）：53-57.

［66］阮仪三．论文化创意产业的城市基础[J]. 同济大学学报：社会科学版，2005（1）：39-41.

［67］于雪梅．在传统与时尚的交融中打造文化创意园区——以前民主德国援华项目北京 798 厂为例[J]. 德国研究，2006（1）：55-80.

［68］赵修卫．组织学习与知识整合[J]. 科研管理，2003，27（3）：52-57.

［69］褚劲风．创意产业集聚空间组织研究[M]. 上海：上海人民出版社，2009：90.

［70］张京成．中国创意产业发展报告（2006）［M］. 北京：中国经济出版社，2006：52.

［71］诸大建，黄晓芬．创意城市与大学在城市中的作用[J]. 城市规划学刊，2006（1）：27-31.

后 记

创意产业的集群化发展还只是一种尝试和探索。创意产业的发展将逐步进入规范化、科学化、系统化和持续化的多元过程，本书是笔者近几年来关于创意产业集群化研究的相关论文集结，其中部分内容还没有公开发表，因此，在写作过程中发现还存在很多不足之处，值得在今后的工作中进一步深入研究。

（1）书中仅对创意产业的集群化进行研究，对其他有创意产业发展条件的地区未做讨论，因此，理论研究的适用范围有一定的局限性。

（2）受到资料获取难易程度的限制，一些对创意产业集群化的动因没有成为分析依据，使得集群化的解释程度不是很高，这是本书的一大遗憾。

（3）本书初步建构了创意产业集群化的理论框架，但其有效性和可发展性需要在实践中进行检验。因此，与实践结合，在实践中不断地完善理论是今后研究的方向之一。

（4）对城市创意产业集群化的探索是一个仅局限于理论层面的初步构想，其实现对策是从政府层面提出的，如何把政府和企业有机融合，形成创意产业主体的统一体需更进一步深入研究。